소공동체를 위한

성경공부

요한복음

맛들이기

| 지음 |
| 수원가톨릭대학교 성경연구회 |
| 지도·감수 |
| 방상만 | 신부·수원가톨릭대학교교수 |

수원가톨릭대학교출판부

소공동체를 위한 성경공부

IMPRIMATUR
Suvon, die 25. Mensis Februarii 2013
+ Matthias I. H. RI
Episcopus Suvonensis

요한복음 맛들이기

「성경」 ⓒ한국천주교중앙협의회 2005
교회인가 2012년 3월 21일
발행 2012년 4월 8일 초판
2023년 5월 6일 5쇄
지은이 수원가톨릭대학교 성경연구회
지도·감수 방상만
펴낸이 박찬호
ⓒ펴낸곳 수원가톨릭대학교 출판부
주소 경기도 화성시 봉담읍 왕림1길 67
전화 031-290-8814
전자우편 rosakim@suwoncatholic.ac.kr
등록 1990년 1월 13일 제90-1호
인쇄 분도인쇄소
ISBN 978-89-7396-025-5 04230
978-89-7396-024-8 (세트)
값 14,000원

소공동체를 위한

성경공부

요한복음 맛들이기

추천의 글

"풀은 마르고 꽃은 시들지만 우리 하느님의 말씀은 영원히 서 있으리라."(이사 40,8)

세상만사 모든 것이 변해도 영원히 변하지 않을 한 가지가 있으니, 바로 우리 주님의 말씀입니다. 하고많은 영웅과 선지자와 가르침과 금언이 있다지만 정녕 영원토록 변치 않고 마르지 않는 샘은 오로지 복음 말씀뿐입니다. 그러므로 우리 그리스도인은 늘 성경을 가까이 두고 거기에서 힘과 용기를 얻어 날마다 새롭게 시작해야 합니다.

성경은 이스라엘 백성의 역사이면서 동시에 오늘을 사는 우리에게도 똑같이 적용되는 주님의 말씀입니다. 살면서 부딪히는 고통과 시련 앞에서 모든 걸 내 힘으로 해결하겠다고 덤벼들어 보아야 아무 소용없습니다. 주님께서 해 주셔야 합니다. 매 순간 하느님의 말씀이 내 안에서 살아 움직여 내 생각과 말과 행위를 통해 드러날 때라야 비로소 "이제는 내가 사는 것이 아니라 그리스도께서 내 안에 사시는 것입니다."(갈라 2,20)라고 자신 있게 말할 수 있게 되는 것입니다.

성경 말씀을 양식으로 삼지 않는다면 우리는 늘 허기집니다. 우리는 오로지 그 말씀에서 하루하루 살아갈 힘을 얻습니다. 신자들의 영적 굶주림과 목마름은 그 무엇보다도 성경 말씀을 통해서 채워야 합니다. 그리스도의 제자인 우리는 모두 언제나 끊임없이 기도하고 하느님을 함께 찬양해야 합니다. 자신을 하느님께서 기쁘게 받아주실 거룩한 산 제물로 바치고 세상 어디에서나 그리스도를 힘차게 증언해야 합니다. 설명을 요구하는 사람들에게는 영원한 생명에 대하여 자신들이 간직하고 있는 희망을 외쳐 주어야 합니다. 그러기 위해서 우리 그리스도인들은 말씀이 내 안에서 나와 함께 일치를 이루시고 당신의 일을 행하실 수 있도록 언제나 나를 내려놓고 비워 두어야 합니다. 나를 비워 낸 내면의 공간을 주님의 말씀으로 가득 채워야 합니다. 그렇게 될 때, 그 어떤 일에도 흔들림 없는 신앙인으로서 말씀과 한 몸이 되어 사는 진정한 그리스도인으로 굳건히 거듭날 수 있게 되는 것입니다.

이런 의미에서 수원가톨릭대학교에서 '마르코복음 맛들이기'를 시작으로 '소공동체를 위한 성경공부' 시리즈를 출간하게 된 것을 진심으로 기뻐하며 축하합니다.

주일 복음 말씀을 차례대로 읽고 묵상하는 것은 물론이고 그 말씀을 일상생활에 적용해 우리 삶의 체험을 나눌 수 있도록 꾸며진 매우 유익한 교재입니다. 작게는 가족끼리, 또 이웃끼리, 그리고 각 지역 공동체에서 오순도순 모여 앉아 성령을 그 자리에 모시고 복음 말씀을 읽고 묵상하고 나누어 간다면 우리 모두의 삶이 신앙 안에서 더욱 풍요로워질 것이 분명합니다.

혹 어렵고 따분하게 느껴질 수 있는 성경공부에 신자들이 친근하고 쉽게 맛들이도록 많은 노력을 기울여 주신 수원가톨릭대학교 성경연구회의 노고에 다시 한 번 감사드리며, 이 책이 본당 소공동체 활성화에 기여할 수 있기를 소망하고 축복합니다.

2010년 부활절에

한국천주교주교회의 성서위원회 위원장

이 형 우 시몬 베드로 아빠스

+ Simon Ri OSB

추천의 글

'소공동체를 위한 성경공부' 교재의 발간을 축하합니다. 이 책은 소공동체를 위한 성경공부 교재인데, 요한복음을 중심으로 기술되었고, 수원가톨릭대학교 성경연구회가 만들었으며, 방상만 교수 신부님께서 지도와 감수를 맡아주셨습니다. 주일 복음의 내용을 담고 있으며, 본문 익히기, 말씀 풀이, 말씀 간직하기 순서로 꾸며져 있기 때문에 성경에 맛들이고, 일상의 삶에 그대로 적용하는데 안성맞춤인 책입니다. 주일의 말씀을 듣고 이해할 뿐만 아니라, 생활 속에서 실천하도록 인도하고 있어 신앙인으로서 세상과 교회 앞에서 늘 깨어있는 자세를 유지 · 보존할 수 있게 해 주는 대단히 유익하고 소중한 책이라고 생각합니다. 이 책의 출간을 위해 전심을 다해 수고하여 주신 성경연구회와 수원가톨릭대학교 출판부에 깊은 감사를 드립니다.

예로니모 성인은 '성경을 모르는 것은 그리스도를 모르는 것이다.' 라고 하였습니다. 그리스도를 알고 따르기 위해서 성경 말씀을 항상 읽고 생활하는 것은 그리스도인의 본질적 사명이며 본분일 것입니다. 따라서 날로 성경 말씀에 관한 관심이 증가하는 것은 참으로 바람직하며, 교회 성장의 바탕이며 초석이라고 생각합니다.

이 세상에 하느님의 나라를 확장해나가야 할 그리스도인들은 무엇보다 자신의 내적 복음화를 위해 힘써야 합니다. 더욱이 한국 가톨릭교회의 선조는 스스로 복음을 찾아 공부하고 받아들여 이 땅에 복음의 씨앗을 뿌렸습니다. 이 시대의 평신도들도 그 후손답게 자발적으로 하느님 말씀을 찾아 공부하고 실천하고 알리는 일에 앞장서야 할 것입니다. 그렇다면 성경공부는 일부 신자들만의 몫이 아니라, 우리가 모두 당연히 다가가야 하는 과제일 것입니다.

국내에 이미 성경공부 교재가 많이 나와 있지만, 특히 이 책은 그 이름에 걸맞게

'소공동체의 활성화' 에 많은 도움을 줄 것으로 기대합니다. 소공동체는 본당 공동체와의 깊은 결속을 통해 그리스도의 몸을 이루는 살아있는 작은 교회입니다. '소공동체' 의 개념은 비단 구역 · 반 모임뿐 아니라 가정 공동체를 비롯하여 본당의 제 단체 및 여러 분과, 모든 모임에 해당합니다. 이러한 소공동체들이 모두 말씀으로 하나 되어 공동체 구성원들이 말씀 안에서 친교를 이루기를 바랍니다.

또한, 계속 간행되고 있는 어린이와 중 · 고등학생들을 위한 교재도 우리에게 큰 도움을 줄 것으로 기대하고 있습니다. 특히 청소년들의 신앙 교육이 매우 중요함을 인식하면서도 무엇을 어떻게 가르쳐야 할지 잘 모르는 부모나 교사에게 확고한 하나의 길잡이가 될 수 있을 것입니다. 청소년 신앙생활의 활성화에 도움을 줄 후속 교재들과 어르신을 위한 교재가 하루속히 발간되어 모든 세대가 하느님 말씀에 더 가까이 가는 날이 오기를 희망합니다. 이 책을 통해 일상생활에 필요한 자양분을 말씀 안에서 찾고 더욱 성숙한 신앙인으로 거듭나기를 기도합니다. 많은 이들이 이 책과 앞으로 계속 출간될 책에 깊은 관심을 두고 활용하여 주시기 바랍니다.

2010년 부활절에

천주교 수원교구장

이 용 훈 마티아 주교

책을 펴내며

가톨릭 신자들은 이따금 성경을 과소평가한다는 비난을 받아왔으나 오늘날 한국 가톨릭교회에서 성경에 관한 관심과 열정은 사뭇 높아지고 있다. 성경 통독, 성경 공부, 그리고 성경 필사 및 묵상 나눔 모임 등 말씀에 대한 열기가 날로 뜨거워짐을 느낄 수 있다. 이는 매우 바람직한 현상으로 성경은 하느님의 말씀이기 때문이다.

제2차 바티칸 공의회는 교회가 하느님의 말씀 위에 있지 않고 그것에 봉사하며, 우리가 성찬례 안에서 육을 취하신 그리스도의 몸에 대해 바치는 흠숭과 비슷한 흠숭을 성경 안의 하느님 말씀에 대해 드려야 한다고 진술했다.

또한, 성경이 필요한 보다 실질적인 이유는, 개개인에게 다가오는 상황 안에서 하느님께서 자신의 삶을 지도해 주시기를 바란다는 점이다. 이는 성경의 상황이 우리 자신의 것과 비슷하기 때문이며 하느님께서 지난날 인간의 응답을 기대하면서 요구하신 것을 오늘날도 여전히 요구하신다는 것이다.

그러나 신자 대부분은 성경 대하기를 어려워한다. 약 2,000년이라는 시간과 공간의 차이를 뛰어넘기가 쉽지 않기 때문이다. 이에 10여 년 전부터 신자들이 쉽게 접근할 수 있는 '성경공부' 교재를 편찬하고자 신학생들의 신약성경 동아리(케리그마) 회원들과 시도를 했었다. 하지만 신학생들은 학교생활이 바쁜데다 방학생활 중에는 주임신부님 지도로 생활하기 때문에 시간을 할애하기가 쉽지 않았다.

2008년 성경공부에 경험이 있는 분들을 공모하여 복음서를 중심으로 매주 공부하면서, 마르코복음 맛들이기와 마태오복음 맛들이기, 루카복음 맛들이기를 연속 편찬함으로써 부족하나마 결실을 보았다. 이번에 '요한복음 맛들이기'를 출간함으로써 네 복음서에 관한 교재를 모두 발간하였다. 또 그동안 성경공부에서 소외되었던 어린이와 중 · 고등학생, 곧 '십대를 위한 성경교재' 시리즈 중 공관복음(마르코복음과 루카복음, 마태오복음)을 차례로 발간하였고 요한복음도 준비하고 있다. 이 모든 것이 성령의 도우심으로 순조롭게 이루어지고 있으니 감사할 뿐이다.

한국에서 사용되고 있는 성경공부 교재들은 '읽기' 에 역점을 둔 것, '외국 교재' 를 편역한 것, '주제' 에 따른 성경공부 등 각각 나름대로 장점이 있다. 그러나 '소공동체를 위한 성경공부' 는 이들 교재와는 다른 특징이 있다.

'소공동체를 위한 성경공부' 는

1. 일정과정을 수료한 봉사자 없이 공부할 수 있다.
2. 복음서를 처음부터 끝까지 정독하며 공부할 수 있다.
3. 주일 복음 구절을 제시하여 주일 전례를 미리 준비할 수 있다.
4. '생활(묵상) 나누기' 를 통하여 말씀의 생활화와 공동체 친교에 도움을 준다.
5. '말씀 풀이' 에 역사적 배경 등을 설명하여 본문에 대한 이해를 넓혀준다.
6. 본문과 관련하여 궁금한 것과 전례 및 교리를 따로 설명하였다.
7. 무엇보다 쉬운 문체로 '말씀 공부' 를 통한 소공동체 활성화에 역점을 두어 구성하였다.

물론 이 교재도 모든 이를 충족시킬 만큼 완벽하지는 않겠지만, 지금까지 발간된 교재들을 분석하고 신자들의 조언을 통해, 말씀에 맛들이는 신앙생활에 도움을 주고자 노력을 기울였다.

우리가 말씀을 가까이해야 하는 이유에 대하여 성경은 구체적으로 말하고 있다. "성경은 그리스도 예수님에 대한 믿음을 통하여 구원을 얻는 지혜를 그대에게 줄 수 있습니다. 성경은 전부 하느님의 영감으로 쓰인 것으로, 가르치고 꾸짖고 바로잡고 의롭게 살도록 교육하는 데에 유익합니다. 그리하여 하느님의 사람이 온갖

선행을 할 능력을 갖춘 유능한 사람이 되게 해 줍니다."(2티모 3,15-17) 그리고 우리가 얻고자 추구하는 영원한 생명 역시 홀로 참 하느님이신 아버지를 알고 아버지께서 보내신 예수 그리스도를 아는 것임을 명확히 하고 있다(요한 17,3).

이처럼 성경을 공부한다는 것은 2,000여 년 전 예수님 안에 살아계신 하느님께서 오늘 우리 안에 살아계심을 깨닫는 데에 있다. 신앙 선조의 살아있는 신앙에 접근할 수 있는 중요한 통로 역시 성경을 공부하는 것이며, 공부를 통한 '살아계신 말씀'을 체험할 때에 우리의 신앙은 한층 기름지고 풍요로울 것이다.

'요한복음 맛들이기'가 탄생하는 데에 박충선 가브리엘, 형정이 가타리나 부부의 연구비 지원이 큰 힘이 되었음을 감사드리며, 또한 많은 노력과 교정, 편집에 귀한 시간을 할애한 '이성과 신앙 연구소' 산하 '성경연구회' 회원들께 감사의 마음을 전한다. 아울러 표지를 예쁘게 장식해준 박 베르나르디노 형제와 출판을 기꺼이 허락한 수원가톨릭대학교 출판부에도 감사드린다.

아무쪼록 '소공동체를 위한 성경공부'가 오늘날에 맞추어 성경을 다시 읽고 공부하도록 도와주고, 성경이 가르치는 바를 생활화함으로써 그리스도와 일치를 이루는 기쁨을 누리는 동시에 소공동체 활성화에 도움을 주길 바란다.

2013년 3월
분당 성마태오 본당에서...
방 상 만 신부

진행순서 및 일러두기

① 시작 기도

말씀이 우리 안에서 풍성한 열매를 맺을 수 있도록 성경을 읽기 전에 기도로써 마음을 준비한다. 특히 성령께서 비춰주실 것을 간절히 기도드린다.

② 본문 읽기

한 사람이, 혹은 성경 본문이 길면 돌아가며 또박또박 읽는다. 그러고 나서 '본문 익히기' 를 읽고 이를 염두에 두면서 다시 한 번 본문을 천천히 정독한다.

※주일 복음 제시: 전례시기에 맞추어 해당 주일 복음을 제시해놓았다.

복음서를 처음부터 순서대로 공부할 수도 있지만, 전례력에 따라 해당 복음을 선택해서 공부하여 전례를 충실히 준비할 수 있다.

③ 본문 익히기

본문에 정확하게 무엇이 쓰여 있는지, 문제 풀이를 통해 확인함으로써 본문에 충실하게 한다. 대부분 쉽게 문제를 풀 수 있지만, 간혹 답을 확인하고 싶을 때를 위해 정답이나 답이 나와 있는 구절을 부록에 제시하였다. 진행자는 한 문제씩 읽고 답을 찾게 하되, 답을 찾은 순서보다는 돌아가며 답을 말할 수 있도록 배려한다.

④ 생활(묵상) 나누기

말씀의 뜻을 헤아리고 자신의 삶에 어떻게 적용하였는지(할 수 있는지) 숙고하여 생활(묵상) 나누기를 한다. 공동체원의 이해와 친교를 넓힐 수 있는 시간이므로 골고루 발표하게 배려하고 다른 사람의 의견에 반박하거나 토론으로 흐르지 않도록 주의를 기울인다. 진행자는 나눔 시간과 인원을 고려하여 질문을 차례대로 전부, 또는 일부분을 배정하거나 자유롭게 선택하게 한다.

⑤ 말씀 풀이

성경 당시의 지리나 풍습, 언어 습관이나 역사적 배경 등을 간략하게 알려줌으로써 본문을 조금 더 쉽게 이해할 수 있도록 도와준다.

⑥ 말씀 간직하기

본문의 내용을 함축하는 말씀이나 외우기 쉬운 구절을 선택하여 하루, 또는 일주일 내내 마음에 새기며 묵상하고 생활의 지표로 삼을 수 있게 하였다. 각자 마음에 와 닿는 다른 구절을 선택해도 좋고, 말씀을 간직하고 살아간 체험담은 다음 모임이 시작되기 전에 잠시 나누어도 좋다.

⑦ 궁금해요 및 그렇군요

성경 본문 중에서 난해한 말씀이나 이해하기 어려운 풍습 때문에 발생하는 오해 및 궁금한 부분을 가려내어 '궁금해요'에 설명하였다. 또 해당 본문과 연관이 있는 교리나 신앙상식 등을 '그렇군요'에 소개하였다. 이 부분만 쉽게 찾아볼 수 있게 목록을 작성하여 부록에 넣어두었다.

⑧ 마침 기도

배우고 묵상한 말씀을 되새기며 감사하는 마음으로 자유롭게 기도하고 모임을 마친다.

차 례

부 록

길라잡이

–요한계 문헌

전승에 의하면 신약성경에 수록된 사도 요한의 저서는 요한복음과 요한의 첫째, 둘째, 셋째 서간 그리고 요한 묵시록으로, 이를 요한계 문헌이라 한다. 이들은 문학유형이나 세부적인 면에서 차이를 보이지만, 그리스도를 '하느님의 아들'이요 '하느님의 어린양'이라고 하는 데에 일치하고 있으며 생명, 빛, 사랑, 진리 같은 기본 개념을 공통으로 사용하고 있다. 하지만 구체적인 차이나 저자성의 문제 등은 개별 성경의 본문을 통해 살펴봐야 할 것이다.

–요한복음과 공관복음과의 관계

요한복음과 공관복음의 상관관계를 논할 때, 요한 복음사가가 공관복음을 어느 정도까지 활용했는지, 의도적으로 수정하거나 보완했는지, 아니면 전혀 다른 전승 자료를 갖고 독자적으로 편집했는지에 관한 물음이 제기된다. 사실상 초대 교부들 때부터 다양한 연구가 있었다. 곧 요한 복음사가가 공관복음의 전승 내용에 많은 것들을 새롭게 보충했다는 소위 '보충가설', 공관복음의 전승 내용을 부분적으로 참고하였을지라도 전적으로 의존하지는 않았다는 '독립가설', 공관복음을 배제하고 표준복음을 엮으려 했다는 가설 등이 있다. 오늘날 성서학계는 요한복음의 독자적인 전승을 인정하면서 공관복음과 일치되는 내용은 구두전승으로 보고 있다.

–요한복음과 공관복음과의 비교

• 공관복음이 주로 사건 보도 형식을 취했다면, 요한복음은 내용을 음미하고 깊이 재해석한다.

• 공관복음에 나오는 이야기(비유, 예수님의 유년설화와 족보, 유혹사화와 세례자 요한의 설교, 산상설교나 종말에 관한 긴 설교, 변모사화와 최후 만찬, 제자들의 파견 담화)가 요한복음에는 없는 대신, 카나의 기적, 라자로의 소생, 니코데모와의 대화, 사마리아 여인과의 대화, 예수님의 긴 고별 담화 등이 나온다.

• 공관복음에서는 예수님께서 주로 갈릴래아 지방에서 활동하시다가 마지막에 예루살렘으로 입성하시나, 요한복음에서는 예루살렘과 유다 지방을 중심으로 활동하시고 가끔 갈릴래아 지방으로 가신다. 따라서 공관복음에서 예수님의 공생활은 1년도 채 안 되지만, 요한복음에서는 세 번이나 예루살렘에서 파스카 축제를 (2,13; 6,4; 11,55) 지내시므로 공생활 기간이 3년이다. 또한, 공관복음과 달리 예수님의 공생활 초기에 '성전 정화'가 이루어진다.

• 요한복음이 보도하는 예수님의 십자가 처형 날짜, 곧 니산달 14일(파스카 전날)이 공관복음이 보도하는 파스카 당일보다 역사적으로 신빙성이 있다.

• 공관복음에서 예수님께서는 '하느님 나라'를 복음의 주제로 선포하고(마르 1,14 병행구 참조) 설교하신다. 요한복음은 '하느님 나라'가 '(영원한) 생명'으로 대치된다.

• 요한복음은 하느님으로부터 파견된 예수님의 정체(그리스도, 하느님의 아들)를 이미 전제하고 있으나, 공관복음에서는 공생활의 절정기에서 밝혀진다(마르 8,31 병행구 참조).

• 요한복음은 기적사화에서도 예수님의 연민이나 자비(마르 1,41; 3,4; 마태 14,14; 루카 7,13 등)보다는 예수님의 신적인 권능과 영광에 초점을 둔다(2,11 등).

• 공관복음에서 볼 수 없는 장소나 지리적 여건이 구체적으로 언급되어 있다. 곧 세례자 요한의 활동 장소(1,28)와 몇몇 제자의 고향인 벳사이다(1,44), 갈릴래아 지방의 카나(2,1-11), 예루살렘 양 문 곁에 주랑 다섯 채가 딸려있는 벳자타 못(5,2), 실로암(9,7.11), 예수님의 무덤이 있는 정원(19,41; 20,15) 등이다.

–요한복음의 저자

2세기경 교회 문헌에 제베대오의 아들이며 야고보의 형제였던 요한이 저자라고 기록되어 있다. 그러나 3세기 초엽부터 저자에 대한 문제가 제기되었고, 19세기 이후에 또다시 저자 문제가 대두되었다. 요한복음의 내용이 오랜 전승의 발전 과정을 거친 것으로서 어느 한 사람에 의해서 엮어지지는 않았다고 확신했기 때문이다. 그러나 저자성에 있어 중요한 것은 저자가 요한인가의 물음보다는 요한복음이 참으로 '사도적 권위'에 토대를 두고 있는지에 관한 물음이기 때문에 오늘날의 시각은 다르다. 곧 요한복음의 배후에 사도 요한의 권위가 확실하게 나타나고 있으며, 본문에 언급된 예수님께서 '사랑하시는 제자'(13,23; 19,26; 20,2; 21,20)는 제베대오의 아들 요한일 가능성이 크다. 따라서 '예수님께서 사랑하시는 제자'가 예수님의 말씀과 행적들을 믿음으로 증언한 원래 전승자인데(21,24), 그 제자들이나 요한의 공동체가 복음서를 집필했을 것으로 본다.

–요한복음의 저술 장소

요한복음의 저술 장소로 추정되는 곳은 영지주의적인 배경 아래에 있던 시리아(안티오키아), 일찍부터 요한복음이 알려졌던 이집트의 알렉산드리아, 교회의 전승과 종교사적인 배경에서 에페소 등이 거론된다. 이중 교회의 전승과 상충하지 않고 문헌상으로 가장 유력한 에페소를 저술 장소로 여긴다.

–요한복음의 저술 연대

전승에 의하면, 복음서들 가운데 가장 늦게 저술된 것이 요한복음이다. 저술 연대를 추정할 때, 넓게는 요한복음이 이집트에 알려진 것으로 기록된 2세기 초엽(100~110년 또는 140년)까지로 잡는다. 그러나 일반적으로 1세기 말엽(90~100년)으로 추정한다.

–요한복음의 저술 목적

신약성경 중 저술 목적이 분명하게 언급된 책은 요한복음뿐이다(20,30-31). 이는 요한복음이 초대교회의 여러 전승과 당면 과제들을 반영하고 오랫동안 기록, 편집의 과정을 거쳐 완성된 작품임을 시사해 준다(21,25 참조).

복음사가는 먼저 예수님의 신원과 정체를 '그리스도', '하느님의 아들'로 선포하며 예수님을 믿음으로써 구원(생명)을 얻게 된다는 사실을 알리고자 한다(20,31). 또한, 이미 믿음을 가지고 살아가는 그리스도인들의 신앙을 일깨우고, 믿음을 더 견고하고 더 깊게 하기 위한 목적으로 복음서를 저술하였다.

–요한복음의 종교적 관계

요한 공동체의 관심사와 현안 문제들은 역사적인 상황과 결부되어 복음서의 내용이나 편집에 영향을 끼쳤을 것이다. 따라서 당시 유다적, 그리스적 세계 내의 요한 공동체와 여타 종교 집단들의 공통된 전승 가운데서 요한 사상의 기초가 되며 요한복음을 위한 전달 매개로써 이용된 것들을 식별해내는 것은 복음서 이해에 도움이 될 것이다.

1. 영지주의와의 관계

요한복음에서는 우선 그리스적 요소, 특히 영지주의와의 관계를 살필 필요가 있다. 요한복음과 영지주의의 관계는 여전히 논쟁 중이지만, 분명한 것은 요한복음에 반영지주의적인 경향이 내포되어 있다는 것이다. 이는 '예수는 참으로 하느님도 사람도 아니다' 라고 내세우는 영지주의적 그리스도론, 곧 '가현설' 에 맞서는 '육화' (1,14)에서 가장 확실하게 나타난다. 또한, 선재한 로고스(Logos: 말씀)이신 그리스도는 지상으로 파견되어 물질계에 속한 '육' 을 취함으로써 인격의 실재성과 역사성을 드러내셨다. 달리 말하면 '로고스' 는 신적이고 영적인 세계와 뚜렷한 대조를 이루는 '육의 영역' (3,6; 6,63; 8,15; 17,2), 곧 지상적이고 인간적인 영역에 들어왔고, 인간들은 그 로고스와 인격적인 결합을 맺어 생명(구원)을 얻게 된다. 따라서 '영지' (靈知:그노시스)에 의한 인간 구원을 주장하는 영지주의를 배척한다. 그리고 하느님과 '로고스' 에 의해 '세상' 이 창조되었고(1,1.3), '세상' 은 하느님의 사랑의 대상이라고(3,16) 함으로써, 하느님의 창조물인 '세상' 을 죄악시하는 영지주의적인 사고를 배제한다.

2. 유다교와의 관계

요한복음에는 '유다인들' 이란 표현이 유난히 많은데(5,16.18; 7,1 등), 특히 예루살렘의 여러 지도층을 가리키는 경우가 많다(1,19; 5,15; 9,22). '바리사이들' 이란 표현은 볼 수 있지만(1,24; 3,1; 4,1; 7,32.45.47-48 등), 공관복음에 자주 나오는 '율법 학자들', '원로들', '사두가이들' 은 전혀 나타나지 않기 때문이다. 그러기에 '유다인들' 이란 칭호는 예수 그리스도의 진리를 불신하거나 배척한 자들로서, 당시 민중들로 하여금 예수님의 제자들에게 대적하도록 이끄는 이들을 총체적으로 칭한 것으로 보인다(11,45-53; 15,18-25; 16,1-4 참조). 사실상 유일신 사상으로 무장된 유다인들로서는 하느님의 아들이라는 예수 그리스도 신앙을 받아들일 수 없었을 것이다(7,27.41-42; 12,34 참조). '회당에서의 추방' (9,22; 12,42;

16,2)은 당시 회당을 중심으로 유다교인들과 그리스도교인들의 첨예한 대립이 일어났음을 시사한다. '유다인들'에 대한 대립이나 도전적인 표현들은 이 같은 상황에서 유래된 것으로 볼 수 있다. 그럼에도 구세사가 유다 민족과 연결되어 있다는 사실은 부인되지 않는다.

3. 세례자 요한과의 관계

공관복음에서 세례자 요한은 백성에게 회개를 촉구하며 희망을 주는 예언자요, 그리스도의 길을 예비하는 선구자로 나타난다. 반면에 요한복음은 세례자 요한 개인에 관한 관심이 적고, 그가 그리스도가 아니라 증언자에 불과하며(1,6-8.15.19-27.29-34; 3,27-30), '빛'이 아니라 다만 '빛'을 증언하러 왔을 따름이라고 명시한다(1,8). 사실 요한복음이 쓰일 당시에 세례자 요한의 종파가 세례 운동을 활발히 전개했다는 사실이 거의 확실시 되고 있다. 요한복음은 세례자 요한의 종파에 대하여 배제하는 것처럼 보이나, 복음서 여러 곳에서 세례자 요한을 우호적으로 언급하고 있음도 간과할 수 없다.

-요한복음의 신학사상

1. 그리스도론

그리스도론은 신약성경에서 가장 기본적이며 핵심적인 신학사상이다. 요한복음에서는 예수님께서 '메시아요 하느님의 아드님'임을 사람들이 믿어서 생명(구원)을 얻게 하려는 것(20,31)이 저술 목적이라고 밝히는데, '메시아'(1,41; 4,29; 11,27)이며 '하느님의 아드님'이라는 두 존칭은 예수님의 정체와 사명을 가리키는 중요한 표현임에 틀림이 없다. 이 외에도 요한복음에는 예수님을 묘사하는 다양한 방식들이 존재한다. 곧 말씀(1,1.14), 외아들(1,18; 3,16.18), 사람의 아들(1,51 등), 하느님의 어린양(1,29.36), 이스라엘의 임금님(1,49), 하느님이 보내신 분(3,16-17.34; 5,30; 7,16-18; 10,36), 예언자(4,19; 9,17), 하느님의 거룩하신 분(6,69), 유다인의 임금(19,19), 주님(20,18; 21,7), 저의 주님 저의 하느님(20,28) 등이다. 또한, 예수님께서 자기 자신을 절대적으로 드러내는 데에 사용한 '아들'이란 표현과 함께, '아버지'이신 하느님과의 유일무이한 관계가 하느님의 '외아들'(1,14.18;

3,16.18)이란 독특한 말로써 표현된다. 이런 파견 사상에는 그리스도의 선재(先在)가 전제되거나 내포되어 있다. 그리고 그리스도론적인 칭호들의 개념은 예수님의 자기 계시적인 전형 문구, 이른바 '나는 ......이다' (Ego eimi 6,35.51; 8,24.28; 10,11.14; 11,25; 14,6; 15,1-10; 18,5-8)란 말 속에 함축된다. 예수님께서는 이미 계시가 된 자기 자신을 알려주거나 확인시켜 줄 때 이 말을 사용한다(6,20; 18,5-8). 예수님의 자기 계시적인 표현들은 오로지 당신을 통해서만 구원이 이루어지는 것으로 모여지기에 요한복음의 그리스도론은 한마디로 구원론에 직결된다. 이는 요한복음이 예수님의 정체를 밝혀주는 데에만 관심이 있는 것이 아니라, 예수님을 통해 이루어진 구원행위를 보여주고자 한 것이다.

2. 구원론

요한복음의 구원론은 우주론적이며 보편적이고 그리스도론에 직결되어 있다. 곧 예수님은 '세상의 죄를 없애시는 하느님의 어린양' (1,29), '세상의 구원자' (4,42), '세상의 생명' 을 위하여 자신의 몸을 바친 분(6,51), '세상의 빛' (8,12) 등으로 선포된다. 그리고 예수 그리스도는 세상을 심판하기 위해서가 아니라 구원하기 위해서 파견되었다(3,17; 12,47). 세상은 비구원의 상태였으나, 예수 그리스도께서 하느님으로부터 파견되어 세상에 오심으로 단절이 극복되고 구원을 얻게 된다. 또한, 선재한 그리스도가 취한 '육' (1,14)은 세상의 생명을 위하여 바쳐지는 '몸' 으로서(6,51-56) 구원론적 의미를 지닌다. 요한복음에서 인간 구원은 특히 '영원한 생명' (혹은 '생명')이라는 용어로써 표현된다. 영원한 생명은 예수 그리스도로부터 선물로 주어지며(3,15-16.36; 4,14; 10,28 참조) 이를 얻기 위한 조건은 예수 그리스도에 대한 믿음이다(5,24).

3. 종말론

요한복음의 종말은 현재적 의미가 두드러지기 때문에(3,18; 4,23.35-36; 5,25 참조) '현재적 종말론' , 또는 '현실화된 종말론' 이라고 부른다. 곧 종말에 얻게 될 인간 구원이 예수 그리스도를 믿음으로써 '지금 여기서' 실제로 이루어지고 있음을 강조한다(3,15-16; 5,24 등). 그러나 미래에 가서야 완성되는 종래의 구원관을 배제하지는 않는다(5,27-29; 6,39-40.44.54; 12,48 참조). '영원한 생명' 은 종말론적인 개념으로서 일반적으로 미래적인 구원을 가리킨다. 요한복음은 이미 누리고 있는 현재의 구원에 역점을 두지만, 그렇다고 미래적인 뜻을 배제하지는 않는다. 요한복음에서는 종래의 종말 대망이 완화되고 '영원한 생명'의 현재적 의미가 강조되었다고 할 수 있다. 따라서 인간은 누구나 이 세상에서 예수 그리스도를 믿음으로써 '지금 여기서' 실제로 구원을 받고, 예수 그리스도를 거부함으로써 심판을 받는다(3,17-20; 5,20-30).

요한복음

제 1과 ~ 제 42과

제 1 과 (1, 1–18)

㉮㉯㉰성탄 제 2주일

머리글

1한처음에 말씀이 계셨다.
말씀은 하느님과 함께 계셨는데 말씀은 하느님이셨다.
2그분께서는 한처음에 하느님과 함께 계셨다.
3모든 것이 그분을 통하여 생겨났고
그분 없이 생겨난 것은 하나도 없다.
4그분 안에 생명이 있었으니
그 생명은 사람들의 빛이었다.
5그 빛이 어둠 속에서 비치고 있지만
어둠은 그를 깨닫지 못하였다.
6하느님께서 보내신 사람이 있었는데
그의 이름은 요한이었다.
7그는 증언하러 왔다.
빛을 증언하여
자기를 통해 모든 사람이 믿게 하려는 것이었다.
8그 사람은 빛이 아니었다.
빛을 증언하러 왔을 따름이다.

9모든 사람을 비추는
참빛이 세상에 왔다.
10그분께서 세상에 계셨고
세상이 그분을 통하여 생겨났지만
세상은 그분을 알아보지 못하였다.

11그분께서 당신 땅에 오셨지만
그분의 백성은 그분을 맞아들이지 않았다.
12그분께서는 당신을 받아들이는 이들,
당신의 이름을 믿는 모든 이에게
하느님의 자녀가 되는 권한을 주셨다.
13이들은 혈통이나 육욕이나
남자의 욕망에서 난 것이 아니라
하느님에게서 난 사람들이다.

14말씀이 사람이 되시어
우리 가운데 사셨다.
우리는 그분의 영광을 보았다.
은총과 진리가 충만하신
아버지의 외아드님으로서 지니신
영광을 보았다.

15요한은 그분을 증언하여 외쳤다.
"그분은 내가 이렇게 말한 분이시다.
'내 뒤에 오시는 분은
내가 나기 전부터 계셨기에
나보다 앞서신 분이시다.'"
16그분의 충만함에서 우리 모두
은총에 은총을 받았다.
17율법은 모세를 통하여 주어졌지만
은총과 진리는 예수 그리스도를 통하여 왔다.
18아무도 하느님을 본 적이 없다.
아버지와 가장 가까우신 외아드님
하느님이신 그분께서 알려 주셨다.

본문 익히기

1. (   ) 안에 맞는 구절을 보기에서 골라 써 보세요.

한처음에 (   )이 계셨다. (   )은 하느님과 함께 계셨는데 (   )은 하느님이셨다. 그분께서는 한처음에 (   )과 함께 계셨다. 그분 안에 (   )이 있었으니 그 (   )은 사람들의 (   )이었다. 그 (   )이 (   ) 속에서 비치고 있지만 (   )은 그를 깨닫지 못하였다.

보기	① 생명 ② 하느님 ③ 말씀 ④ 빛 ⑤ 어둠

2. 말씀은 사람들에게 무엇으로 오십니까? 모두 찾아보세요.

① 생명 ② 율법 ③ 빛 ④ 어둠 ⑤ 혈통

3. 요한은 무엇을 증언하고, 자기를 통하여 무엇을 하려고 합니까?

4. 14-17절을 읽고 나머지 구절을 보기에서 골라 완성해 보세요.

① 말씀이 사람이 되시어 (   ).

② 내 뒤에 오시는 분은 (   ).

③ 그분의 충만함에서 (   ).

④ 율법은 모세를 통하여 주어졌지만 (   ).

보기	㉮ 우리 가운데 사셨다 ㉯ 은총과 진리는 예수 그리스도를 통하여 왔다 ㉰ 내가 나기 전부터 계셨기에 나보다 앞서신 분이시다 ㉱ 우리 모두 은총에 은총을 받았다

생활 나누기

1. 요한은 스스로 빛이 아니라 빛을 증언하러 왔다고 말합니다.

자신을 드러내고 싶은 유혹들은 무엇입니까?

하느님의 영광을 드러내는 일들은 어떤 것이 있을까요?

2. 당신을 받아들이고 믿는 이들에게 하느님의 자녀가 되는 권한을 주십니다.
하느님을 아버지로 느끼고 받아들이는 경우는 어떤 때입니까?

3. 말씀(하느님)이 사람이 되시어 우리 가운데 사십니다.
말씀(하느님)이 사람이 되었다는 사건에 대한 느낌을 나누어봅시다.

4. 예수 그리스도를 통하여 은총과 진리가 옵니다.
나(공동체)는 어떤 은총을 받았고, 그것을 어떻게 나누고 있나요?

말씀 풀이

요한복음의 머리글은 초기 그리스도교 공동체에서 예수 그리스도를 찬미하며 부르던 찬미가 중의 하나로 **'말씀(로고스) 찬미가'** ('궁금해요' 참조)라고 부른다. 이 찬미가는 나중에 쓰인 것으로 복음서 전체의 중심 주제들을 시적으로 요약하고 있다.

'말씀' 은 예수 그리스도를 가리키는 요한복음 특유의 칭호이다. 말씀은 창조 이전부터, 곧 영원으로부터 선재(先在) 하셨다. 말씀은 영원 속에 하느님과 함께 계셨고 하느님과 본질이 같으신 분, 곧 하느님이셨다. 모든 것이 말씀이신 분으로 말미암아 존재하게 되었다.

말씀이신 분 안에 **'생명'** 이 있으며 그 생명은 '사람들의 빛' 이었다. **빛**은 어둠 속에 있는 사람들을 비추어 생명을 주는 구원으로 이끈다. 모든 것은 그분으로 말미암아 생겨나고 생명이 지속된다. 그분 안에 생명이 있으므로 새로운 생명이 창조되는 것이다(2코린 5,17 참조). 생명이신 그분이 빛으로 사람들을 비추고자 오셨지만, 그들은 어둠 속에서 빛을 깨닫지 못한다. 빛과 어둠, 생명과 죽음은 대립을 이루는 개념들이다. 어둠은 빛을 거부함으로써 생긴 결과이며, 생명이신 빛을 거부하는 곳에는 죽음이 있을 뿐이다. 사람들이 빛을 이해하지 못하고 거부함에도 빛은 어둠 속에서 계속 비치고 있다. 그러나 그분을 받아들이고 믿는 이들이 있어 그들은 **'하느님의 자녀'** 가 된다. 인간적이고 육적인 요인으로가 아니라 위로부터,

하느님에 의해서 태어나는 것이다(3,3.5 참조).

세례자 요한은 빛을 증언하기 위해 하느님으로부터 파견된 사람이다. 그는 빛이 아니라 모든 사람을 빛으로 이끄는 역할을 하는 증언자이다. 그는 자신보다 나중에 오시는 분이 실제로는 그보다 앞서신 분이시며 그가 태어나기도 전부터 존재하셨던 분이심을 증언할 것이다(15절). 요한이 증언하는 목적은 자신의 증언(1,19-34)으로 모두가 그분을 믿게 하려는 것이다.

하느님이신 말씀이 육신을 지닌 **참사람**이 되시어 우리 가운데 머무르신다(14절). 그분의 머무르심은 과거 이스라엘 백성이 광야에서 생활할 때 하느님께서 그들 가운데 머무셨던 일을 상기시킨다(탈출 33,7-11; 40,34-38 참조). 율법을 전해준 모세조차 하느님을 보지 못하였지만, 은총과 진리를 가져오신 예수 그리스도는 **하느님의 외아들**로서 아버지를 보았고 사람들에게 아버지를 알려주셨다. 그러기에 강생하신 말씀, 곧 예수님을 통해 우리는 아버지이신 하느님을 알 수 있고 볼 수 있게 되었다(14,9).

말씀 간직하기

"말씀이 사람이 되시어 우리 가운데 사셨다." (1, 14)

궁금해요

신약성경에는 어떤 찬미가들이 나오나요?

공관 복음서에는 최후의 만찬 후 예수님과 제자들이 찬미가를 부르고 나서 올리브 산으로 올라갔다고 합니다(마태 26,30; 마르 14,26 참조). 유다인들은 하느님을 찬양하고 경배하는 노래를 주로 시편에서 발췌하여 불렀는데 이를 찬미가라 합니다. 초대 그리스도 공동체에서는 전례나 기도 때에 다양한 형태의 찬미가를 불렀습니다. 신약성경에는 하느님 찬미가(로마 11,33-36), 그리스도 찬미가(필리 2,6-11), 그리스도 찬가(콜로 1,15-20), 말씀(로고스) 찬미가(요한 1,1-18)가 들어있습니다. 그밖에도 여러 곳에서 찬미가 형식을 찾을 수 있습니다(1티모 3,16; 히브 1,5-14; 1베드 1,24-25 등). 또한, 가톨릭교회의 성무일도에는 마리아의 노래(루카 1,46-55)와 즈카르야의 노래(루카 1,68-79), 시메온의 노래(루카 2,29-32)가 수록되어 매일 기도로 바칩니다.

제 2 과 (1, 19–34)

| ㉯대림 제 3주일(1,6–8.19–28) | ㉮연중 제 2주일(1,29–34)

세례자 요한의 증언

19요한의 증언은 이러하다. 유다인들이 예루살렘에서 사제들과 레위인들을 요
한에게 보내어, "당신은 누구요?" 하고 물었을 때, 20요한은 서슴지 않고 고백하였
다. "나는 그리스도가 아니다." 하고 고백한 것이다. 21그들이 "그러면 누구란 말이
오? 엘리야요?" 하고 묻자, 요한은 "아니다." 하고 대답하였다. "그러면 그 예언자
요?" 하고 물어도 다시 "아니다." 하고 대답하였다. 22그래서 그들이 물었다. "당
신은 누구요? 우리를 보낸 이들에게 우리가 대답을 해야 하오. 당신은 자신을 무
엇이라고 말하는 것이오?" 23요한이 말하였다. "나는 이사야 예언자가 말한 대로

'너희는 주님의 길을 곧게 내어라.' 하고
광야에서 외치는 이의 소리다."

24그들은 바리사이들이 보낸 사람들이었다. 25이들이 요한에게 물었다. "당신이
그리스도도 아니고 엘리야도 아니고 그 예언자도 아니라면, 세례는 왜 주는 것이
오?" 26그러자 요한이 그들에게 대답하였다. "나는 물로 세례를 준다. 그런데 너희
가운데에는 너희가 모르는 분이 서 계신다. 27내 뒤에 오시는 분이신데, 나는 그분
의 신발 끈을 풀어 드리기에도 합당하지 않다." 28이는 요한이 세례를 주던 요르단
강 건너편 베타니아에서 일어난 일이다.

하느님의 어린양

29이튿날 요한은 예수님께서 자기 쪽으로 오시는 것을 보고 말하였다. "보라, 세
상의 죄를 없애시는 하느님의 어린양이시다. 30저분은, '내 뒤에 한 분이 오시는
데, 내가 나기 전부터 계셨기에 나보다 앞서신 분이시다.' 하고 내가 전에 말한 분
이시다. 31나도 저분을 알지 못하였다. 내가 와서 물로 세례를 준 것은, 저분께서
이스라엘에 알려지시게 하려는 것이었다." 32요한은 또 증언하였다. "나는 성령께

**서 비둘기처럼 하늘에서 내려오시어 저분 위에 머무르시는 것을 보았다. 33나도
저분을 알지 못하였다. 그러나 물로 세례를 주라고 나를 보내신 그분께서 나에게
일러 주셨다. '성령이 내려와 어떤 분 위에 머무르는 것을 네가 볼 터인데, 바로 그
분이 성령으로 세례를 주시는 분이다.' 34과연 나는 보았다. 그래서 저분이 하느님
의 아드님이시라고 내가 증언하였다."**

본문 익히기

1. 요한 스스로 자신이 아니라고 밝힌 인물을 모두 고르세요.
   □ 엘리야 □ 그리스도 □ 이사야 □ 그 예언자
2. 요한은 자신을 무엇이라고 말합니까?
3. 요한이 세례를 주던 곳은 어디입니까?
4. 요한은 예수님을 보고 무엇이라고 증언하나요?
5. 요한이 와서 물로 세례를 준 이유는 무엇입니까?
6. 요한은 예수님을 어떻게 알아보았습니까?

생활 나누기

1. 요한은 기대를 걸고 찾아온 사람들에게, 아닌 것은 아니라고 분명히 말합니다.
   나에게 기대를 걸고 다가오는 이들에게 어떤 태도를 취하나요?
   □ 기대에 부응하려고 애쓴다 □ 처음부터 기대를 걸지 못하게 한다
   □ 부담스러워 피한다 □ 할 수 있는 것과 할 수 없는 것을 분명히 한다

2. 요한은 '주님의 길을 곧게 내라고 광야에서 외치는 이의 소리'라고 합니다.
   나는 주님을 위해 어디에서, 어떠한 일을 준비한 적이 있나요?

3. 요한은 예수님의 세례 때, 성령께서 그분 위에 머무르셨다고 증언합니다.
세례식이나 첫영성체 예식에 함께하며 받은 은총을 나누어봅시다.

말씀 풀이

유다인들이 예루살렘에서 사제들과 레위인들을 보내어 요한이 누구인지를 묻는다. 여기서 '유다인들'이란 공적인 임무를 가진 지도층(5,15-16.18; 9,22 참조)으로, 그들이 사람들을 파견하여 세례자 요한의 정체와 권위에 대해 질문하는 것이다.

그들이 "당신은 누구요?" 하고 묻자, 요한은 그리스도가 아니라고 대답한다. 요한의 활동을 보고 '그리스도가 아닐까?' 하고 생각하는 이들이 많았기 때문이다. 그들은 이어서 주님의 날이 오기 전에 보내리라고 예언된 엘리야(말라 3,1.23 참조)나 종말에 올 모세와 같은 '그 예언자'(신명 18,15.18 참조)인지를 묻는다. 요한은 그들의 질문에 모두 아니라고 대답한다. 공관복음에서는 세례자 요한을 엘리야라고 하는데(마태 11,14; 17,12; 루카 1,17 참조), 이는 그의 영(정신)과 능력이 엘리야와 같은 인물이라는 뜻이다. 요한은 자신을 엘리야라고 하지는 않으나 이사야 예언서(40,3)를 인용하여 자신은 그리스도의 오심을 알려 사람들을 준비시키는 증언자라고 밝힌다.

파견된 이들 중에 바리사이들은 요한의 세례에 관심을 둔다. 바리사이들에게 세례는 메시아의 오심을 알리는 상징적인 행위로 이해되었던 것이다. 그러나 요한의 세례는 성령이 아닌 물의 세례로써 메시아와는 관계가 없다. 요한은 그보다는 '그들 가운데 서 계시지만 그들이 모르는 분'에게로 집중하게 한다. 자신은 그분의 신발 끈을 풀어 드리는 몸종만도 못하다며 '뒤에 오시는 분'의 품위를 드높인다. 요한의 증언은 그가 세례를 주던 요르단 강 건너편 베타니아에서 이루어졌다.

이튿날 요한은 자기 쪽으로 오시는 예수님을 가리키며 **'세상의 죄를 없애시는 하느님의 어린양'**('궁금해요' 참조)이라고 증언한다. 이는 예수님께서 '어린양'으로서 인류의 죄를 대속하는 십자가 상 죽음을 통해 온 세상을 구원할 분임을 예고

한 것이다.

요한은 예수님이 자신보다 뒤에 오신 분이지만, 자신이 나기 전부터 계신 분이라고 한다. 태초부터 계셨다는 선재(先在) 하심(1,1-2), 곧 그분의 신성에 관해 증언한 것이다. 사실 요한도 그분에 대해 알지 못했으나 예수님께 세례를 베푸는 순간, 그분 위에 머무르시는 성령을 보았고 자신을 파견한 분이 일러주셨기에 알게 되었다고 한다.

요한의 임무는 세례를 베풀어 그분을 이스라엘에 알리는 것이다. 요한은 자신의 증언이 하느님의 계시에서 비롯되었음을 밝히며 예수님을 '하느님의 아드님' 이라고 증언한다.

말씀 간직하기

"보라, 세상의 죄를 없애시는 하느님의 어린양이시다." (1, 29)

궁금해요

'하느님의 어린양'이 무슨 뜻인가요?

어린양은 첫째로 제사 때에 하느님께 드리는 희생제물입니다. 둘째로 이스라엘 백성이 이집트를 탈출할 때, 어린양의 피를 문설주에 발라 죽음을 피했기 때문에 구원의 표지이기도 합니다(탈출 12장 참조). 셋째로 우리의 죄를 짊어지고 가는 속죄양(레위 16장 참조)을 뜻하기도 하며, 마지막으로 '주님의 종'의 넷째 노래(이사 52,13-53,12)의 어린양을 들 수 있습니다. 요한 복음사가는 희생제물의 관념을 목자의 형상과 일치시킴으로써 이사야의 '어린양'은 '하느님의 어린양', '하느님의 종'입니다. '어린양'이 민족의 죄뿐 아니라 우주의 죄까지 짊어지는 것으로 확대된 것은 요한복음의 특징으로, 때문에 인간에게는 죽음에서 생명으로 건너가는 구원의 길이 열리게 되었습니다. 가톨릭 전례에서는 이를 기리며 '하느님의 어린양, 세상의 죄를 없애시는 분이시니 이 성찬에 초대받은 이는 복되도다!'라고 감사와 찬미를 드립니다.

제 3 과 (1, 35–51)

| ㉯연중 제 2주일(1,35–42)

첫 제자들

35이튿날 요한이 자기 제자 두 사람과 함께 그곳에 다시 서 있다가, 36예수님께
서 지나가시는 것을 눈여겨보며 말하였다. "보라, 하느님의 어린양이시다." 37그
두 제자는 요한이 말하는 것을 듣고 예수님을 따라갔다. 38예수님께서 돌아서시어
그들이 따라오는 것을 보시고, "무엇을 찾느냐?" 하고 물으시자, 그들이 "라삐, 어
디에 묵고 계십니까?" 하고 말하였다. '라삐'는 번역하면 '스승님'이라는 말이다.
39예수님께서 그들에게 "와서 보아라." 하시니, 그들이 함께 가 예수님께서 묵으
시는 곳을 보고 그날 그분과 함께 묵었다. 때는 오후 네 시쯤이었다.
40요한의 말을 듣고 예수님을 따라간 두 사람 가운데 하나는 시몬 베드로의 동
생 안드레아였다. 41그는 먼저 자기 형 시몬을 만나, "우리는 메시아를 만났소." 하
고 말하였다. '메시아'는 번역하면 '그리스도'이다. 42그가 시몬을 예수님께 데려
가자, 예수님께서 시몬을 눈여겨보며 이르셨다. "너는 요한의 아들 시몬이구나. 앞
으로 너는 케파라고 불릴 것이다." '케파'는 '베드로'라고 번역되는 말이다.

필립보와 나타나엘을 부르시다

43이튿날 예수님께서는 갈릴래아에 가기로 작정하셨다. 그때에 필립보를 만나
시자 그에게 "나를 따라라." 하고 이르셨다. 44필립보는 안드레아와 베드로의 고
향인 벳사이다 출신이었다. 45이 필립보가 나타나엘을 만나 말하였다. "우리는 모
세가 율법에 기록하고 예언자들도 기록한 분을 만났소. 나자렛 출신으로 요셉의
아들 예수라는 분이시오." 46나타나엘은 필립보에게, "나자렛에서 무슨 좋은 것이
나올 수 있겠소?" 하였다. 그러자 필립보가 나타나엘에게 "와서 보시오." 하고 말
하였다.
47예수님께서는 나타나엘이 당신 쪽으로 오는 것을 보시고 그에 대하여 말씀하

셨다. "보라, 저 사람이야말로 참으로 이스라엘 사람이다. 저 사람은 거짓이 없
다." 48나타나엘이 예수님께 "저를 어떻게 아십니까?" 하고 물으니, 예수님께서
그에게 "필립보가 너를 부르기 전에, 네가 무화과나무 아래에 있는 것을 내가 보았
다." 하고 대답하셨다. 49그러자 나타나엘이 예수님께 말하였다. "스승님, 스승님
은 하느님의 아드님이십니다. 이스라엘의 임금님이십니다." 50예수님께서 나타나
엘에게 이르셨다. "네가 무화과나무 아래에 있는 것을 보았다고 해서 나를 믿느
냐? 앞으로 그보다 더 큰 일을 보게 될 것이다." 51이어서 그에게 또 말씀하셨다.
"내가 진실로 진실로 너희에게 말한다. 너희는 하늘이 열리고 하느님의 천사들이
사람의 아들 위에서 오르내리는 것을 보게 될 것이다."

본문 익히기

1. 다음 사람들은 예수님을 누구에게 소개(증언)하였나요?
   ① 요한 → (　　　) ② 안드레아 → (　　　) ③ 필립보 → (　　　)
2. 다음 낱말을 번역하면 무슨 뜻이 되는지 본문에서 찾아 써보세요.
   ① 라삐 (　　　) ② 메시아 (　　　) ③ 케파 (　　　)
3. 예수님께서 누구에게 하신 말씀인지 연결해보세요.
   ① "와서 보아라." ㉮ 필립보
   ② "요한의 아들 시몬이구나." ㉯ 나타나엘
   ③ "나를 따라라." ㉰ 베드로
   ④ "참으로 이스라엘 사람이다." ㉱ 안드레아
4. 예수님을 만난 이들은 예수님을 어떤 분으로 고백했는지 연결해봅시다.
   ① 요한(세례자) ㉮ 하느님의 아드님, 이스라엘의 임금님
   ② 안드레아 ㉯ 메시아
   ③ 필립보 ㉰ 모세가 율법에 기록하고 예언자들도 기록한 분
   ④ 나타나엘 ㉱ 하느님의 어린양

생활 나누기

1. 요한은 자기 제자들을 예수님께 선뜻 보내줍니다.
   자기 공동체에서 다른 공동체로 옮긴 사람을 어떻게 대합니까?

2. 예수님께서는 "와서 보아라." 하고 초대하십니다.
   교회의 단체나 행사에 직접 참여해보고 알게 된 것을 나누어주세요.

3. 베드로는 안드레아를 통해, 나타나엘은 필립보를 통해 예수님을 만납니다.
   나는 누구의 인도로 예수님을 알게 되었나요?
   내가 예수님께 인도한 사람은 누구이며 어떻게 전했나요?

4. 나타나엘은 예수님이 나자렛 출신이라는 말을 듣고 편견을 드러냅니다.
   같은 본당 안에서도 지역에 따라 선입견을 갖고 대하는 경우가 있나요?

말씀 풀이

이튿날 세례자 요한은 예수님을 눈여겨보며 '보라, 하느님의 어린양이시다.' 하고 말한다. 그러자 그의 제자 두 사람이 예수님을 따라간다. 공관복음에서는 제자들이 예수님께 직접 부름을 받고 따라 나서는 모습인데(마태 4,18-22; 마르 1,17; 루카 5,27), 요한복음에서는 제자들이 누군가의 증언을 듣고 예수님을 찾아가는 모습이다. 이는 예수님의 제자 선택이 두 가지 방식으로 이루어졌음을 알려준다.

예수님께서는 당신을 따르는 두 제자에게 '무엇을 찾느냐?' 고 물으신다. 요한복음에서는 사람들이 무언가를 '찾아다니는' 모습이 여러 번 나오는데(6,24; 7,11; 12,21 등), '무엇을 찾느냐?' 는 예수님의 첫 말씀은 마지막에 '누구를 찾느냐?' 는(18,4; 20,15) 물음으로 변화된다. 이는 사람들이 찾아야 할 것은 결국 예수님으로 귀결되어야 함을 알려준다.

제자들은 예수님을 '라삐' 로 부른다. 어디에 묵고 계시는지를 묻는 것은 함께 묵으면서 예수님께 직접 무엇인가를 배우고자 하는 것이다. 예수님께서는 '와서 보아라.' 하며 흔쾌히 초대하신다. 그리하여 안드레아와 이름이 알려지지 않은 다른 제자가 예수님과 함께 묵는다. 그때가 네 시쯤이었는데, 유다 시간으로 환산하면 열 시경이고 '열' 은 완전함을 상징하는 숫자이다. 예수님과의 만남은 이들에게 완전한 새날의 시작이다.

안드레아는 자기 형 시몬을 만나 메시아를 만났다고 증언하며 그를 예수님께 데려간다. 예수님께서 시몬을 눈여겨보시며 '케파' 라는 이름을 지어주신다. 아람어 케파는 그리스어로는 베드로라고 번역되며 바위를 뜻한다. 이는 베드로가 장차 교회의 기반이 될 것을 예고하신 것이다.

다음날 예수님께서는 필립보에게 **'나를 따라라.'** 하시며 제자로 부르신다. 필립보는 안드레아와 시몬과 같은 고향인 벳사이다('어부의 집' 이라는 뜻) 출신이다. 필립보는 나타나엘에게 율법서와 예언서에 기록된 분을 만났다고 증언하면서 그 분이 나자렛 출신 예수라고 소개한다. 그러자 나타나엘은 나자렛에서 메시아가 나올 수 없다는 반응을 보인다. 나자렛은 성경에도, 라삐 문헌에도 언급되지 않았기 때문이다. 예수님께서 두 제자를 초대할 때처럼 필립보도 '와서 보시오.' 하며 그를 인도한다.

예수님께서는 나타나엘을 보시고 '참 이스라엘 사람' 이며 '거짓이 없다' 고 칭찬하신다. 또한, 그가 무화과나무 아래에 있었다는 것을 아신다. 이는 당시 라삐들이 나무 아래 앉아 율법을 공부하던 관습을 말씀하신 것으로, 나타나엘이 메시아의 오심을 열망하고 있었음을 나타낸다. 나타나엘은 사람을 꿰뚫어보는 예수님의 신적 능력에 감탄하며, 그분을 '하느님의 아들' 이시며 '이스라엘의 임금님' 으로 고백한다.

예수님께서는 그에게 앞으로 더 큰 일을 보게 될 것이라고 약속하신다. '더 큰 일' 이란 카나의 표징을 시작으로, 부활의 영광에 이르는 일들을 말한다. 예수님께서는 하늘이 열리고 하느님의 천사들이 사람의 아들 위에서 오르내리는 것을 보게 될 것이라고 하신다. 이는 야곱의 꿈('궁금해요' 참조)을 연상케 하는 말씀으로, 예수님께서 하늘과 땅을 이어주는 통로이심을 밝힌 것이다. 공관복음에서 '진실로' 라고 하는 것을 요한복음에서는 **'진실로 진실로'** (원문은 '아멘, 아멘')로 반복하는

데, 이는 예수님의 말씀이 틀림없음을 강조하는 표현이다.

말씀 간직하기

"와서 보아라." (1, 39)

궁금해요

야곱의 꿈에 관해 알고 싶어요

야곱은 형 에사우를 피해 하란으로 가던 중 베텔에서 잠이 듭니다. 그곳에서 하늘까지 닿는 층계 위를 하느님의 천사들이 오르내리는 꿈을 꾸는데(창세 28,12), 땅과 하늘을 이어주는 층계는 하느님과 인간의 통교를 상징합니다. 요한복음에서 하느님의 천사들이 사람의 아들 위를 오르내리게 될 것이라는 말은, 예수님으로 말미암아 하느님과 인간이 서로 통하게 된다는 뜻입니다. 예수님은 하느님과 인간을 잇는 중개자로서 하늘과 땅을 잇는 관문이요 층계입니다.

제 4 과 (2, 1–12)

ⓓ연중 제 2주일(2,1–11)

카나의 혼인 잔치

1사흘째 되는 날, 갈릴래아 카나에서 혼인 잔치가 있었는데, 예수님의 어머니도
거기에 계셨다. 2예수님도 제자들과 함께 그 혼인 잔치에 초대를 받으셨다. 3그런
데 포도주가 떨어지자 예수님의 어머니가 예수님께 "포도주가 없구나." 하였다.
4예수님께서 어머니에게 말씀하셨다. "여인이시여, 저에게 무엇을 바라십니까?
아직 저의 때가 오지 않았습니다." 5그분의 어머니는 일꾼들에게 "무엇이든지 그
가 시키는 대로 하여라." 하고 말하였다.
6거기에는 유다인들의 정결례에 쓰는 돌로 된 물독 여섯 개가 놓여 있었는데,
모두 두세 동이들이였다. 7예수님께서 일꾼들에게 "물독에 물을 채워라." 하고 말
씀하셨다. 그들이 물독마다 가득 채우자, 8예수님께서 그들에게 다시, "이제는 그
것을 퍼서 과방장에게 날라다 주어라." 하셨다. 그들은 곧 그것을 날라 갔다. 9과
방장은 포도주가 된 물을 맛보고 그것이 어디에서 났는지 알지 못하였지만, 물을
퍼 간 일꾼들은 알고 있었다. 그래서 과방장이 신랑을 불러 10그에게 말하였다.
"누구든지 먼저 좋은 포도주를 내놓고, 손님들이 취하면 그보다 못한 것을 내놓는
데, 지금까지 좋은 포도주를 남겨 두셨군요." 11이렇게 예수님께서는 처음으로 갈
릴래아 카나에서 표징을 일으키시어, 당신의 영광을 드러내셨다. 그리하여 제자들
은 예수님을 믿게 되었다.
12그 뒤에 예수님께서는 어머니와 형제들과 제자들과 함께 카파르나움으로 내
려가셨다. 그러나 그곳에 여러 날 머무르지는 않으셨다.

본문 익히기

1. 예수님께서 초대된 혼인 잔치는 어느 지방 어디에서 있었나요?
2. 혼인 잔치에 참석한 예수님의 어머니는 예수님께 무엇을 알리셨나요?
3. 예수님께서 어머니에게 대답하신 말씀입니다. 괄호 안을 채워봅시다.

   (　　　)이시여, 저에게 무엇을 바라십니까?

   아직 저의 (　　　)가 오지 않았습니다.
4. 혼인 잔치에 있던 물독은 몇 개이고, 어디에 쓰는 것인가요?
5. 본문에 나오는 사람들과 그들이 한 역할을 서로 연결해 봅시다.

① 일꾼	㉮ 포도주가 떨어졌음을 알린다
② 예수님의 어머니	㉯ 포도주로 변한 물독의 물을 날라다 준다
③ 제자들	㉰ 최상의 포도주임을 선포한다
④ 과방장	㉱ 표징을 보고 믿는다

6. 예수님께서 카나에서 일으키신 표징은 몇 번째 표징인가요?

생활 나누기

1. 과방장은 음식과 술 등을 고루 나누어 주는 역할을 맡은 책임자입니다.
   하느님께 받은 은총(재능)을 다른 이에게 나누어준 경험을 말해봅시다.

2. 카나의 혼인 잔치는 성모님의 도움으로 위기를 넘깁니다.
   다른 이의 곤경을 보고 나서서 해결해 준 경험이 있나요?
   반대로 누군가의 도움으로 위기를 모면한 경우가 있다면 나눠봅시다.

3. 예수님께서는 표징을 일으키시어 당신의 영광을 드러내십니다.
   나는 일상에서 무엇(표징)을 볼 때, 하느님의 영광을 느끼나요?
   내가 하느님의 영광을 드러낼 때는 어떤 일을 할 때입니까?

말씀 풀이

사흘째 되는 날, 곧 세례자 요한이 예수님에 대해 증언한(1,19) 때로부터 일곱째 날에 갈릴래아 카나에서 혼인 잔치가 열린다. 카나는 예수님의 고향인 나자렛에서 그리 멀지 않은 마을이다. 예수님과 제자들이 혼인 잔치에 참석했을 때는 예수님의 어머니도 이미 그 자리에 와 계셨다. 유다인들의 혼인 잔치는 흔히 일주일 이상 이어져서 손님에게 제공할 포도주가 떨어지는 일이 간혹 있었다. 잔칫집에 포도주가 떨어진 난처한 상황을 알게 된 예수님의 어머니께서 마침 그곳에 오신 예수님께 도움을 청한다. 하지만 예수님께서는 거리를 두는 듯이, 어머니를 '여인' 이라고 부르신다. 예수님께서 어머니를 '여인' 이라 부르시는 것은 두 차례인데, 공생활을 시작하는 카나의 혼인 잔치(2,4)와 공생활이 끝나는 십자가 위에서(19,26)이다. '여인' 은 혈육을 뛰어넘는 어머니의 공적 역할을 암시해주는 호칭으로, 이는 십자가 위에서(19,26) 밝히 드러날 것이다. 예수님께서는 당신의 때가 아직 오지 않았다고 하시는데, **'때'** 란 죽음과 부활의 때로 당신은 아버지의 계획 안에서 움직이는 분이심을 밝힌 것이다. 예수님의 어머니는 아들을 신뢰하며 무엇이든지 그분이 시키는 대로 하라고 일꾼들에게 이른다.

그곳에는 식사 전에 손을 씻는 정결례를 지키기 위해 물독 여섯 개가 놓여 있었다. 여섯은 완전수 일곱에서 하나가 모자란 수로, 유다교의 율법이 불완전함을 뜻한다. 일꾼들은 예수님의 분부대로 독에 물을 가득 채운다. 한 '동이' (메트레테스)는 약 40리터이므로 두세 동이들이 물독 여섯 개는 약 480-720리터나 되는 엄청난 양이다. 일꾼들은 물을 퍼서 과방장에게 날라다 주라는 예수님 말씀에 순종함으로써 기적의 증인이 된다. **과방장**은 잔치 음식을 맡은 책임자로서 음식을 관리하고 배분하며 제일 처음 맛보는 자이다. 그는 신랑을 불러 포도주 맛에 찬사를 보낸다. 이로써 과방장은 예수님이 이루신 기적을 확인하고 선포하는 역할을 한다.

예수님께서 카나의 혼인 잔치에서 일으키신 기적은 그분의 영광이 드러나는 **첫 번째 표징**이다. 이처럼 요한복음에서 표징이란 예수님의 영광이 드러나는 사건을 일컫는다. 그리하여 표징을 본 제자들은 그분을 믿게 되었다. 예수님께서는 어머니와 제자들과 함께 카파르나움으로 가셨으나 그곳에 오래 머무르시지는 않았다.

말씀 간직하기

예수님께서는 처음으로 갈릴래아 카나에서 표징을 일으키시어, 당신의 영광을 드러내셨다.
(2, 11)

궁금해요

유다인들의 혼인 예식

유다인들의 혼인은 주로 씨족들 간에 이루어졌으며 일반적으로 열두 살 반이 되면 합법적으로 혼인할 수 있었습니다. 신랑 신부는 약혼 후 각자의 집에서 일 년 동안 혼인을 준비하며 지냅니다. 약혼은 이미 법적으로 부부이기에 신랑은 자기 부인이 한 해 동안 쓸 의식주에 대한 대가를 신부의 집에 치러야 합니다. 일 년 후 신부가 신랑을 맞이하는 예식과 신랑이 신부를 자기 집으로 데려가는 예식을 거행함으로써 실제적인 혼인 생활에 들어갑니다. 신랑 집에서 벌어지는 잔치는 양가의 축하객들과 함께 행인들도 초대하는 마을 전체의 큰 축제로 통상 일주일 동안 이어집니다.

제 5 과 (2, 13–25)

㉯사순 제 3주일

성전을 정화하시다

13유다인들의 파스카 축제가 가까워지자 예수님께서는 예루살렘에 올라가셨다.
14그리고 성전에 소와 양과 비둘기를 파는 자들과 환전꾼들이 앉아 있는 것을 보시
고, 15끈으로 채찍을 만드시어 양과 소와 함께 그들을 모두 성전에서 쫓아내셨다.
또 환전상들의 돈을 쏟아 버리시고 탁자들을 엎어 버리셨다. 16비둘기를 파는 자
들에게는, "이것들을 여기에서 치워라. 내 아버지의 집을 장사하는 집으로 만들지
마라." 하고 이르셨다. 17그러자 제자들은 "당신 집에 대한 열정이 저를 집어삼킬
것입니다."라고 성경에 기록된 말씀이 생각났다.
18그때에 유다인들이 예수님께, "당신이 이런 일을 해도 된다는 무슨 표징을 보
여 줄 수 있소?" 하고 말하였다. 19그러자 예수님께서 그들에게 대답하셨다. "이
성전을 허물어라. 그러면 내가 사흘 안에 다시 세우겠다." 20유다인들이 말하였다.
"이 성전을 마흔여섯 해나 걸려 지었는데, 당신이 사흘 안에 다시 세우겠다는 말이
오?" 21그러나 그분께서 성전이라고 하신 것은 당신 몸을 두고 하신 말씀이었다.
22예수님께서 죽은 이들 가운데에서 되살아나신 뒤에야, 제자들은 예수님께서 이
말씀을 하신 것을 기억하고, 성경과 그분께서 이르신 말씀을 믿게 되었다.

모든 사람을 아시는 예수님

23파스카 축제 때에 예수님께서 예루살렘에 계시는 동안, 많은 사람이 그분께서
일으키신 표징들을 보고 그분의 이름을 믿었다. 24그러나 예수님께서는 그들을 신
뢰하지 않으셨다. 그분께서 모든 사람을 다 알고 계셨기 때문이다. 25그분께는 사
람에 관하여 누가 증언해 드릴 필요가 없었다. 사실 예수님께서는 사람 속에 들어
있는 것까지 알고 계셨다.

본문 익히기

1. 예수님께서 예루살렘으로 올라가신 때는 언제입니까?
2. 예수님께서 성전을 정화하기 위해 하신 일을 모두 고르세요.
   ① 소와 양을 파는 자들에게 치우라고 이르심
   ② 환전상들의 돈을 쏟아 버리심
   ③ 탁자들을 엎어 버리심
   ④ 끈으로 채찍을 만드시어 양과 소와 함께 장사꾼들을 쫓아내심
3. 성전을 정화하시는 예수님을 보고 제자들은 어떤 성경 말씀을 떠올렸나요?
4. 다음에서 서로 관련되는 것끼리 연결하세요.

① 예루살렘 성전을 지은 기간	㉮ 예루살렘 성전
② 허문 성전을 다시 세울 기간	㉯ 예수님의 몸
③ 예수님이 말씀하시는 성전	㉰ 사흘 안
④ 유다인들이 말하는 성전	㉱ 마흔여섯 해

5. 괄호 안에 알맞은 내용을 채워봅시다.
   예수님께서 죽은 이들 가운데에서 (　　　　) 뒤에야, 제자들은 예수님께서 이 말씀을 하신 것을 (　　　　)하고, (　　　　)과 그분께서 이르신 (　　　　)을 믿게 되었다.

생활 나누기

1. 예수님께서는 '당신 집에 대한 열정'으로 성전을 정화하십니다.
   성전에 대한 열정을 나는 어떻게 표현하고 있습니까?

□ 성전 기물을 아끼며 사용	□ 교회 유지를 위한 교무금 봉헌
□ 성전 청소에 적극 참여	□ 성전 신축금이나 보수비 봉헌
□ 자주 머무르며 기도함	□ 기타

2. 예수님께서는 성전을 허물면, 사흘 안에 당신이 다시 세우겠다고 하십니다.
하느님의 성전이 되기 위해, 내 안에서 허물어야 할 것은 무엇인가요?
□ 불평 □ 고집 □ 흉보기 □ 교만 □ 욕심 □ 비교 의식 □ 기타

3. 제자들은 예수님의 부활 후에야 그분 말씀을 기억하고 믿게 됩니다.
세월이 흐른 뒤에야 하느님의 뜻을 알게 된 경험을 나누어주세요.

4. 예수님께서는 표징을 보고 믿는 사람을 신뢰하지 않습니다.
표징을 추구한 적이 있었다면 나누어봅시다.

말씀 풀이

파스카 축제(과월절, 해방절)는 오순절, 초막절과 함께 이스라엘의 3대 축제 중 하나로 예루살렘 순례의 의무가 있는 축제이다. 파스카가 다가오자 예수님께서도 예루살렘으로 올라가신다. 예루살렘은 해발 760m가량 되는 고지대로 북쪽 지방인 갈릴래아 호수(해저 약 210m)보다 높아 이곳으로 갈 때 '올라간다' 라고 한다. 또한, 예루살렘이 수도이기 때문에 '올라간다' 라는 표현을 쓴다.

예수님께서는 성전에서 장사꾼들과 환전상들이 앉아 있는 것을 보시고 끈으로 채찍을 만들어 소와 양과 장사꾼들을 쫓아내시고 환전상들의 탁자도 엎어버리신다. 비둘기를 파는 자들에게는 '내 아버지의 집' 을 장사하는 집으로 만들지 말라고 하신다. 당시 예루살렘 성전 이방인의 뜰에는 제물로 바칠 소와 양과 염소, 비둘기들을 파는 상인들이 있었다. 또한, 성전세를 유다 화폐인 세켈로 내야 했으므로, 이방인(로마와 그리스)의 화폐를 바꾸어주는 환전상들도 있었다(마태오복음 맛들이기 185쪽, '궁금해요' 참조).

예수님께서 채찍을 만들어 쫓아내시는 등 공관복음에서보다 과격한 모습을 보이는 것은 그만큼 성전에 대한 열정이 컸음을 나타낸다. 그러기에 제자들은 성경에 기록된 말씀(시편 69,10)을 떠올렸던 것이다. 예수님께서는 성전을 '내 아버지의 집' 이라 하시며 당신이 하느님의 아드님임을 드러내신다.

유다인들이 와서 표징을 요구하자, 예수님께서는 성전을 허물면 사흘 안에 당신이 다시 세우겠다고 하신다. 여기서 성전은 두 가지 의미로 쓰이는데, '내 아버지의 집' 으로서의 성전과 '예수님의 몸' 을 가리키는 성전이다. 그러므로 '성전을 허무는 것' 은 당신의 죽음을, '다시 세우겠다' 는 것은 부활을 의미한다(사도 10,40; 1코린 15,4 참조). 그러나 그분의 말씀을 알아듣지 못한 그들은 헤로데가 마흔여섯 해나 걸려 지은 성전을 어떻게 사흘 만에 다시 세우느냐고 반문한다. 유다인들도 제자들도 당시에는 모두 첫 번째의 의미로만 알아들었다. 그러나 제자들은 예수님의 부활 이후 성령을 받고 나서야 그분의 말씀을 기억하고 **새로운 성전이 부활하신 예수님의 몸**임을 믿게 된다(14,26).

많은 사람이 예수님께서 예루살렘에 계시는 동안 일으키신 표징을 보고 믿었다. 그러나 그분께서는 그들을 신뢰하지 않으신다. 외적으로 드러나는 표징에 의존한 믿음은 표징이 없으면 곧 사라질 것이기 때문이다. 예수님께서는 사람들의 속마음을 모두 아는 신적 능력이 있으시므로, 다른 이들의 증언은 필요 없었다.

말씀 간직하기

"이 성전을 허물어라. 그러면 내가 사흘 안에 다시 세우겠다." (2, 19)

그렇군요

성전 정화 사건이 공관복음과 배치가 다른 이유는?

요한복음에서 성전 정화 사건은 공생활 초기에 나오는 데 반해, 공관복음에서는 공생활 후기 수난사화에 나옵니다. 요한복음은 예수님께서 파스카 축제를 치르려고 예루살렘에 세 번(2,13; 6,4; 11,55 이하)이나 가셨기 때문에 초기에 배치할 수 있습니다. 그러나 공관복음은 예수님의 공생활을 갈릴래아에서 시작하여 예루살렘까지의 일 년으로 구성하였기에 이 사건을 후기에 배치한 것입니다. 사건의 서로 다른 배치는 복음사가의 편집 의도를 드러내는 것으로 요한에게 중요한 것은 '성전 정화'보다 죽고 부활하신 예수님의 몸이 성전의 자리를 대신할 것이라는 사실입니다.

제 6 과 (3, 1–21)

❙ ㉯사순 제 4주일(3,14–21) ❙ ㉮삼위일체 대축일(3,16–18)

니코데모와 이야기하시다

1바리사이 가운데 니코데모라는 사람이 있었다. 그는 유다인들의 최고 의회 의
원이었다. 2그 사람이 밤에 예수님께 와서 말하였다. "스승님, 저희는 스승님이 하
느님에게서 오신 스승이심을 알고 있습니다. 하느님께서 함께 계시지 않으면, 당
신께서 일으키시는 그러한 표징들을 아무도 일으킬 수 없기 때문입니다." 3그러자
예수님께서 그에게 이르셨다. "내가 진실로 진실로 너에게 말한다. 누구든지 위로
부터 태어나지 않으면 하느님의 나라를 볼 수 없다." 4니코데모가 예수님께 말하
였다. "이미 늙은 사람이 어떻게 또 태어날 수 있겠습니까? 어머니 배 속에 다시
들어갔다가 태어날 수야 없지 않습니까?" 5예수님께서 대답하셨다. "내가 진실로
진실로 너에게 말한다. 누구든지 물과 성령으로 태어나지 않으면, 하느님 나라에
들어갈 수 없다. 6육에서 태어난 것은 육이고 영에서 태어난 것은 영이다. 7'너희
는 위로부터 태어나야 한다.' 고 내가 말하였다고 놀라지 마라. 8바람은 불고 싶은
데로 분다. 너는 그 소리를 들어도 어디에서 와 어디로 가는지 모른다. 영에서 태
어난 이도 다 이와 같다."

9니코데모가 예수님께 "그런 일이 어떻게 이루어질 수 있습니까?" 하자, 10예수
님께서 그에게 대답하셨다. "너는 이스라엘의 스승이면서 그런 것도 모르느냐?
11내가 진실로 진실로 너에게 말한다. 우리는 우리가 아는 것을 말하고 본 것을 증
언한다. 그러나 너희는 우리의 증언을 받아들이지 않는다. 12내가 세상일을 말하여
도 너희가 믿지 않는데, 하물며 하늘 일을 말하면 어찌 믿겠느냐? 13하늘에서 내려
온 이, 곧 사람의 아들 말고는 하늘로 올라간 이가 없다. 14모세가 광야에서 뱀을
들어 올린 것처럼, 사람의 아들도 들어 올려져야 한다. 15믿는 사람은 누구나 사람
의 아들 안에서 영원한 생명을 얻게 하려는 것이다.

16하느님께서는 세상을 너무나 사랑하신 나머지 외아들을 내 주시어, 그를 믿는
사람은 누구나 멸망하지 않고 영원한 생명을 얻게 하셨다. 17하느님께서 아들을 세
상에 보내신 것은, 세상을 심판하시려는 것이 아니라 세상이 아들을 통하여 구원
을 받게 하시려는 것이다. 18아들을 믿는 사람은 심판을 받지 않는다. 그러나 믿지
않는 자는 이미 심판을 받았다. 하느님의 외아들의 이름을 믿지 않았기 때문이다.
19그 심판은 이러하다. 빛이 이 세상에 왔지만, 사람들은 빛보다 어둠을 더 사랑하
였다. 그들이 하는 일이 악하였기 때문이다. 20악을 저지르는 자는 누구나 빛을 미
워하고 빛으로 나아가지 않는다. 자기가 한 일이 드러나지 않게 하려는 것이다.
21그러나 진리를 실천하는 이는 빛으로 나아간다. 자기가 한 일이 하느님 안에서
이루어졌음을 드러내려는 것이다."

본문 익히기

1. 예수님을 찾아온 니코데모는 어떤 사람입니까?
2. 니코데모가 예수님을 찾아온 때는 언제인가요?
3. 5-6절을 읽고, (   )안을 채워보세요.
   누구든지 (   )과 (   )으로 태어나지 않으면 (   )에 들어갈 수 없다.
   육에서 태어난 것은 (   )이고 영에서 태어난 것은 (   )이다.
4. 모세가 뱀을 들어 올린 것처럼, 들어 올려져야 할 이는 누구입니까?
5. 하느님께서 외아들을 세상에 보내신 이유가 아닌 것을 고르세요.
   ① 세상을 너무나 사랑하셔서　　② 세상을 심판하시려고
   ③ 구원을 받게 하시려고　　④ 영원한 생명을 얻게 하시려고
6. 18-21절을 읽고, 문장을 연결해보세요.
   ① 아들을 믿는 사람　　㉮ 빛으로 나아간다.
   ② 악을 저지르는 자　　㉯ 심판을 받지 않는다.
   ③ 진리를 실천하는 이　　㉰ 빛으로 나아가지 않는다.
   ④ 아들을 믿지 않는 자　　㉱ 이미 심판을 받았다.

생활 나누기

1. 위로부터 태어나지 않으면 하느님 나라에 들어갈 수 없다고 하십니다.
   언제 새로 태어난 것 같은 체험을 하였는지 들려주세요.

2. 진리를 실천하는 이는 빛으로 나아간다고 합니다.
   내가 빛 안에 있다고 느낀 때는 언제인가요?
   혹은 내가 어둠 안에 있다고 느낀 때는 언제였나요?

3. 영에서 태어난 이들은 성령과 함께하는 이들입니다.
   어떤 모습을 볼 때, 성령과 함께한다는 것이 느껴지나요?

말씀 풀이

바리사이로서 최고 의회 의원인 니코데모가 예수님을 찾아온다. 그가 '밤에' 왔다는 것은 유다인의 이목을 두려워했다는 뜻이며, 아직 불신앙의 어둠 속에 있음을 암시한다. 니코데모는 예수님께서 일으키신 표징들이(2,23) 하느님께서 함께하시는 표시라고 여겼기에 그분을 하느님에게서 온 스승님으로 믿는다. 그러나 그것은 표징에 바탕을 둔 불완전한 믿음이다. 예수님께서는 그것으로 충분하지 않음을 일깨우시며 하느님의 나라를 보기 위해서는 **'위로부터 태어나야'** 한다고 말씀하신다. 곧 하느님에게서 새로 나야(1,13; 1요한 2,29; 3,9; 4,7; 5,1) 구원받을 수 있다는 뜻이다. 그러나 니코데모가 이를 어머니 배 속에서 다시 태어나는 육적인 것으로 오해하자, 예수님께서는 '물과 성령으로 태어나는 것' 이라고 바로잡아주신다. '육' 과 '영' 은 엄연히 다르다. 그러므로 하느님 나라에 들어가기 위해서 육에서 태어난 모든 인간은 반드시 영으로 새로 태어나야 한다. 예수님께서는 영에서 태어난 이를 바람에 비유하시는데, 그리스어로 '프뉴마' (pneuma)는 영과 바람을 동시에 뜻하는 것으로 그 속성도 같다. 곧 바람은 자유롭게 불며 그 움직임이 신비롭다. 바람이 눈에 보이지 않지만 지나간 흔적은 알 수 있듯이, 영에서 태어난 이도 눈에 보이지는 않지만, 영의 작용은 알 수 있다.

니코데모가 여전히 예수님의 가르침을 알아듣지 못하자, 예수님께서는 안타깝게 여기신다. 예수님은 당신을 따르는 사람들을 '우리'로, 알아듣지 못하는 니코데모와 같은 사람들을 '너희'라고 부르시며, 우리의 증언을 너희는 받아들이지 않는다고 하신다. 그리고 이처럼 세상일조차 믿지 않는데 하늘 일을 어찌 믿겠느냐고 반문하신다. 위로부터 태어남이 하느님의 일이지만 눈에 보이지 않기에 믿음의 대상이 되며, 지상에서 이루어지므로 '세상일'이라고 하시는 것이다. 또한, '하늘 일'이란 장차 있을 하늘의 계시를 가리킨다. 이는 하늘로부터 세상으로 내려오셨다가 다시 하늘로 올라가실 사람의 아들에 의해 계시가 될 것이다. 모세가 광야에서 구리 뱀을 만들어 기둥 위에 달아놓았듯이(민수 21,9), 사람의 아들도 십자가에 들어 올려질 것이다. 불 뱀에 물려 죽어가던 이들이 구리 뱀을 쳐다보면 살아났듯이, **들어 올려진 사람의 아들**을 믿는 이들은 영원한 생명을 얻게 될 것이다('궁금해요' 참조).

하느님께서 세상을 너무나 사랑하시어 당신의 외아들을 내주시는 것으로, 하느님의 세상을 향한 보편적 구원 의지는 뚜렷하게 드러난다. 하느님께서는 세상을 단죄하고 심판하시려는 것이 아니라, 아들을 통하여 세상을 구원하시려는 것이다. 심판은 미래에 있을 종말이 아니라 **'지금 여기'**에서의 결단에 따라 내려진다. 곧 믿는 이들은 구원을 받지만, 아들을 믿지 않고 하느님의 구원 의지를 받아들이지 않는 자는 이미 심판을 받은 것과 다름없다. 요한복음에서는 지금 여기에서의 종말과 심판을 강조하는데 이를 **현재적 종말론** 또는 **실현된 종말론**이라고 한다.

심판이란 단죄나 처벌을 뜻하는 것이 아니라, '빛'으로 오신 예수님을 거절하고 계속하여 '어둠'에 머무르는 상태를 가리킨다(8,24; 12,35.46-47 참조). 빛을 미워하고 어둠을 더 사랑하는 것은 악의 지배 아래 있는 것이다. 악을 저지르는 자는 빛에 의해 자신의 행실이 들추어지고 폭로되기에 그 빛을 미워하고 피하게 된다. 그러나 진리를 실천하는 이는 진리인 분에게로 향하게 된다. 그들이 빛으로 나아가는 것은 자기의 행실이 하느님의 뜻에 일치하여 이루어졌음을 확인하기 위해서이다.

말씀 간직하기

"믿는 사람은 누구나 사람의 아들 안에서 영원한 생명을 얻게 하려는 것이다." (3, 15)

궁금해요

'모세와 구리 뱀' 이야기에 관해 알고 싶어요

모세와 구리 뱀 이야기는 구약성경에 나옵니다(민수 21,4-9). 이스라엘 백성은 광야에서, 양식과 물을 달라고 자주 불평을 하였습니다. 그때마다 하느님께서 양식을 보내주셨지만, 보잘것없는 양식은 진저리가 난다고 불평을 하자, 결국 불 뱀을 보내 백성을 물어 죽게 하셨습니다. 그러나 백성이 뉘우치며 모세에게 간청하자 구리로 뱀을 만들어 매달게 하여, 뱀에 물린 이들이 쳐다보도록 명하셨습니다. 그리하여 하느님의 말씀을 믿고 구리 뱀을 쳐다본 이들은 모두 살아났습니다. 예수님께서는 이제 구리 뱀이 아니라 십자가에 들어 올려진 사람의 아들을 믿는 사람은 누구나 영원한 생명을 얻게 된다고 말씀하십니다.

△ 느보 산에 있는 구리 뱀 조각상

제 7 과 (3, 22-36)

예수님과 세례자 요한

22그 뒤에 예수님께서는 제자들과 함께 유다 땅으로 가시어, 그곳에서 제자들과
함께 머무르시며 세례를 주셨다. 23요한도 살림에 가까운 애논에 물이 많아, 거기
에서 세례를 주고 있었다. 그리하여 사람들이 가서 세례를 받았다. 24그때는 요한
이 감옥에 갇히기 전이었다.
25그런데 요한의 제자들과 어떤 유다인 사이에 정결례를 두고 말다툼이 벌어졌
다. 26그래서 그 제자들이 요한에게 가서 말하였다. "스승님, 요르단 강 건너편에
서 스승님과 함께 계시던 분, 스승님께서 증언하신 분, 바로 그분이 세례를 주시는
데 사람들이 모두 그분께 가고 있습니다." 27그러자 요한이 대답하였다. "하늘로부
터 주어지지 않으면 사람은 아무것도 받을 수 없다. 28 '나는 그리스도가 아니라 그
분에 앞서 파견된 사람일 따름이다.' 하고 내가 말한 사실에 관하여, 너희 자신이
내 증인이다. 29신부를 차지하는 이는 신랑이다. 신랑 친구는 신랑의 소리를 들으
려고 서 있다가, 그의 목소리를 듣게 되면 크게 기뻐한다. 내 기쁨도 그렇게 충만
하다. 30그분은 커지셔야 하고 나는 작아져야 한다."

하늘에서 오시는 분

31위에서 오시는 분은 모든 것 위에 계신다. 땅에서 난 사람은 땅에 속하고 땅에
속한 것을 말하는데, 하늘에서 오시는 분은 모든 것 위에 계신다. 32그분께서는 친
히 보고 들으신 것을 증언하신다. 그러나 아무도 그분의 증언을 받아들이지 않는
다. 33그분의 증언을 받아들이는 사람은 하느님께서 참되심을 확증한 것이다.
34하느님께서 보내신 분께서는 하느님의 말씀을 하신다. 하느님께서 한량없이 성
령을 주시기 때문이다. 35아버지께서는 아드님을 사랑하시고 모든 것을 그분 손에
내주셨다. 36아드님을 믿는 이는 영원한 생명을 얻는다. 그러나 아드님께 순종하

지 않는 자는 생명을 보지 못할 뿐만 아니라, 하느님의 진노가 그 사람 위에 머무르게 된다.

본문 익히기

1. 요한이 세례를 주던 곳은 어디인가요?
2. 다음은 요한과 예수님 중에 누구를 지칭하는지, '요'와 '예'로 표시해보세요.
   ① 그리스도 (　　) ② 앞서 파견된 사람 (　　) ③ 커지셔야 할 분 (　　)
   ④ 작아져야 할 사람 (　　) ⑤ 신랑 친구 (　　) ⑥ 신랑 (　　)
3. 31-34절을 읽고 서로 관련된 내용끼리 연결하세요.

① 위에서 오시는 분	㉮ 하느님께서 참되심을 확증함
② 땅에서 난 사람	㉯ 하느님의 말씀을 하심
③ 그분의 증언을 받아들이는 사람	㉰ 모든 것 위에 계심
④ 하느님께서 보내신 분	㉱ 땅에 속한 것을 말함

4. 36절을 읽고 괄호 안을 채워보세요.
   아드님을 믿는 이는 (　　　　)을 얻는다. 그러나 아드님께 (　　　　)하지 않는 자는 (　　　)을 보지 못할 뿐만 아니라, (　　　　의　　　　)가 그 사람 위에 머무르게 된다.

생활 나누기

1. 사람들이 모두 예수님께 몰려간다고 요한의 제자들은 투덜댑니다.
   주님의 일을 하는 단체끼리 갈등이 일어날 때, 어떻게 해결하면 좋을까요?

2. 하늘로부터 주어지지 않으면 사람은 아무것도 받을 수 없다고 합니다.
   하늘로부터 받았다고 여겨지는 것이 무엇인지 나누어봅시다.

3. 요한은 신랑의 친구로 자처하면서 신랑과 함께하는 기쁨으로 충만합니다.
친구(후배)의 성공을 진심으로 축하 또는 시기한 일이 있다면 들려주세요.

말씀 풀이

예수님께서는 예루살렘을 떠나 제자들과 함께 유다 땅으로 가시어, 그곳에 머무시며 세례를 베푸신다. 그러나 요한 복음사가는 후에(4,2) 세례를 베푼 분은 예수님이 아니라 제자들이었다고 수정한다. 예수님 당시에는 요한이 살림에 가까운 애논에서 세례를 주고 있었다('궁금해요' 참조). 요한은 요르단 강 건너편 베타니아에서(1,28) 세례를 주다가 이곳으로 옮겨왔던 것 같다. 이처럼 요한과 예수님이 거의 같은 시기에 함께 활동한 것은 요한이 감옥에 갇히기 전까지의 일이었다.

요한의 제자들과 어떤 유다인 사이에 '정결례'에 관한 말다툼이 벌어졌다. 요한의 제자들이 돌아와서 하는 말로 보아, 요한의 세례처럼 예수님의 세례도 일종의 정결례로 여겨 누구의 세례가 더 우위에 있는지, 어떤 차이가 있는지 논쟁을 벌였던 것으로 보인다. 요한의 제자들은 많은 사람이 예수님께 몰려가고 있다고 하며 시기심을 드러낸다. 요한은 그토록 많은 사람이 예수님께 모여드는 것은 하느님께서 능력을 주셨기 때문이라고 하며, 자신은 그리스도가 아니라 그에 앞서 파견된 사람일 뿐이라고 증언한다. 요한은 전에도 같은 증언을 하였는데(1,20.23 참조), 자신의 제자들이 그 증인들이었음을 상기시켜준다. 또 예수님을 신랑에, 자신은 신랑의 소리를 들으려고 서 있는 신랑 친구에 비유한다. 유다인의 혼인식에서 신랑 친구는 신부를 준비시켜 신랑에게 데려다 주고, 신랑이 신부를 맞이하며 기뻐하는 소리가 들리면 함께 기뻐한다. 여기서 신부는 그리스도 공동체를 뜻한다. 요한의 임무는 주님의 길을 준비하여 그들이 예수님을 따르도록 이끄는 데 있다. 그 분이 커지셔야 하고, 요한이 작아져야 한다는 것은 그의 임무가 끝나가고 예수님의 활동이 크게 펼쳐져야 함을 의미한다.

예수님께서는 **위에서 오신 분**이며 '하늘에서 내려온 사람의 아들'(3,13)로 땅의 한계를 지닌 모든 것 위에 계신다. 예수님의 증언은 하늘로부터 직접 온 것이기에 참되지만, 사람들은 그것을 받아들이지 않는다. 그러나 예수님의 증언을 받아들여 그분의 약속대로 결실을 보는 이들이 있어 그 참되심이 입증된다. 하느님께서 성령을 충만하게 보내주시어 예수님의 말씀이 하느님의 말씀이 되게 하신다. 하느님께서는 당신 아드님을 사랑하시어 당신을 계시할 수 있는 모든 권한을 주셨다. 그러므로 그분을 믿고 따르는 이들은 영원한 생명의 영역에 들게 된다. 반대로 그분에게 순종하지 않는, 곧 믿지 않는 이들은 생명의 영역에서 제외될 것이다.

말씀 간직하기

"그분은 커지셔야 하고 나는 작아져야 한다." (3, 30)

궁금해요

세례자 요한이 세례를 베풀었던 장소가 여럿인가요?

공관복음에는 요한이 세례를 베푼 곳이 요르단 강가(마태 3,5-6; 마르 1,5)라고 합니다. 하지만 요한복음에는 요르단 강 건너편 베타니아(1,28)와 살림에 가까운 애논(3,23)이라고 합니다. 여기서 베타니아는 마리아와 마르타의 집이 있는 예루살렘 근처의 베타니아(11,18)와는 다른 곳이지만 정확히 어디인지 밝혀지지 않았습니다. 애논도 요한이 잠시 머물며 세례를 베풀던 장소로 추정되는데, 물이 많았다는 점 때문에 벳산 남쪽 12km 지점에 있는 에드 데르 분수 근처라고 추정하나 분명하지는 않습니다.

제 8 과 (4, 1-42)

| ㉮사순 제 3주일(4,5-42)

사마리아 여인과 이야기하시다

1예수님께서는 당신이 요한보다 더 많은 사람을 제자로 만들고 세례를 준다는
소문을 바리사이들이 들었다는 것을 알게 되셨다. 2— 사실은 예수님께서 친히 세
례를 주신 것이 아니라 제자들이 준 것이다. — 3그래서 예수님께서는 유다를 떠나
다시 갈릴래아로 가셨다. 4그때에 사마리아를 가로질러 가셔야 했다. 5그렇게 하
여 예수님께서는 야곱이 자기 아들 요셉에게 준 땅에서 가까운 시카르라는 사마리
아의 한 고을에 이르셨다. 6그곳에는 야곱의 우물이 있었다. 길을 걷느라 지치신
예수님께서는 그 우물가에 앉으셨다. 때는 정오 무렵이었다.

7마침 사마리아 여자 하나가 물을 길으러 왔다. 그러자 예수님께서 "나에게 마
실 물을 좀 다오." 하고 그 여자에게 말씀하셨다. 8제자들은 먹을 것을 사러 고을
에 가 있었다. 9사마리아 여자가 예수님께 말하였다. "선생님은 어떻게 유다 사람
이시면서 사마리아 여자인 저에게 마실 물을 청하십니까?" 사실 유다인들은 사마
리아인들과 상종하지 않았다. 10예수님께서 그 여자에게 대답하셨다. "네가 하느
님의 선물을 알고 또 '나에게 마실 물을 좀 다오.' 하고 너에게 말하는 이가 누구
인지 알았더라면, 오히려 네가 그에게 청하고 그는 너에게 생수를 주었을 것이다."
11그러자 그 여자가 예수님께 말하였다. "선생님, 두레박도 가지고 계시지 않고 우
물도 깊은데, 어디에서 그 생수를 마련하시렵니까? 12선생님이 저희 조상 야곱보
다 더 훌륭한 분이시라는 말씀입니까? 그분께서 저희에게 이 우물을 주셨습니다.
그분은 물론 그분의 자녀들과 가축들도 이 우물물을 마셨습니다." 13예수님께서
그 여자에게 이르셨다. "이 물을 마시는 자는 누구나 다시 목마를 것이다. 14그러
나 내가 주는 물을 마시는 사람은 영원히 목마르지 않을 것이다. 내가 주는 물은
그 사람 안에서 물이 솟는 샘이 되어 영원한 생명을 누리게 할 것이다." 15그러자

그 여자가 예수님께 말하였다. “선생님, 그 물을 저에게 주십시오. 그러면 제가 목
마르지도 않고, 또 물을 길으러 이리 나오지 않아도 되겠습니다.”

16예수님께서 그 여자에게, “가서 네 남편을 불러 이리 함께 오너라.” 하고 말씀
하셨다. 17그 여자가 “저는 남편이 없습니다.” 하고 대답하자, 예수님께서 말씀하
셨다. “‘저는 남편이 없습니다.’ 한 것은 맞는 말이다. 18너는 남편이 다섯이나 있
었지만 지금 함께 사는 남자도 남편이 아니니, 너는 바른 대로 말하였다.” 19여자
가 예수님께 말하였다. “선생님, 이제 보니 선생님은 예언자시군요. 20저희 조상들
은 이 산에서 예배를 드렸습니다. 그런데 선생님네는 예배를 드려야 하는 곳이 예
루살렘에 있다고 말합니다.” 21예수님께서 그 여자에게 말씀하셨다. “여인아, 내
말을 믿어라. 너희가 이 산도 아니고 예루살렘도 아닌 곳에서 아버지께 예배를 드
릴 때가 온다. 22너희는 알지도 못하는 분께 예배를 드리지만, 우리는 우리가 아는
분께 예배를 드린다. 구원은 유다인들에게서 오기 때문이다. 23그러나 진실한 예
배자들이 영과 진리 안에서 아버지께 예배를 드릴 때가 온다. 지금이 바로 그때다.
사실 아버지께서는 이렇게 예배를 드리는 이들을 찾으신다. 24하느님은 영이시다.
그러므로 그분께 예배를 드리는 이는 영과 진리 안에서 예배를 드려야 한다.”

25그 여자가 예수님께, “저는 그리스도라고도 하는 메시아께서 오신다는 것을
압니다. 그분께서 오시면 우리에게 모든 것을 알려 주시겠지요.” 하였다. 26그러자
예수님께서 그 여자에게 말씀하셨다. “너와 말하고 있는 내가 바로 그 사람이다.”
27바로 그때에 제자들이 돌아와 예수님께서 여자와 이야기하시는 것을 보고 놀
랐다. 그러나 아무도 “무엇을 찾고 계십니까?”, 또는 “저 여자와 무슨 이야기를 하
십니까?” 하고 묻지 않았다. 28그 여자는 물동이를 버려두고 고을로 가서 사람들
에게 말하였다. 29“제가 한 일을 모두 알아맞힌 사람이 있습니다. 와서 보십시오.
그분이 그리스도가 아니실까요?” 30그리하여 그들이 고을에서 나와 예수님께 모
여 왔다.

31그러는 동안 제자들은 예수님께 “스승님, 잡수십시오.” 하고 권하였다. 32그러
나 예수님께서 “나에게는 너희가 모르는 먹을 양식이 있다.” 하시자, 33제자들은

서로 "누가 스승님께 잡수실 것을 갖다 드리기라도 하였다는 말인가?" 하고 말하
였다. 34예수님께서 다시 그들에게 말씀하셨다. "내 양식은 나를 보내신 분의 뜻을
실천하고, 그분의 일을 완수하는 것이다. 35너희는 '아직도 넉 달이 지나야 수확
때가 온다.' 하고 말하지 않느냐? 자, 내가 너희에게 말한다. 눈을 들어 저 밭들을
보아라. 곡식이 다 익어 수확 때가 되었다. 이미 36수확하는 이가 삯을 받고, 영원
한 생명에 들어갈 알곡을 거두어들이고 있다. 그리하여 씨 뿌리는 이도 수확하는
이와 함께 기뻐하게 되었다. 37과연 '씨 뿌리는 이가 다르고 수확하는 이가 다르
다.' 는 말이 옳다. 38나는 너희가 애쓰지 않은 것을 수확하라고 너희를 보냈다. 사
실 수고는 다른 이들이 하였는데, 너희가 그 수고의 열매를 거두는 것이다."

39그 고을에 사는 많은 사마리아인들이 예수님을 믿게 되었다. 그 여자가 "저분
은 제가 한 일을 모두 알아맞혔습니다." 하고 증언하는 말을 하였기 때문이다.
40이 사마리아인들이 예수님께 와서 자기들과 함께 머무르시기를 청하자, 그분께
서는 거기에서 이틀을 머무르셨다. 41그리하여 더 많은 사람이 그분의 말씀을 듣고
믿게 되었다. 42그들이 그 여자에게 말하였다. "우리가 믿는 것은 이제 당신이 한
말 때문이 아니오. 우리가 직접 듣고 이분께서 참으로 세상의 구원자이심을 알게
되었소."

본문 익히기

1. 예수님께서는 사마리아의 시카르에 이르십니다. 그곳에는 무엇이 있었나요?
2. 물을 달라는 예수님의 말씀에 사마리아 여자는 왜 놀라나요?
3. 예수님께서 사마리아 여자에게 하신 말씀입니다. (　　　　　)안을 채워봅시다.
   내가 주는 (　　　　　)을 마시는 사람은 영원히 (　　　　　　　　) 않을 것이다. 내가 주는 (　　　　)은 그 사람 안에서 물이 솟는 (　　　　　)이 되어 (　　　　　　)을 누리게 할 것이다.
4. 하느님은 영이시므로 그분께 어떻게 예배를 드려야 합니까?(20-24절)

5. 사마리아 여자가 예수님을 누구로 알아보는지 순서대로 말해보세요.

① 선생님 ② 예언자 ③ 그리스도(메시아) ④ 유다 사람

6. 31-34절을 읽고, 예수님의 양식이란 어떤 것인지 말해보세요.

7. 사마리아인들은 여자의 말 때문이 아니라 무엇 때문에 믿었다고 합니까?

생활 나누기

1. 예수님께서 주시는 물을 마시면 영원히 목마르지 않을 것이라고 하십니다.
예수님의 생수를 얻기 위해 내가 즐겨 찾는 것은 무엇인가요?
□ 강의 □ 성체조배 □ 반모임 □ 피정 □ 미사 □ 성경 □ 기타

2. 여자는 함께 산 남자가 여럿 있었고 지금도 있지만, 남편이 없다고 합니다.
내가 늘 갈구하고 있지만 채워지지 않는 것은 무엇입니까?

3. 하느님께 예배를 드리는 이는 영과 진리 안에서 예배드려야 합니다.
일상의 장소나 방식을 벗어나 예배를 드린 경험이 있다면 들려주세요.

4. 여자는 물동이를 버려두고 고을 사람들에게 예수님을 알립니다.
내 일을 제쳐두고 서둘러 해야 했던 하느님의 일이 있었다면 나눠봅시다.

말씀 풀이

예수님께서는 당신을 따르는 많은 이들 때문에 바리사이들이 경계한다는 소식을 듣고 유다를 떠나 갈릴래아로 가신다. 유다에서 갈릴래아로 가기 위해서는 사마리아를 통과하는 것이 지름길이지만 당시 유다인들은 멀리 돌아다녔다. 사마리아인들에게 이방인의 피가 섞여 있다 해서 상종하지 않았기 때문이다. 그러나 예수님께서는 사마리아의 시카르에 들어가셨는데, 그곳은 야곱이 자기 아들 요셉에

게 준 땅인 스켐(창세 33,19; 48,22; 여호 24,32)에 인접해 있는 고을이다. 예수님께서는 걷느라 많이 지치신 상태여서 '야곱의 우물' 가에 앉으셨다.

그때 한 여자가 물을 길으러 우물가에 나왔다. 대개 뜨거운 낮을 피해 아침이나 저녁에 물을 길으러 나오는 데 비해, 이 여자는 정오를 택했다. 아마도 사람을 만나지 않기 위해서인 듯하다. 여자는 예수님께서 물을 청하자 깜짝 놀란다. 유다인 남자가 한적한 곳에서 사마리아 여자에게 말을 거는 것은 관습에 어긋난 일이었기 때문이다. 여자가 놀라 묻자, 예수님께서는 오히려 당신이 '생수'를 줄 수 있는 분임을 알려주신다. 그러나 여자는 그 생수를 자연적인 물로 알아듣고 어떻게 두레박도 없이 깊은 우물에서 생수를 주실 수 있는지, 또 예수님이 자기네 조상 야곱보다 더 훌륭하다는 말인지 묻는다. 예수님께서는 야곱의 물은 마셔도 다시 목이 마르지만, 당신이 주는 물은 사람 안에서 살아있는 샘이 되어 영원히 목마르지 않을 것이라고 하신다. 여자는 여전히 말씀을 이해하지 못한 채, 물을 길으러 동네 밖까지 나오지 않고도 마실 물이 있다면 그 물을 달라고 청한다.

예수님께서 갑자기 여자의 남편을 불러오라고 하시자 여자는 남편이 없다고 대답한다. 예수님께서는 여자가 과거에 남편이 다섯이나 있었고 현재 함께 사는 남자도 남편은 아니니 그 말이 맞는다고 하신다. 여자는 자신을 속속들이 아시는 예수님을 **예언자**로 여기고, 예배 장소에 관해 말을 꺼낸다. 당시 유다인들은 예루살렘 성전을 유일한 예배 장소로 여겼지만, 사마리아인들은 그리짐 산(신명 11,29)에 따로 성전을 지어 예배를 드렸는데, 이를 두고 이들 사이에는 오랜 분쟁이 있었다('궁금해요' 참조). 예수님과 여자의 대화가 돌연 종교적 문제로 건너뛴 것으로 보아, 여자의 여러 남편은 사마리아 사람들이 예배해왔던 우상들이나 그들의 경전(사마리아 오경)을 상징하는 것이라는 견해도 있다.

예수님께서는 사마리아인들이 알지도 못하는 우상에게 예배드리지만, 그들도 유다인들이 믿는 하느님께 예배드릴 때가 올 것이라고 하시며 구세사에서의 유다인들의 우월적 위치를 확인해 주신다. 그러나 하느님은 영이시기에 장소에 구애됨이 없이 어디에나 계시며, '영과 진리' 안에서 직접 아버지께 예배를 드릴 때가 올 것인데 지금이 바로 그때라고 말씀하신다. 여자가 '그리스도라고도 하는 메시아가 오시면 모든 것을 알려주시겠지요.'라고 말하자 당신이 바로 그 사람이라고 밝히신다.

한편, 먹을 것을 사러 갔던 제자들이 돌아와 예수님께서 여자와 이야기하시는 것을 보고 놀란다. 여자는 물동이를 버려두고 급히 고을로 가서 사람들에게 와서 보라고 말한다. 자신이 한 일을 모두 알아맞힌 분이 있는데, 그분이 **그리스도**가 아닐까 하고 말하자 사람들이 예수님께 모여온다.

그 사이 제자들은 예수님께 먹을 것을 권하였다. 그러나 예수님께서는 당신의 양식은 '당신을 보내신 분의 뜻을 행하며 그분의 일을 다 이루는 것' 이라고 하신다. 일반적으로 양식은 추수 때를 기다려 수확을 해야 하지만, 예수님이 말씀하신 양식의 수확 시기는 바로 '지금' 이라는 말씀이다. 하느님의 계획에 따라 이미 씨앗은 뿌려졌고 예수님의 제자들은 결실을 거두어들여야 한다.

여자의 증언을 듣고 그 고을의 많은 사마리아인들이 예수님께 와서 함께 머무르시기를 청하였다. 예수님의 말씀을 직접 듣고 체험함으로써 더 많은 사람이 그분을 **'세상의 구원자'** 로 믿게 되었다.

말씀 간직하기

"내가 주는 물은 그 사람 안에서 물이 솟는 샘이 되어 영원한 생명을 누리게 할 것이다."

(4, 14)

궁금해요

유다인들과 사마리아인들의 분쟁에 관해 알고 싶어요

솔로몬 왕 이후에 이스라엘은 남유다와 북이스라엘로 분열됩니다. 아시리아에 의해 북이스라엘이 멸망할 때(BC 722), 아시리아는 수도 사마리아 주민을 대량으로 추방하고, 이방인들을 이주시켰습니다(2열왕 17, 24). 그 결과 사마리아인들은 혼혈 민족이 되었고 신앙도 이민족의 것과 혼합되었습니다. 또한, 사마리아인들은 '모세오경'과 약간 다른 '사마리아 오경'을 가지고 있었습니다. 반면에 남유다는 바빌론에 유배를 가서도(BC 587) 정체성을 지켰으며 유배에서 돌아온 뒤(BC 538), 다른 민족과의 혼인을 금지하는 정책을 더욱 강력하게 폈습니다. 그리고 예루살렘 성전을 재건하는데 동참하려는 사마리아인들을 거절합니다. 이에 사마리아인들은 그들만의 성소를 그리짐 산 위에 건설함으로써(BC 400년경), 오랜 세월 서로 적대시하게 되었습니다.

△ 가운데 스켐에서 왼편이 그리짐 산, 오른편이 에발 산
야곱의 우물이 있는 시카르는 스켐에 인접해있다.

제 9 과 (4, 43–54)

왕실 관리의 아들을 살리시다

43이틀 뒤에 예수님께서는 그곳을 떠나 갈릴래아로 가셨다. 44예수님께서는 친
히, 예언자는 자기 고향에서 존경을 받지 못한다고 증언하신 적이 있다. 45예수님
께서 갈릴래아에 가시자 갈릴래아 사람들이 그분을 맞아들였다. 그들도 축제를 지내러 예루살렘에 갔다가, 예수님께서 축제 때에 그곳에서 하신 모든 일을 보았기 때문이다.
46예수님께서는 물을 포도주로 만드신 적이 있는 갈릴래아 카나로 다시 가셨다.
거기에 왕실 관리가 한 사람 있었는데, 그의 아들이 카파르나움에서 앓아누워 있
었다. 47그는 예수님께서 유다를 떠나 갈릴래아에 오셨다는 말을 듣고 예수님을
찾아와, 자기 아들이 죽게 되었으니 카파르나움으로 내려가시어 아들을 고쳐 주십
사고 청하였다. 48예수님께서는 그에게 이르셨다. "너희는 표징과 이적을 보지 않
으면 믿지 않을 것이다." 49그래도 그 왕실 관리는 예수님께 "주님, 제 아이가 죽
기 전에 같이 내려가 주십시오." 하고 말하였다. 50그러자 예수님께서 그에게 말씀
하셨다. "가거라. 네 아들은 살아날 것이다." 그 사람은 예수님께서 자기에게 이르
신 말씀을 믿고 떠나갔다. 51그가 내려가는 도중에 그의 종들이 마주 와서 아이가
살아났다고 말하였다. 52그래서 그가 종들에게 아이가 나아지기 시작한 시간을 묻
자, "어제 오후 한 시에 열이 떨어졌습니다." 하고 대답하는 것이었다. 53그 아버
지는 바로 그 시간에 예수님께서 자기에게, "네 아들은 살아날 것이다." 하고 말씀
하신 것을 알았다. 그리하여 그와 그의 온 집안이 믿게 되었다. 54이렇게 예수님께
서는 유다를 떠나 갈릴래아로 가시어 두 번째 표징을 일으키셨다.

본문 익히기

1. 갈릴래아 사람들이 예수님을 맞아들인 이유는 무엇입니까?
2. 다음 중 카나에 대한 설명이 아닌 것은 무엇인가요?
   ① 왕실 관리를 만나신 곳 ② 물을 포도주로 만드신 곳
   ③ 두 번째 표징을 일으키신 곳 ④ 왕실 관리 아들이 앓아누운 곳
3. 다음 내용이 맞으면 O표, 틀리면 X표 하세요.
   ① 왕실 관리는 자기 종의 아들을 고쳐 주십사 청하였다. (　　)
   ② 왕실 관리는 표징과 이적 때문이 아니라 말씀을 믿고 떠나갔다. (　　)
   ③ 아이가 나아진 시간은 예수님께서 말씀하신 바로 그 시간이다. (　　)
   ④ 예수님께서 두 번째 표징을 일으키신 곳은 카파르나움이다. (　　)

생활 나누기

1. 왕실 관리는 예수님의 말씀을 믿고 떠납니다.
   기도 후, 일의 결과를 보기도 전에 먼저 확신을 가졌던 경험을 들려주세요.

2. 예수님은 멀리 떨어진 곳에 있는 이를 말씀으로 치유해 주십니다.
   멀리 있는 이를 위해 기도하여 치유된 일이 있다면 들려주세요(온라인 포함).

3. 아들이 살아나는 기적을 보고, 왕실 관리의 온 집안이 예수님을 믿습니다.
   한 사람을 시작으로 온 집안이 믿음을 갖게 된 예를 나누어주세요.

말씀 풀이

예수님께서는 사마리아에서 이틀을 머무신 후 고향인 갈릴래아로 가신다. 예수님께서 전에 '예언자는 고향에서 존경을 받지 못한다.' 라고 하신 적이 있는데(마태

13, 57; 마르 6,4; 루카 4,24), 이는 당신이 갈릴래아 사람들에게 존경을 받을 것으로 기대하지 않으셨다는 뜻이다. 그러나 예수님께서 갈릴래아에 가시자 사람들이 호의를 갖고 그분을 맞아들인다. 파스카 축제 때 예루살렘에 갔다가 그분이 일으키신 표징을 보았기 때문이다(2,23). 그러기에 예수님을 믿었다기보다는 표징을 보고 환영하였다는 것이다.

예수님께서는 물을 포도주로 만든 기적을 행하신 카나로 다시 가신다. 그곳에 있던 왕실 관리 한 사람이 예수님을 찾아온다. 왕실 관리는 베로이아의 영주 헤로데 안티파스의 신하로 추정되며 이방인으로 보인다. 그는 카파르나움에 앓아누워 있는 자기 아들을 고쳐주십사고 청한다. 당시 카나에서 카파르나움은 약 26km 정도로 대략 하룻길의 거리였다. 예수님께서는 표징('궁금해요' 참조)과 이적에만 의존하여 불완전한 믿음을 보이는 이들을 경계하지만, 그는 아이가 죽기 전에 내려가 고쳐주시기를 끈질기게 간청한다. 예수님께서 치유를 약속하시며 가라고 하시자, 그는 예수님의 말씀을 온전히 믿고 떠나간다. 그가 집을 향해 가는 도중에 종들을 만나 아이가 살아났다는 말을 듣는다. 예수님께서 아이가 살아날 것이라고 말씀하신 그 시간에 아이가 낫게 된 것이다. 예수님께서는 먼 거리에서 말씀만으로 치유하셨고 종들은 그 기적의 증인이다. 이를 계기로 왕실 관리와 그 집안이 모두 예수님을 믿게 되었다. 예수님께서는 이 표징으로 당신의 말씀을 믿고 받아들이는 이들에게 생명을 주시는 분이심을 드러내셨는데, 이는 갈릴래아로 가시어 일으키신 **두 번째 표징**이다.

말씀 간직하기

그 사람은 예수님께서 자기에게 이르신 말씀을 믿고 떠나갔다. (4, 50)

궁금해요

'표징'이란 무엇을 말하나요?

요한복음에는 표징(semeion)이라는 말이 여러 번 나옵니다. 표징은 예수님께서 행하신 기적을 말하는데, 요한복음에서는 기적 자체보다는 기적을 행한 예수님의 인격에 중점을 두어 그분이 누구신지를 알려주는 것을 말합니다. 따라서 하느님에게서 파견된 예수님의 영광을 드러내 주는 일, 곧 초월적인 힘을 드러내는 기적뿐만 아니라 믿음을 불러일으키는 행적 등도 표징이라 할 수 있습니다.

제 10과 (5, 1-18)

벳자타 못 가에서 병자를 고치시다

1그 뒤에 유다인들의 축제 때가 되어 예수님께서 예루살렘에 올라가셨다. 2예루
살렘의 '양 문' 곁에는 히브리 말로 벳자타라고 불리는 못이 있었다. 그 못에는 주
랑이 다섯 채 딸렸는데, 3그 안에는 눈먼 이, 다리저는 이, 팔다리가 말라 비틀어진
이 같은 병자들이 많이 누워 있었다. (4)[1] 5거기에는 서른여덟 해나 앓는 사람도 있
었다. 6예수님께서 그가 누워 있는 것을 보시고 또 이미 오래 그렇게 지낸다는 것
을 아시고는, "건강해지고 싶으냐?" 하고 그에게 물으셨다. 7그 병자가 예수님께
대답하였다. "선생님, 물이 출렁거릴 때에 저를 못 속에 넣어 줄 사람이 없습니다.
그래서 제가 가는 동안에 다른 이가 저보다 먼저 내려갑니다." 8예수님께서 그에
게 말씀하셨다. "일어나 네 들것을 들고 걸어가거라." 9그러자 그 사람은 곧 건강
하게 되어 자기 들것을 들고 걸어갔다.

그날은 안식일이었다. 10그래서 유다인들이 병이 나은 그 사람에게, "오늘은 안
식일이오. 들것을 들고 다니는 것은 합당하지 않소." 하고 말하였다. 11그가 "나를
건강하게 해 주신 그분께서 나에게, '네 들것을 들고 걸어가라.' 하셨습니다." 하
고 대답하자, 12그들이 물었다. "당신에게 '그것을 들고 걸어가라.' 한 사람이 누구
요?" 13그러나 병이 나은 이는 그분이 누구이신지 알지 못하였다. 그곳에 군중이
몰려 있어 예수님께서 몰래 자리를 뜨셨기 때문이다. 14그 뒤에 예수님께서 그 사
람을 성전에서 만나시자 그에게 이르셨다. "자, 너는 건강하게 되었다. 더 나쁜 일
이 너에게 일어나지 않도록 다시는 죄를 짓지 마라." 15그 사람은 물러가서 자기를
건강하게 만들어 주신 분은 예수님이시라고 유다인들에게 알렸다. 16그리하여 유
다인들은 예수님께서 안식일에 그러한 일을 하셨다고 하여, 그분을 박해하기 시작

---

1) 일부 수사본들에는 3절 끝과 4절에 '그들은 물이 움직이기를 기다리고 있었다. (4)이따금 주님의 천사가 그 못에 내려와 물을 출렁거리게 하였는데, 물이 출렁거린 다음 맨 먼저 못에 내려가는 이는 무슨 질병에 걸렸더라도 건강하게 되었기 때문이다.' 라는 말이 있다.

하였다. 17그러나 예수님께서는 그들에게, "내 아버지께서 여태 일하고 계시니 나도 일하는 것이다." 하고 말씀하셨다. 18이 때문에 유다인들은 더욱 예수님을 죽이려고 하였다. 그분께서 안식일을 어기실 뿐만 아니라, 하느님을 당신 아버지라고 하시면서 당신 자신을 하느님과 대등하게 만드셨기 때문이다.

본문 익히기

1. 예루살렘의 '양 문' 곁에 있는 못의 이름은 무엇입니까?
2. 예수님께서 서른여덟 해나 앓고 있는 병자에게 무엇을 물으십니까?
3. 예수님께서 병자를 고쳐주신 날은 어떤 날인가요?
4. 예수님께서 건강해진 그 사람을 성전에서 만나자, 무엇이라고 이르십니까?
5. 유다인들이 예수님을 죽이려고 한 이유 두 가지를 말해보세요.

생활 나누기

1. 병자는 건강해지고 싶으냐는 말씀에 자신의 처지와 여건만 탓합니다.
   간절히 원하면서 다른 사람이나 여건만 탓하고 있지는 않은지요?

2. 삼십팔 년 앓던 병자는 벳자타 물이 아니라, 예수님의 말씀으로 나았습니다.
   미신적인 치유 방법을 쫓아다니느라 병이 더 깊어진 예를 알고 있나요?

3. 예수님께서는 병자에게 누워있었던 들것을 들고 가라고 하십니다.
   버리고 싶은 기억이지만 예수님을 증언할 일이 있다면 들려주세요.

말씀 풀이

예수님께서 두 번째로 예루살렘에 올라가신다. 본문에는 어떤 축제를 지내러 가셨는지 언급되어 있지 않으나, 예수님께서 주요 축제 때마다 참여하셨음을 알 수 있다. 벳자타는 예루살렘 성전 북동쪽에 있는 **'양 문**(羊門)' 이라는 출입문(느헤 3,1.32; 12,39 참조) 곁에 있는 못이다('궁금해요' 참조). 벳자타 못에는 주랑(여러 개의 기둥을 나란히 세운 복도)이 다섯 채나 딸려있었는데, 주랑 안에는 많은 병자가 누워 물이 움직이기를 기다리고 있었다. 이따금 못의 물이 출렁거리는 일이 있어 사람들은 이를 주님의 천사가 물을 휘젓는 것으로 여겼다. 이때 맨 먼저 들어가는 이의 질병이 낫는다는 민간신앙이 퍼져 있었다.

예수님께서 서른여덟 해나 앓고 있는, 곧 치유될 수 없는 처지에 있는 사람에게 **"건강해지고 싶으냐?"** 하고 물으신다. 그가 움직이지 못함에도 포기하지 않는 것을 알고 계시면서도 그의 갈망을 확인하신다. 병자는 예수님께서 왜 묻는지 모른 채, 자신을 물에 넣어줄 사람이 없었다고 한탄한다. 예수님께서 "일어나 네 들것을 들고 걸어가거라." 하고 말씀하시자 그가 따랐더니 병이 깨끗이 나았다. 예수님 말씀의 위력이 그를 일어나 걷게 하였다.

그런데 그날이 마침 안식일이어서 어떤 짐도 들고 다녀서는 안 된다는 율법 규정을(마르코복음 맛들이기 52쪽, '궁금해요' 참조) 어기게 되었다. 이에 유다인들은 들것을 들고 걸어가라고 한 사람이 누구인지를 묻지만, 병이 나은 이는 알지 못한다. 유다인들은 그의 치유보다는 안식일 법 준수 여부에만 관심이 있다.

그 후 성전에서 그를 다시 만난 예수님께서는 병의 치유뿐 아니라 죄의 용서까지 이루어졌으며, 더 나쁜 일이 일어나지 않도록 다시는 죄를 짓지 말라고 일깨워 주신다. 이는 모든 질병과 고통이 죄에서 기인한다는 당시 사람들의 생각을 전제로 하신 말씀이지만, 그보다 이제부터 죄를 사함으로 얻은 영혼의 건강을 유지하는 것이 더 중요하다는 뜻이다.

그는 유다인들에게 가서 자기를 고쳐준 분이 예수님이라고 알린다. 그리하여 안식일에 그러한 일을 하셨다고 하여 그때부터 예수님에 대한 박해가 시작된다. 예수님께서는 아버지께서 일하고 계시니 당신도 일하는 것이라고 하시는데, 하느님이 안식일에도 창조와 구원을 멈추지 않듯이, 당신도 생명을 살리고 돌보는 일을 계속하시겠다는 뜻이다. 유다인들은 안식일을 어길 뿐 아니라, 하느님을 아버지라 부르며 하느님과 대등하게 여기기 때문에 더욱 예수님을 죽이려고 들었다.

말씀 간직하기

"일어나 네 들것을 들고 걸어가거라."(5, 8)

궁금해요

벳자타 못에 관해 알고 싶어요

벳자타는 베데스타라고도 하는데 이는 '자비의 집' 이라는 뜻입니다. 기원전 8세기에는 '윗저수지' (이사 7,3; 2열왕 18,17)로 불렸는데, 성문에는 양(羊)의 조각이 있고 금요일마다 근처에서 양을 파는 시장이 열렸기에 양 문(Sheep gate)으로, 또 벳자타 못은 '양의 못' 으로도 불렸습니다. 이 못은 직사각형의 형태로 크기는 120mx60m, 깊이는 20m 정도입니다. 사방을 감싸는 네 개의 주랑과 못을 가로지르는 주랑을 합쳐 다섯 개의 주랑이 딸려 있습니다. 못의 주변에는 기원전 150년경부터 기원후 70년경까지 환자들을 치료하기 위한 건물들이 있었습니다. 오늘날 예루살렘의 스테파노 성문 안쪽에 자리하고 있으며 근처에 성 안나 성당이 있습니다.

제 11과 (5, 19-47)

아드님의 권한

19예수님께서 그들에게 말씀하셨다. "내가 진실로 진실로 너희에게 말한다. 아
버지께서 하시는 것을 보지 않고서 아들이 스스로 할 수 있는 것은 하나도 없다.
그분께서 하시는 것을 아들도 그대로 할 따름이다. 20아버지께서는 아들을 사랑하
시어 당신께서 하시는 모든 것을 아들에게 보여 주신다. 그리고 앞으로 그보다 더
큰 일들을 아들에게 보여 주시어, 너희를 놀라게 하실 것이다. 21아버지께서 죽은
이들을 일으켜 다시 살리시는 것처럼, 아들도 자기가 원하는 이들을 다시 살린다.
22아버지께서는 아무도 심판하지 않으시고, 심판하는 일을 모두 아들에게 넘기셨
다. 23모든 사람이 아버지를 공경하듯이 아들도 공경하게 하시려는 것이다. 아들
을 공경하지 않는 자는 아들을 보내신 아버지도 공경하지 않는다. 24내가 진실로
진실로 너희에게 말한다. 내 말을 듣고 나를 보내신 분을 믿는 이는 영생을 얻고
심판을 받지 않는다. 그는 이미 죽음에서 생명으로 건너갔다. 25내가 진실로 진실
로 너희에게 말한다. 죽은 이들이 하느님 아들의 목소리를 듣고 또 그렇게 들은 이
들이 살아날 때가 온다. 지금이 바로 그때다. 26아버지께서 당신 안에 생명을 가지
고 계신 것처럼, 아들도 그 안에 생명을 가지게 해 주셨기 때문이다. 27아버지께서
는 또 그가 사람의 아들이므로 심판을 하는 권한도 주셨다. 28이 말에 놀라지 마
라. 무덤 속에 있는 모든 사람이 그의 목소리를 듣는 때가 온다. 29그들이 무덤에
서 나와, 선을 행한 이들은 부활하여 생명을 얻고 악을 저지른 자들은 부활하여 심
판을 받을 것이다.

30나는 아무것도 스스로 할 수 없다. 나는 듣는 대로 심판할 따름이다. 그래서
내 심판은 올바르다. 내가 내 뜻이 아니라 나를 보내신 분의 뜻을 추구하기 때문이
다."

예수님을 믿게 하는 증언

31"내가 나 자신을 위하여 증언하면 내 증언은 유효하지 못하다. 32그러나 나를
위하여 증언하시는 분이 따로 계시다. 나는 나를 위하여 증언하시는 그분의 증언
이 유효하다는 것을 알고 있다. 33너희가 요한에게 사람들을 보냈을 때에 그는 진
리를 증언하였다. 34나는 사람의 증언을 필요로 하지 않는다. 그런데도 이러한 말
을 하는 것은 너희가 구원을 받게 하려는 것이다. 35요한은 타오르며 빛을 내는 등
불이었다. 너희는 한때 그 빛 속에서 즐거움을 누리려고 하였다. 36그러나 나에게
는 요한의 증언보다 더 큰 증언이 있다. 아버지께서 나에게 완수하도록 맡기신 일
들이다. 그래서 내가 하고 있는 일들이 나를 위하여 증언한다. 아버지께서 나를 보
내셨다는 것이다. 37그리고 나를 보내신 아버지께서도 나를 위하여 증언해 주셨
다. 너희는 그분의 목소리를 들은 적이 한 번도 없고 그분의 모습을 본 적도 없다.
38너희는 또 그분의 말씀이 너희 안에 머무르게 하지 않는다. 그분께서 보내신 이
를 너희가 믿지 않기 때문이다. 39너희는 성경에서 영원한 생명을 찾아 얻겠다는
생각으로 성경을 연구한다. 바로 그 성경이 나를 위하여 증언한다. 40그런데도 너
희는 나에게 와서 생명을 얻으려고 하지 않는다.

41나는 사람들에게서 영광을 받지 않는다. 42그리고 나는 너희에게 하느님을 사
랑하는 마음이 없다는 것을 안다. 43나는 내 아버지의 이름으로 왔다. 그런데도 너
희는 나를 받아들이지 않는다. 다른 이가 자기 이름으로 오면, 너희는 그를 받아들
일 것이다. 44자기들끼리 영광을 주고받으면서 한 분이신 하느님에게서 받는 영광
은 추구하지 않으니, 너희가 어떻게 믿을 수 있겠느냐? 45그러나 내가 너희를 아
버지께 고소하리라고 생각하지는 마라. 너희를 고소하는 이는 너희가 희망을 걸어
온 모세이다. 46너희가 모세를 믿었더라면 나를 믿었을 것이다. 그가 나에 관하여
성경에 기록하였기 때문이다. 47그런데 너희가 그의 글을 믿지 않는다면 나의 말
을 어떻게 믿겠느냐?"

본문 익히기

1. 19-22절을 읽고, 예수님이 하시는(하실) 일을 모두 찾아보세요.

   ① 죽은 이들을 일으켜 살리는 일　　② 안식일 규정을 지키는 일

   ③ 아버지께서 하시는 것을 그대로 하는 일　　④ 심판하는 일

2. 예수님의 말씀입니다. 보기에서 골라 완성해보세요.

   내 말을 (　　　) 나를 보내신 분을 (　　　) 이는 (　　　)을 얻고 (　　　)을 받지 않는다. 그는 이미 죽음에서 (　　　)으로 건너갔다.

보기	생명, 죽음, 심판, 자유, 영생, 듣고, 믿는, 보고, 아는

3. 죽은 이들이 하느님 아들의 목소리를 듣고 살아날 때는 언제입니까?

4. 26-29절을 읽고 (　　　)안에 '생명'과 '심판' 중, 알맞은 단어를 넣어보세요.

   ① 아버지께서 당신 안에 (　　　)을 가지고 계신 것처럼, 아들도 그 안에 (　　　)을 가지게 해주셨기 때문이다.

   ② 아버지께서는 또 그가 사람의 아들이므로 (　　　)을 하는 권한도 주셨다.

   ③ 선을 행한 이들은 부활하여 (　　　　)을 얻고 악을 저지른 자들은 부활하여 (　　　)을 받을 것이다.

5. 예수님의 심판이 올바른 이유는 무엇 때문이라고 하십니까?

6. 예수님을 증언하는 것들에 관한 서술(31-39절) 중 잘못된 것을 고르세요.

   ① 예수님께서 자신을 위하여 증언하면 그 증언은 유효하지 못하다.

   ② 예수님께서는 사람, 특히 요한의 증언을 필요로 하신다.

   ③ 예수님께서 하고 있는 일들이 예수님을 증언한다.

   ④ 예수님을 보내신 아버지께서 증언해 주셨다.

   ⑤ 성경이 예수님을 위하여 증언한다.

생활 나누기

1. 아버지께서 하시는 것을 아들도 그대로 한다고 말씀하십니다.
부자와 모녀간에 그대로 닮은 점은 무엇인가요? 신앙적으론 어떤가요?
내가 그대로 따라 살고 싶은 사람은 누구입니까? 어떤 점에서 그런가요?

2. 예수님은 하느님에게서 권한을 받고 그분의 뜻을 추구하십니다.
교회에서 내가 받은 권한은 무엇이고 그것을 어떻게 쓰고 있습니까?

3. 성경이 예수님을 위하여 증언한다고 하십니다.
나는 성경에서 어떤 예수님을 만났습니까?

4. 예수님께서는 유다인들이 자기들끼리 영광을 주고받는다고 나무라십니다.
교회 공동체 안에서, 사람들끼리 영광을 주고받는 일은 어떤 것일까요?

말씀 풀이

예수님께서 안식일 규정을 어기고 자신을 하느님과 대등하게 자처하신 것에 대해 유다인들이 반발한다. 이에 예수님께서는 아버지께서 당신 사랑으로 모든 것을 아들에게 보여주시기에, 아들도 아버지가 하시는 일을 그대로 할 뿐이라고 하신다. 아들은 병자를 고치는 일보다 더 큰 일도 할 것인데, 아버지께서 죽은 사람을 살리는 것처럼 아들도 원하는 이들을 다시 살릴 것이다. 아버지께서는 또한 아들에게 심판의 권한도 넘기셨다. 그러므로 아들의 말을 듣고 그분을 보내신 분을 믿는 이는 영생을 얻고 심판을 받지 않는다. 그는 이미 죽음에서 생명으로 건너갔기 때문이다. 예수님께서는 죽은 이들이 살아나서 선을 행한 이들은 생명을 얻고 악을 저지른 자들은 심판을 받을 날이 올 것인데, 그때가 바로 지금이라고 하신다. 이는 부활과 심판을 먼 미래의 사건으로 알고 사는 이들에게, 현재가 바로 종말임을 알고 현재의 삶을 그만큼 중요하게 받아들이라는 뜻이다.

예수님께서는 다시 한 번 당신의 일이 바로 하느님의 일이며, 당신은 아버지께 들은 대로 심판하시고 아버지의 뜻을 추구하기 때문에 당신의 심판이 올바르다는 것을 역설하신다.

예수님께서는 당신을 위해 증언하시는 분이 따로 계시다고 하시며, 당신을 믿게 하는 네 가지의 증언을 드신다. 첫째, 요한의 증언이다(33-35절). 예수님께는 사람의 증언이 필요하지 않지만, 요한의 증언을 거부하지 않는 이유는 유다인들이 구원받게 하려는 것이다. 요한의 증언이 사람들에게 유효하고, 그도 하늘로부터 파견된 자이기 때문이다. 둘째, 예수님께서 하시는 일들이 바로 아버지께서 그분을 보내셨다는 것을 증언해준다(36절). 셋째, 아버지께서 친히 하신 증언이다(37절). 넷째, 유다인들이 영원한 생명을 얻겠다고 연구하는 성경이 증언해 준다(39절). 예수님께서는 이러한 증언들을 끝내 받아들이지 않는다면 모세가 그들을 고소할 것이라고 하신다. 모세는 하느님의 말씀인 율법서(모세오경)를 주었으며 메시아가 오리라고 증언하였는데(신명 18,15-18), 유다인들은 그것을 연구하기는 하면서도 받아들이지 않기 때문이다.

말씀 간직하기

"너희는 성경에서 영원한 생명을 찾아 얻겠다는 생각으로 성경을 연구한다. 바로 그 성경이 나를 위하여 증언한다." (5, 39)

그렇군요

죽은 이들이 살아날 때가 '지금'이라니요?

요한복음은 종말(심판)의 때가 '지금'이라고(3,18; 5,24-25) 하며, 현재의 중요성을 부각합니다(4,23.36 등). 이는 종말에 얻게 될 인간 구원이 예수 그리스도를 믿는 '지금 여기'에서 실제로 이루어지기 때문입니다. 예수 그리스도는 '부활이요 생명'(11,25)이기에 그분을 믿고 그분과 함께 살아간다면 현재의 삶 안에서 이미 부활과 생명을 사는 것입니다. 이를 '현재적 종말론' 또는 '실현된 종말론'이라 부릅니다. 그렇다고 요한복음이 그리스도의 재림으로 완성될 미래적인 종말론을 배제하는 것은 아닙니다. '지금 여기'에서 시작된 구원과 그리스도께서 재림하시는 마지막 날의 완성을 함께 기다립니다(6,39-40.44.54; 12,48).

제 12과 (6, 1–21)

㉯연중 제 17주일(6,1–15)

오천 명을 먹이시다

1그 뒤에 예수님께서 갈릴래아 호수 곧 티베리아스 호수 건너편으로 가셨는데,
2많은 군중이 그분을 따라갔다. 그분께서 병자들에게 일으키신 표징들을 보았기
때문이다. 3예수님께서는 산에 오르시어 제자들과 함께 그곳에 앉으셨다. 4마침
유다인들의 축제인 파스카가 가까운 때였다. 5예수님께서는 눈을 드시어 많은 군
중이 당신께 오는 것을 보시고 필립보에게, “저 사람들이 먹을 빵을 우리가 어디에
서 살 수 있겠느냐?” 하고 물으셨다. 6이는 필립보를 시험해 보려고 하신 말씀이
다. 그분께서는 당신이 하시려는 일을 이미 잘 알고 계셨다. 7필립보가 예수님께
대답하였다. “저마다 조금씩이라도 받아 먹게 하자면 이백 데나리온어치 빵으로도
충분하지 않겠습니다.” 8그때에 제자들 가운데 하나인 시몬 베드로의 동생 안드레
아가 예수님께 말하였다. 9“여기 보리 빵 다섯 개와 물고기 두 마리를 가진 아이가
있습니다만, 저렇게 많은 사람에게 이것이 무슨 소용이 있겠습니까?” 10그러자 예
수님께서 “사람들을 자리 잡게 하여라.” 하고 이르셨다. 그곳에는 풀이 많았다. 그
리하여 사람들이 자리를 잡았는데, 장정만도 그 수가 오천 명쯤 되었다. 11예수님
께서는 빵을 손에 들고 감사를 드리신 다음, 자리를 잡은 이들에게 나누어 주셨다.
물고기도 그렇게 하시어 사람들이 원하는 대로 주셨다. 12그들이 배불리 먹은 다음
에 예수님께서는 제자들에게, “버려지는 것이 없도록 남은 조각을 모아라.” 하고
말씀하셨다. 13그래서 그들이 모았더니, 사람들이 보리 빵 다섯 개를 먹고 남긴 조
각으로 열두 광주리가 가득 찼다. 14사람들은 예수님께서 일으키신 표징을 보고,
“이분은 정말 세상에 오시기로 되어 있는 그 예언자시다.” 하고 말하였다. 15예수
님께서는 그들이 와서 당신을 억지로 모셔다가 임금으로 삼으려 한다는 것을 아시
고, 혼자서 다시 산으로 물러가셨다.

물 위를 걸으시다

16저녁때가 되자 제자들은 호수로 내려가서, 17배를 타고 호수 건너편 카파르나
움으로 떠났다. 이미 어두워졌는데도 예수님께서는 아직 그들에게 가지 않으셨다.
18그때에 큰 바람이 불어 호수에 물결이 높게 일었다. 19그들이 배를 스물다섯이나
서른 스타디온쯤 저어 갔을 때, 예수님께서 호수 위를 걸어 배에 가까이 오시는 것
을 보고 두려워하였다. 20예수님께서는 그들에게 말씀하셨다. "나다. 두려워하지
마라." 21그래서 그들이 예수님을 배 안으로 모셔들이려고 하는데, 배는 어느새 그
들이 가려던 곳에 가 닿았다.

본문 익히기

1. 예수님께서 호수 건너편으로 가셨는데, 군중은 왜 그분을 따라갔나요?
2. 오천 명을 먹이신 기적이 베풀어졌던 때는 마침 언제입니까?
3. 다음은 누가 한 이야기인지 보기에서 찾아 써 보세요.

   ① 이백 데나리온어치 빵으로도 충분하지 않겠습니다. (　　　　)

   ② 보리 빵 다섯 개와 물고기 두 마리를 가진 아이가 있습니다. (　　　　)

   ③ 사람들을 자리 잡게 하여라. (　　　　)

   ④ 이분은 정말 세상에 오시기로 되어 있는 그 예언자시다. (　　　　)

보기	사람들, 예수님, 필립보, 베드로, 안드레아, 제자들

4. 예수님께서 빵을 들고 감사를 드리신 다음, 누구에게 얼마나 주시나요?
5. 예수님께서 혼자서 다시 산으로 물러가신 이유는 무엇인가요?
6. 물 위를 걷는 예수님을 보고 제자들이 두려워하자, 무엇이라고 하시나요?

생활 나누기

1. 예수님께서는 아이가 가지고 있던 적은 양식으로 큰 기적을 베푸십니다. 보잘것없다고 생각한 것이 나중에 크게 된 것이 있습니까?

2. 예수님께서는 사람들을 풀이 많은 곳에 자리 잡게 하십니다. 봉사자로서 다른 이들을 편안하게 배려해주었던 일을 나눠봅시다.

3. 배불리 먹은 다음 버려지는 것이 없도록 남은 조각을 모으라고 하십니다. 버려지는 음식이 없도록 하는 좋은 제안이 있으면 들려주세요.

4. 예수님을 배 안으로 모시려고 하는데 배는 이미 목적지에 닿았습니다. 예수님을 주님으로 모시자, 곧바로 평안을 찾은 체험을 나눠봅시다.

말씀 풀이

예수님께서 갈릴래아 호수 건너편으로 가신다. 갈릴래아 호수는 티베리아스 호수(6,23; 21,1) 또는 겐네사렛 호수(루카 5,1)로도 불렸는데, 호수 건너편은 사람들이 거의 살지 않는 외딴곳이었다(마르 6,31-32 참조). 군중은 예수님에 대한 믿음 때문이 아니라 병자들을 치유하는 놀라운 표징들을 보고 그분을 따라간다. 예수님께서는 제자들과 함께 산으로 올라가신다.

마침 파스카가 가까운 때였는데, 이 축제는 요한복음에서 두 번째로 언급되고 있다(2,13 참조). 예수님께서는 모여드는 많은 군중을 보시고 필립보에게 그들이 먹을 빵을 '어디에서' 살 수 있겠는지 물으신다. 제자들이 '당신에게서' 빵을 얻을 수 있다는 것을 알고 있는지 시험해보시려는 것이었다. 이를 깨닫지 못하는 필립보는 저마다 조금씩이라도 먹게 하려면 이백 데나리온이라는 큰 금액으로도 충분하지 않다고 대답한다. 안드레아 역시 보리 빵 다섯 개와 물고기 두 마리를 가진 아이를 데려오면서, 이런 미미한 것으로 무엇을 할 수 있을까 하고 의심한다. 보리 빵은 주로 가난한 이들의 양식이었는데, 보리 빵 스무 개로 백 명을 먹였던 엘리사의 기적(2열왕 4,42-44)을 떠올리게 한다.

예수님께서는 장정만도 오천 명쯤 되는 사람들을 '풀이 많은 곳' 에 자리 잡게 하시고 사람들이 원하는 대로 빵을 나누어 주시어 배불리 먹게 하신다. 자기 양 떼를 푸른 풀밭으로 이끌어 배불리 먹여주고 편히 쉬게 하는 **목자의 모습**(시편 23,1-2)이다. 다른 복음서와 달리 예수님께서 빵을 직접 나누어 주시는 모습은 그분이야말로 **빵을 주시는 분**(6,27.51 참조)이심을 드러낸다. 버려지는 것이 없도록 남은 조각을 모아들이니 열두 광주리가 가득 찼다. 기적의 위력이 그만큼 대단했음을 뜻한다.

사람들은 놀라운 표징을 보고 장차 모세와 같은 예언자가 오리라는 말씀(신명 18,15-18)을 상기하며, 예수님께서 '그 예언자' 일 것이라고 말한다. 그리하여 그들은 예수님을 억지로 모셔다가 임금으로 삼으려 한다. 자신들을 해방할 메시아 왕으로 생각한 것이다. 예수님께서는 이들을 피해 혼자서 산으로 물러가신다.

저녁때가 되자 제자들은 다시 호수 건너편에 있는 카파르나움으로 가려고 배를 타고 떠난다. 날은 이미 어두워졌고 예수님께서는 그들 곁에 계시지 않았는데, 거센 풍랑이 일어 위험한 상황에 놓였다. 제자들이 배를 스물다섯이나 서른 스타디온(약 5-6km)쯤 저어 갔을 때, 예수님께서 호수 위를 걸어 그들 가까이 오셨다. 이는 물결을 밟고 계시는 **하느님의 모습**(욥 9,8)을 연상시킨다. 예수님께서는 두려움에 떠는 제자들에게 "나다. 두려워하지 마라." 하고 말씀하신다. '나다.' 라는 말은 하느님께서 당신을 계시하실 때 사용하는 표현이다(탈출 3,14). '두려워하지 마라.' 라는 말도 하느님께서 함께하여 주실 것을 약속하실 때 쓰는 말씀이다(창세 26,24; 여호 1,9; 이사 41,14). 그래서 제자들은 예수님을 배 안으로 모셔 들이려고 한다. 물 위를 걸으신 분이 유령이 아니라(마태 14,26; 마르 6,49 참조) 예수님이심을 알았기 때문이다. 그러자 배는 어느새 그들이 가려던 곳에 가 닿았다고 하는데, 이는 이 사건이 매우 놀랍고 신비스러운 일(마르 6,51 참조)이었음을 강조한다.

말씀 간직하기

"이분은 정말 세상에 오시기로 되어 있는 그 예언자시다." (6, 14)

궁금해요

오천 명을 먹이신 일은 기적인가요? 나눔인가요?

오천 명을 먹이신 이야기를 어떤 이들은 기적으로, 어떤 이들은 나눔으로 설명합니다. 본문에 나오는 제자들의 부정적인 말들은 '기적'이 아니고서는 해결할 방법이 없었음을 말해줍니다. 한편 아이가 자기 것을 내놓는 것을 보고 다른 이들도 가진 것을 내놓아 모두 배불리 먹게 되었다는 '나눔'으로 이해하는 것도 가능합니다. 이것 역시 기적입니다. 예수님의 기적을 합리적으로만 이해하려 할 때 그분의 신적 능력이 축소되고, 반대로 신적 능력만 강조한다면 인간 참여의 의미가 퇴색됩니다.

제 13과 (6, 22-40)

ⓝ연중 제 18주일(6,24-35)

생명의 빵

22이튿날, 호수 건너편에 남아 있던 군중은, 그곳에 배가 한 척밖에 없었는데 예
수님께서 제자들과 함께 그 배를 타고 가지 않으시고 제자들만 떠났다는 것을 알
게 되었다. 23그런데 티베리아스에서 배 몇 척이, 주님께서 감사를 드리신 다음 빵
을 나누어 먹이신 곳에 가까이 와 닿았다. 24군중은 거기에 예수님도 계시지 않고
제자들도 없는 것을 알고서, 그 배들에 나누어 타고 예수님을 찾아 카파르나움으
로 갔다.

25그들은 호수 건너편에서 예수님을 찾아내고, "라삐, 언제 이곳에 오셨습니
까?" 하고 물었다. 26예수님께서 그들에게 대답하셨다. "내가 진실로 진실로 너희
에게 말한다. 너희가 나를 찾는 것은 표징을 보았기 때문이 아니라 빵을 배불리 먹
었기 때문이다. 27너희는 썩어 없어질 양식을 얻으려고 힘쓰지 말고, 길이 남아 영
원한 생명을 누리게 하는 양식을 얻으려고 힘써라. 그 양식은 사람의 아들이 너희
에게 줄 것이다. 하느님 아버지께서 사람의 아들을 인정하셨기 때문이다." 28그들
이 "하느님의 일을 하려면 저희가 무엇을 해야 합니까?" 하고 묻자, 29예수님께서
그들에게 대답하셨다. "하느님의 일은 그분께서 보내신 이를 너희가 믿는 것이
다." 30그들이 다시 물었다. "그러면 무슨 표징을 일으키시어 저희가 보고 선생님
을 믿게 하시겠습니까? 무슨 일을 하시렵니까? 31 '그분께서는 하늘에서 그들에게
빵을 내리시어 먹게 하셨다.' 는 성경 말씀대로, 우리 조상들은 광야에서 만나를 먹
었습니다." 32예수님께서 그들에게 이르셨다. "내가 진실로 진실로 너희에게 말한
다. 하늘에서 너희에게 빵을 내려 준 이는 모세가 아니다. 하늘에서 너희에게 참된
빵을 내려 주시는 분은 내 아버지시다. 33하느님의 빵은 하늘에서 내려와 세상에
생명을 주는 빵이다."

34그들이 예수님께, "선생님, 그 빵을 늘 저희에게 주십시오." 하자, 35예수님께

서 그들에게 이르셨다. "내가 생명의 빵이다. 나에게 오는 사람은 결코 배고프지
않을 것이며, 나를 믿는 사람은 결코 목마르지 않을 것이다. 36그러나 내가 이미 말
한 대로, 너희는 나를 보고도 나를 믿지 않는다. 37아버지께서 나에게 주시는 사람
은 모두 나에게 올 것이고, 나에게 오는 사람을 나는 물리치지 않을 것이다.
38나는 내 뜻이 아니라 나를 보내신 분의 뜻을 실천하려고 하늘에서 내려왔기 때문
이다. 39나를 보내신 분의 뜻은, 그분께서 나에게 주신 사람을 하나도 잃지 않고 마
지막 날에 다시 살리는 것이다. 40내 아버지의 뜻은 또, 아들을 보고 믿는 사람은
누구나 영원한 생명을 얻는 것이다. 나는 마지막 날에 그들을 다시 살릴 것이다."

본문 익히기

1. 예수님께서는 군중이 무엇 때문에 당신을 찾는다고 하시나요?
2. 예수님께서 군중에게 당부하신 말씀입니다. 27-29절에서 답을 찾아보세요.
   ① 썩어 없어질 양식 대신 무엇을 얻으려고 힘쓰라 하시나요?
   ② 그것을 주실 분은 누구인가요?
   ③ 그분은 누구에게 인정을 받았습니까?
   ④ 군중이 해야 할 하느님의 일이란 무엇인가요?
3. 32-33절을 읽고 괄호 안을 채워보세요.
   하늘에서 너희에게 (　　　) 빵을 내려 주시는 분은 내 (　　　)시다.
   (　　　 의 　　　)은 하늘에서 내려와 세상에 (　　　)을 주는 빵이다.
4. 37-40절을 읽고 보기에서 답을 찾아 기호로 써보세요.
   ① 아버지께서 나에게 주시는 사람은 (　　　)　② 나에게 오는 사람을 (　　　)
   ③ 나를 보내신 분의 뜻은 (　　　)　④ 내 아버지의 뜻은 (　　　)

보기	㉮ 나는 물리치지 않을 것이다. ㉯ 아들을 보고 믿는 사람은 누구나 영원한 생명을 얻는 것이다. ㉰ 모두 나에게 올 것이고, ㉱ 나에게 주신 사람을 하나도 잃지 않고 마지막 날에 다시 살리는 것이다.

생활 나누기

1. 군중은 배 몇 척에 나누어 타고 함께 예수님을 찾아갑니다.
   미사나 봉사 등을 위해 차량을 제공하거나 도움을 받았던 경험을 들려주세요.

2. 썩어 없어질 양식을 얻으려고 힘쓰지 말라고 하십니다.
   썩어 없어질 양식에 지나치게 몰두하면 어떤 결과를 낳는지 나누어봅시다.
   (예: 주식 투자, 취미 활동, 교육열, 운동, 쇼핑 등)

3. 군중은 겉으로 드러나는 일만 중시하여 보고 믿을 표징을 요구합니다.
   남들의 인정이나 성과에 흔들리는 일은 무엇인지 나누어주세요.

말씀 풀이

군중이 티베리아스에서 온 배들에 나누어 타고 예수님을 찾아 카파르나움으로 간다. 그들은 그곳에 이미 예수님께서 와 계신 것을 보고 놀라 언제 오셨는지 묻는다. 예수님께서는 그들이 당신을 찾는 이유가 표징을 보았기 때문이 아니라 배불리 먹었기 때문이라고 하신다. 표징에 담겨있는 의미를 깨닫지 못하고 외양에만 집착한다는 질책이다. 예수님께서는 그들에게 썩어 없어질 양식이 아니라 영원한 생명을 누리게 할 양식을 얻기 위해 힘쓰라고 하신다. 영원한 양식은 하느님 아버지께서 인정하신 사람의 아들, 곧 예수님으로부터 얻을 수 있다. 사람들은 '하느님의 일(들)' 을 하려면 무엇을 해야 하는지 묻는다. 무언가를 얻기 위해서는 그에 합당한 일을 하는 것이 당연하다고 생각했기 때문이다. 그러나 '하느님의 일' 이란 '하느님께서 보내신 이를 믿는 것' 이다.

군중은 믿을 만한 표징을 달라고 요구한다. 하늘에서 내려오는 만나와 같은 기적(느헤 9,15; 시편 78,24 참조)을 보고야 믿겠다는 것이다. 모세가 굶주리던 이스라엘 백성에게 만나를 내려준 것처럼, 그들이 기다리는 메시아도 빵을 내려주기를 바라고 있다. 예수님께서는 하늘에서 빵을 내려준 이는 모세가 아니라 하느님이시라고 바로잡아 주신다. 하느님이 내려주시는 참된 빵은 세상에 생명을 주는 빵이다.

군중이 그 빵을 청하자 예수님께서는 당신이 바로 생명의 빵이라고 하신다. 곧 당신의 생명을 내어놓으시어 사람들에게 영원한 생명을 주는 참된 빵이라는 것이다. 당신께 오는 사람은 결코 배고프지 않으며 목마르지도 않을 것이라고 하시지만, 그들은 예수님을 믿지 않는다.

예수님께서 하시고자 하는 일들은 파견하신 분의 뜻에 따라 그대로 이루어질 것이다. 예수님께서는 아버지께서 주시는 사람을 모두 받아들여 그 사람들을 하나도 잃지 않고 마지막에 다시 살릴 것이다. 그리하여 그분을 보고 믿는 사람은 누구나 영원한 생명을 누릴 것이다.

말씀 간직하기

"내가 생명의 빵이다. 나에게 오는 사람은 결코 배고프지 않을 것이며, 나를 믿는 사람은 결코 목마르지 않을 것이다." (6, 35)

궁금해요

만나가 무엇인가요?

이스라엘 백성이 이집트에서 탈출하여 광야를 떠돌아다닐 때, 배고픔을 호소하자 하느님께서는 만나를 내려주셨습니다. 아침에 서리처럼 잔 알갱이들이 땅에 깔린 것을 보고 "이게(man) 무엇인가?(hu)"라고 물은 데서 만나라고 불렸다는 설이 있습니다. 나무의 진액인지 유충의 분비물인지는 아직 의견이 분분하지만, 고수풀 씨앗처럼 하얗고 꿀을 섞은 과자 맛이 났다고 합니다(탈출 16,31). 이스라엘 백성은 이를 자연적인 먹을거리가 아니라 '하늘의 곡식, 천사들의 빵'(시편 78,24-25) 또는 '하늘의 빵'(시편 105,40)으로 여겼습니다.

제 14과 (6, 41–59)

❙ ㉯연중 제 19주일(6,41–52) ❙ ㉯연중 제 20주일(6,51–58)
❙ ㉮그리스도의 성체 성혈 대축일(6,51–58)

41예수님께서 "나는 하늘에서 내려온 빵이다." 하고 말씀하셨기 때문에, 유다인들이 그분을 두고 수군거리기 시작하였다. 42그들이 말하였다. "저 사람은 요셉의 아들 예수가 아닌가? 그의 아버지와 어머니도 우리가 알고 있지 않는가? 그런데 저 사람이 어떻게 '나는 하늘에서 내려왔다.' 고 말할 수 있는가?" 43그러자 예수님께서 그들에게 대답하셨다. "너희끼리 수군거리지 마라. 44나를 보내신 아버지께서 이끌어 주지 않으시면 아무도 나에게 올 수 없다. 그리고 나에게 오는 사람은 내가 마지막 날에 다시 살릴 것이다. 45 '그들은 모두 하느님께 가르침을 받을 것이다.' 라고 예언서들에 기록되어 있다. 아버지의 말씀을 듣고 배운 사람은 누구나 나에게 온다. 46그렇다고 하느님에게서 온 이 말고 누가 아버지를 보았다는 말은 아니다. 하느님에게서 온 이만 아버지를 보았다. 47내가 진실로 진실로 너희에게 말한다. 믿는 사람은 영원한 생명을 얻는다. 48나는 생명의 빵이다. 49너희 조상들은 광야에서 만나를 먹고도 죽었다. 50그러나 이 빵은 하늘에서 내려오는 것으로, 이 빵을 먹는 사람은 죽지 않는다. 51나는 하늘에서 내려온 살아 있는 빵이다. 누구든지 이 빵을 먹으면 영원히 살 것이다. 내가 줄 빵은 세상에 생명을 주는 나의 살이다."

52그러자 "저 사람이 어떻게 자기 살을 우리에게 먹으라고 줄 수 있단 말인가?" 하며, 유다인들 사이에 말다툼이 벌어졌다. 53예수님께서 그들에게 이르셨다. "내가 진실로 진실로 너희에게 말한다. 너희가 사람의 아들의 살을 먹지 않고 그의 피를 마시지 않으면, 너희는 생명을 얻지 못한다. 54그러나 내 살을 먹고 내 피를 마시는 사람은 영원한 생명을 얻고, 나도 마지막 날에 그를 다시 살릴 것이다. 55내 살은 참된 양식이고 내 피는 참된 음료다. 56내 살을 먹고 내 피를 마시는 사람은 내 안에 머무르고, 나도 그 사람 안에 머무른다. 57살아 계신 아버지께서 나를 보내셨고 내가 아버지로 말미암아 사는 것과 같이, 나를 먹는 사람도 나로 말미암아

살 것이다. 58이것이 하늘에서 내려온 빵이다. 너희 조상들이 먹고도 죽은 것과는
달리, 이 빵을 먹는 사람은 영원히 살 것이다." 59이는 예수님께서 카파르나움 회
당에서 가르치실 때에 하신 말씀이다.

본문 익히기

1. 예수님께서 어떤 말씀을 하셨기에 유다인들이 수군거렸나요?
2. 유다인들에게 대답하신 예수님의 말씀(44-47절)을 읽고 줄을 그어보세요.

① 나에게 오는 사람은	㉮ 영원한 생명을 얻는다
② 아버지의 말씀을 듣고 배운 사람은	㉯ 아버지를 보았다
③ 하느님에게서 온 이만	㉰ 마지막 날에 다시 살릴 것이다
④ 믿는 사람은	㉱ 누구나 나에게 온다

3. 유다인들은 무엇이라고 하며 말다툼을 벌입니까?
4. 예수님의 말씀(48-56절)을 읽고, (　　　　)안에 들어갈 단어를 채워봅시다.
   ① 나는 생명의 (　　　　)이다.
   ② 나는 하늘에서 내려온 살아 있는 (　　　　)이다.
   ③ 내가 줄 빵은 세상에 (　　　　)을 주는 나의 (　　　　)이다.
   ④ 내 살은 (　　　　) 양식이고 내 피는 (　　　　) 음료다.
   ⑤ 내 (　　　　)을 먹고 내 (　　　　)를 마시는 사람은 내 안에 (　　　　　　),
   나도 그 사람 안에 (　　　　　　).

생활 나누기

1. 예수님께서 주실 빵은 세상에 생명을 주는 당신의 살이라고 하십니다.
   영성체를 간절히 원했으나 영하지 못한 때가 있었다면 들려주세요.
   (해외 파견, 혼인 장애, 질병 등)

2. 예수님의 살과 피를 먹고 마시는 사람 안에 당신도 머무르겠다고 하십니다.
내 안에 머무시는 분과 함께 가서 하고 싶은 일은 무엇입니까?

3. 이스라엘의 조상들은 광야에서 만나를 먹고도 죽었다고 합니다.
먹고 살기 위해 늘 바쁘게 애쓴 결과는 어떠합니까?

말씀 풀이

예수님께서 **"나는 하늘에서 내려온 빵이다."**라고 말씀하시자, 유다인들은 수군거린다. 예수님의 부모에 관해 잘 알고 있었기에 그분이 하늘에서 내려왔다는 말을 받아들일 수가 없었던 것이다. '하늘에서 내려온'은 '하늘로부터 내려온 사람의 아들'(3,13 참조)과 연결되고, 유다인들에게 있어 하늘에서 내려온 사람이란 곧 메시아라는 의미이다. 예수님께서는 믿지 않는 그들을 보시고 아버지께서 이끌어 주시지 않는다면 아무도 당신에게 올 수 없다고 하시며 당신께 오는 이들은 마지막 날에 다시 살릴 것이라고 하신다.

예수님께서 '그들은 모두 하느님께 가르침을 받을 것이다.' 하고 기록된 예언서를 예로 드신다. 사실 이사야 예언서에는 '너의 아들들은 모두 주님의 제자가 되리라.'(54,13)라고 되어 있는데, 주님의 제자가 되는 믿음은 하느님의 가르침을 받아야 하기에 하신 말씀이다. 그렇다고 하느님을 직접 보고 배운다는 말은 아니다. 하느님에게서 온 예수님만이 아버지를 보았다.

예수님께서 진정으로 말씀하고자 하시는 것은, 당신을 믿는 사람이야말로 영원한 생명을 얻게 된다는 것이다. 예수님께서 생명을 주시는 빵이기 때문이다. 광야에서 조상들이 먹었던 만나는 굶주림을 해결해 주었을 뿐 그들을 죽음에서 건져주지는 못했다. 그러나 하늘에서 내려온 살아 있는 빵을 먹으면 영원히 살 것이다. 빵(밥)이 인간의 삶에서 없어서는 안 되는 것처럼, 예수님께서도 꼭 필요한 분이심을 강조하신 것이다. 예수님께서 주실 빵은 세상에 생명을 주는 당신의 살이라고 하시는데, '살'은 몸을 구체적으로 표현한 말이다. 이는 인류 구원을 위한 하느님의 계획에 따라 자신의 살(몸)을 내어 주시는 죽음에 대한 언급이다.

유다인들은 '살'을 먹는다는 것에 당혹하여 예수님께 반감을 느끼며 논란을 벌인다. 예수님께서는 더 나아가 살뿐 아니라 피를 마시지 않으면 생명을 얻을 수 없다고 단호하게 말씀하신다. 이는 짐승의 피조차 먹지 않는 유다인들에게는 충격적인 말씀이었다. **참된 양식**이며 **참된 음료**로 선포된 '살과 피'는 예수님의 전부를 가리키는 동시에, 예수님께서 주실 **'살과 피'의 실재성**을 강조한다.

예수님의 살을 먹고 피를 마시는 것은 그리스도와 결속 관계를 이룬다는 의미가 있다. 곧 그들 안에 당신이 머무르시겠다는 말씀이다. 살아 계신 하느님 아버지께서 아들을 보내고 살게 하셨듯이, 당신을 먹는 이들도 당신으로 말미암아 살게 하신다는 것이다. 이로써 앞으로 빵과 포도주의 형상 안에 살아 계실 그리스도의 현존과 이를 받아들이는 사람들에게 주어질 영원한 생명을 약속하신다. 이는 카파르나움 회당에서 가르치신 말씀이다.

말씀 간직하기

"내 살은 참된 양식이고 내 피는 참된 음료다." (6, 55)

궁금해요

어떤 때에 병자 영성체를 하며 어떤 의미가 있나요?

공동체 미사에 참여하지 못하는 이들에게 성체를 모시고 가서 영해 주는 것을 병자 영성체 또는 봉성체라고 합니다. 사제(부제)는 신자 중에 거동이 불편한 병자 또는 죽음의 위험에 있는 이나 연금, 투옥 중인 이들에게 성체를 모셔가 영해 줍니다. 이는 그리스도의 '몸과 피'로써 힘을 얻고, 부활의 보증으로 안전해지게 하기 위함입니다. 또 교회 공동체에 결속되어 있음과 형제적 사랑을 느끼도록 하기 위해서입니다. 병자 영성체는 병자성사와 함께 거행되기도 하는데 공복재(空腹齋)를 지키지 않아도 됩니다. 과거에는 병자성사를 종부성사라 하여 죽음이 임박한 사람만 하는 것으로 알았지만, 현재는 필요에 따라 여러 번 청하여 힘을 얻는 은총의 성사로 인식이 바뀌었습니다.

제 15과 (6, 60-71)

㉯연중 제 21주일(6,60-69)

영원한 생명의 말씀

60제자들 가운데 많은 사람이 예수님께서 말씀하시는 것을 듣고 말하였다. “이
말씀은 듣기가 너무 거북하다. 누가 듣고 있을 수 있겠는가?” 61예수님께서는 제
자들이 당신의 말씀을 두고 투덜거리는 것을 속으로 아시고 그들에게 이르셨다.
“이 말이 너희 귀에 거슬리느냐? 62사람의 아들이 전에 있던 곳으로 올라가는 것
을 보게 되면 어떻게 하겠느냐? 63영은 생명을 준다. 그러나 육은 아무 쓸모가 없
다. 내가 너희에게 한 말은 영이며 생명이다. 64그러나 너희 가운데에는 믿지 않는
자들이 있다.” 사실 예수님께서는 믿지 않는 자들이 누구이며 또 당신을 팔아넘길
자가 누구인지 처음부터 알고 계셨던 것이다. 65이어서 또 말씀하셨다. “그렇기 때
문에, 아버지께서 허락하지 않으시면 아무도 나에게 올 수 없다고 너희에게 말한
것이다.”

66이 일이 일어난 뒤로, 제자들 가운데에서 많은 사람이 되돌아가고 더 이상 예
수님과 함께 다니지 않았다. 67그래서 예수님께서는 열두 제자에게, “너희도 떠나
고 싶으냐?” 하고 물으셨다. 68그러자 시몬 베드로가 예수님께 대답하였다. “주
님, 저희가 누구에게 가겠습니까? 주님께는 영원한 생명의 말씀이 있습니다. 69스
승님께서 하느님의 거룩하신 분이라고 저희는 믿어 왔고 또 그렇게 알고 있습니
다.” 70예수님께서 그들에게 말씀하셨다. “내가 너희 열둘을 뽑지 않았느냐? 그러
나 너희 가운데 하나는 악마다.” 71이는 시몬 이스카리옷의 아들 유다를 가리켜 하
신 말씀이었다. 사실 그는 열두 제자 가운데 하나이면서도 머지않아 예수님을 팔
아넘길 자였다.

본문 익히기

1. 너희도 떠나고 싶으냐는 예수님의 물음에 베드로는 어떻게 대답합니까?
2. 다음은 본문을 정리한 내용입니다. 맞으면 O, 틀리면 X로 답하세요.
   ① 육은 영보다 쓸모가 있다 (　　)
   ② 영과 육은 생명을 준다 (　　)
   ③ 예수님의 말씀은 영이며 생명이다 (　　)
   ④ 아버지께서 허락하지 않으시면 아무도 예수님께 올 수 없다 (　　)
   ⑤ 제자들 가운데 많은 사람이 그대로 남아 예수님을 따랐다 (　　)
   ⑥ 열두 제자 가운데 하나는 악마로, 이스카리옷의 아들 시몬이다 (　　)

생활 나누기

1. 제자들 가운데 많은 사람이 예수님의 말씀을 거북해 합니다.
   교회의 가르침이나 성경 말씀 중 받아들이기 어려운 부분은 어떻게 대합니까?
   □ 그 때문에 냉담한 경험이 있다　□ 이성으로 이해할 때까지 답을 찾는다
   □ 믿음으로 받아들인다　□ 마음에 간직하고 기다리다 보면 저절로 알게 된다
   □ 그냥 넘어 간다　□ 그런 부분이 없다　□ 기타

2. 육은 생명을 주는 데에 아무 쓸모가 없다고 하십니다.
   육적인 것에 지나치게 치중하는 요즘 세태에 대한 생각을 나누어주세요.
   (예: 외모, 웰빙, 운동, 성(性)에 관한 관심 등)

3. 주님께는 영원한 생명의 말씀이 있기에 베드로는 떠나지 않겠다고 합니다.
   나는 주님께 무엇이 있기에 그분을 떠나지 않습니까?

4. 예수님이 뽑으신 열두 제자 가운데에도 악마가 하나 있었습니다.
예수님의 제자로 살아가는 내 안에도 악마와 같은 요소가 있습니까?
그것이 무엇이며, 어떻게 물리칩니까?

말씀 풀이

예수님께서 당신의 살과 피를 먹고 마셔야만 영원한 생명을 얻을 수 있다고 하시자 제자들 가운데 많은 이들이 듣기 거북해서 투덜거린다. 예수님께서는 이 말이 귀에 거슬리면 사람의 아들이 전에 있던 곳으로 다시 올라가는 것을 보면 믿겠는지 물으신다. 예수님께서는 나중에 당신이 전에 계셨던 하늘(6,33.38.41.51.58), 곧 아버지께서 계시고 당신이 내려오셨던 곳으로 다시 올라가실 것이다. 그러나 제자들은 그 전에 영적인 것과 육적인 것을 잘 분간하여야 할 것이다. 영은 생명을 줄 수 있으나 육은 그렇지 못하다고 하시는데, 이는 제자들이 살과 피를 먹고 마신다는 말씀을 육적으로 이해하고 있기에 하시는 말씀이다. 제자들이 예수님의 말씀을 영적인 것으로 받아들인다면 영원한 생명을 얻을 것이다. 그러나 제자들 가운데 많은 이가 떠날 것이며 심지어 예수님을 팔아넘길 자도 있을 것이다. 그러기에 예수님께서 아무리 좋은 가르침을 준다 해도 아버지께서 허락하지 않는다면 아무도 당신에게 올 수 없다고 하신다. 이는 믿음도 은총이며 하느님의 주도권에 속한 일임을 강조하신 말씀이다.

결국, 제자들 가운데 많은 이들이 떠나간다. 예수님께서는 열두 제자에게도 떠나고 싶으냐고 물으신다. 시몬 베드로가 열두 제자를 대표해서 **주님께는 '영원한 생명의 말씀' 이 있으며**, 자기들은 줄곧 **'하느님의 거룩하신 분'** 이라고 믿어 왔고 그렇게 알고 있다고 고백한다. '하느님의 거룩하신 분' 이란 칭호는 예수님께서 메시아이시며 하느님과 함께하시는 분(3,2)이라는 뜻이다. '거룩' 이란 다른 것과 구별하여 하느님의 몫으로 따로 떼어놓음을 의미한다. 곧 예수님께서는 하느님께 속한 성별된 분이라는 뜻이다. 또한, '믿고 안다' 는 이중적인 표현은 예수님의 말씀을 통해 믿음과 친교를 얻고 있음을 드러낸다.

예수님께서는 당신이 친히 뽑으신 열두 제자 가운데 하나가 이미 악마의 유혹에 넘어갔음을 아신다. 그는 이스카리옷 사람 시몬의 아들 유다로 머지않아 예수님을 팔아넘길 자였다.

말씀 간직하기

"주님, 저희가 누구에게 가겠습니까? 주님께는 영원한 생명의 말씀이 있습니다." (6, 68)

그렇군요

성찬 예식에서 빵을 쪼개는 이유는 무엇인가요?

성찬 전례 중 '하느님의 어린양'을 외칠 때, 사제가 빵을 쪼갭니다. 이는 예수님께서 마지막 만찬 때 행하신 동작으로, 사도들 시대에는 미사를 '빵의 쪼갬'(빵 나눔)이라고 불렀습니다. 당시에는 커다란 빵을 나누며 실제로 식사를 했기 때문입니다. 성체가 동전 크기의 밀전병으로 바뀐 이후에는 예수님과 한 몸을 이룬다는 뜻으로, 또 모든 이의 일치와 형제적 사랑을 드러내는 의미에서 '빵 쪼갬'을 행합니다. 한편 사제가 성체를 쪼개는 것은 예수님의 죽음을 뜻하며, 떼어낸 작은 조각을 성혈에 넣는 것은 몸과 피의 합쳐짐, 곧 예수님의 부활을 뜻합니다.

제 16과 (7, 1-31)

예수님의 형제들이 믿지 않다

1그 뒤에 예수님께서는 갈릴래아를 돌아다니셨다. 유다인들이 당신을 죽이려고
하였으므로, 유다에서는 돌아다니기를 원하지 않으셨던 것이다. 2마침 유다인들의
초막절이 가까웠다. 3그래서 예수님의 형제들이 그분께 말하였다. "이곳을 떠나
유다로 가서, 하시는 일들을 제자들도 보게 하십시오. 4널리 알려지기를 바라면서
남몰래 일하는 사람은 없습니다. 이런 일들을 할 바에는 자신을 세상에 드러내십
시오." 5사실 예수님의 형제들은 그분을 믿지 않았다. 6그래서 예수님께서는 그들
에게 말씀하셨다. "너희에게는 아무 때라도 상관없지만 나의 때는 아직 오지 않았
다. 7세상이 너희를 미워할 수는 없다. 그러나 세상은 나를 미워한다. 내가 세상을
두고 그 일이 악하다고 증언하기 때문이다. 8너희나 축제를 지내러 올라가라. 나
는 이번 축제에는 올라가지 않겠다. 나의 때가 아직 차지 않았기 때문이다." 9예수
님께서는 이렇게 말씀하시고 나서 갈릴래아에 머무르셨다.

초막절에 가르치시다

10형제들이 축제를 지내러 올라가고 난 뒤에 예수님께서도 올라가셨다. 그러나
드러나지 않게 남몰래 올라가셨다. 11그래서 유다인들은 축제 동안에, "그 사람은
어디 있나?" 하면서 예수님을 찾았다. 12군중 사이에서는 예수님을 두고 수군거리
는 말들이 많았다. "그는 선한 사람이오." 하는 이들이 있는가 하면, "아니오. 그는
군중을 속이고 있소." 하는 이들도 있었다. 13그러나 유다인들이 두려워 그분에 관
하여 드러내 놓고 말하는 사람은 없었다.

14축제가 이미 중반을 지날 때, 예수님께서는 성전에 올라가 가르치셨다. 15그러
자 유다인들이 놀라워하며, "저 사람은 배우지도 않았는데 어떻게 성경을 잘 알
까?" 하였다. 16예수님께서 그들에게 이르셨다. "나의 가르침은 내 것이 아니라 나

를 보내신 분의 것이다. 17누구나 하느님의 뜻을 실천하려고만 하면, 이 가르침이
하느님에게서 오는 것인지 내가 스스로 말하는 것인지 알게 될 것이다. 18스스로
나서서 말하는 자는 자기의 영광을 찾는다. 그러나 자기를 보내신 분의 영광을 찾
는 이는 참되고, 또 그 사람 안에는 불의가 없다. 19모세가 너희에게 율법을 주지
않았느냐? 그런데도 너희 가운데 율법을 지키는 자가 하나도 없다. 도대체 너희는
왜 나를 죽이려고 하느냐?" 20군중이 "당신은 마귀가 들렸군. 누가 당신을 죽이려
한단 말이오?" 하고 대답하자, 21예수님께서 그들에게 이르셨다. "내가 한 가지 일
을 하였을 뿐인데 너희는 모두 놀라워한다. 22모세가 너희에게 할례를 하라고 명
령하였다. — 사실 할례는 모세가 아니라 선조들에게서 비롯되었다. — 아무튼 너
희는 안식일에도 사람들에게 할례를 베푼다. 23모세의 율법을 어기지 않으려고 안
식일에도 할례를 받는데, 어째서 내가 안식일에 한 사람의 온몸을 건강하게 만들
어 준 것을 가지고 나에게 화를 내느냐? 24겉모습을 보고 판단하지 말고 올바로 판
단하여라."

저분이 그리스도이신가

25예루살렘 주민들 가운데 몇 사람이 말하였다. "그들이 죽이려고 하는 이가 저
사람 아닙니까? 26그런데 보십시오. 저 사람이 드러내 놓고 이야기하는데 그들은
아무 말도 하지 못합니다. 최고 의회 의원들이 정말 저 사람을 메시아로 알고 있는
것은 아닐까요? 27그러나 메시아께서 오실 때에는 그분이 어디에서 오시는지 아무
도 알지 못할 터인데, 우리는 저 사람이 어디에서 왔는지 알고 있지 않습니까?"
28그래서 예수님께서는 성전에서 가르치시며 큰 소리로 말씀하셨다. "너희는 나를
알고 또 내가 어디에서 왔는지도 알고 있다. 그러나 나는 나 스스로 온 것이 아니
다. 나를 보내신 분은 참되신데 너희는 그분을 알지 못한다. 29나는 그분을 안다.
내가 그분에게서 왔고 그분께서 나를 보내셨기 때문이다." 30그러자 그들은 예수
님을 잡으려고 하였지만, 그분께 손을 대는 자는 아무도 없었다. 그분의 때가 아직
오지 않았기 때문이다. 31그러나 군중 가운데에는, "메시아가 오시더라도 저분께
서 일으키신 것보다 더 많은 표징을 일으키시겠는가?" 하며 예수님을 믿는 사람이
많았다.

본문 익히기

1. 예수님께서 유다에서 돌아다니기 원하지 않으신 이유는 무엇입니까?
2. 5-8절을 읽고 그 내용을 줄로 이어보세요

   ① 사실 예수님의 형제들은 ㉮ 나의 때는 아직 오지 않았다

   ② 너희는 아무 때라도 상관없지만 ㉯ 나의 때가 아직 차지 않았기 때문이다

   ③ 나는 이번 축제에는 올라가지 않겠다 ㉰ 그분을 믿지 않았다
3. 성전에서 유다인들에게 이르신 예수님 말씀을 읽고 ( )를 채워보세요.

   나의 가르침은 내 것이 아니라 나를 ( ) 분의 것이다. 누구나 하느님의 뜻을 ( )하려고만 하면, 이 가르침이 ( )에게서 오는 것인지 내가 ( ) 말하는 것인지 알게 될 것이다.
4. 28-31절을 읽고 다음의 내용이 맞으면 O, 틀리면 X로 답해보세요.

   ① 너희는 나를 <u>모르고</u>, 또 내가 어디에서 왔는지도 모른다. ( )

   ② 나는 나 <u>스스로</u> 왔다. ( )

   ③ 나를 보내신 분은 참되신데 너희는 그분을 알지 못한다. ( )

   ④ 그들은 예수님을 잡으려고 그분의 몸에 손을 대었다. ( )

생활 나누기

1. 형제들은 예수님께 남몰래 일하지 말고 세상에 드러내라고 권합니다.

   이와는 달리 숨어서 묵묵히 봉사하는 이들을 찾아내어 칭찬해봅시다.

2. 예수님을 두고 군중은 저마다 서로 다른 반응을 보입니다.

   사람을 오판했을 때가 있었는지요? 그때 판단의 기준은 무엇이었나요?

   ☐ 주변 평가 ☐ 과거 행적 ☐ 말 ☐ 첫인상 ☐ 집안 ☐ 기타

3. 할례는 긴급하고 중요한 일이라고 생각하여 안식일에도 행하였습니다.

   주일에 더욱 하고 싶은 일이 있나요? (예: 가족이 함께 식사하기 등)

말씀 풀이

예수님께서는 유다 지방에서 드러나기를 원하지 않으셨다. 전에 안식일을 어기고, 하느님과 동등하게 말씀하셨다 하여(5,18) 유다인들이 그분을 죽이려고 하였기 때문이다. 그러나 초막절이 가까워지자 예수님의 형제들이 찾아와 유다로 가서 자신을 드러내어 명성을 얻으라고 부추긴다. 그분을 통하여 자신들도 유명하게 될 것을 바랐기 때문이다. '형제들' 이란 유다인에게 있어 친동기뿐 아니라 가까운 친척까지를 포함하는 말이다. 사실 누구보다 가까운 형제들까지 그분이 누구신지 모르고 있었다(마르 3,21 참조). 그들에게는 자신을 드러내는 것이 목적이지만 예수님께서는 하느님의 일을 하는 것이 목적이다. 그들에게는 아무 때라도 상관없지만 예수님께는 하느님이 원하시는 때가 중요한데, 그 '때' 는 아직 오지 않았다. 그들은 세상에 속해 있지만, 예수님께서는 세상의 행실이 악하다고 증언하기 때문에 세상으로부터 미움을 받는다. 여기에서 '세상' 은 사탄의 지배를 받는 세상(12,31; 14,30; 16,11 참조)을 의미한다. 예수님께서는 형제들이 원하는 대로(3-4절) 자신을 드러낼 생각이 없었기 때문에, 그들과 함께 가지 않고 갈릴래아에 조금 더 머무르시다가 남몰래 예루살렘으로 올라가셨다.

성인 남자로서 순례 축제를 지키는 것은 의무였기에, 유다인 지도자들은 축제에 온 사람 중에서 예수님을 찾는다. 한편 군중 사이에는 예수님을 두고 여러 의견이 있었으나, 유다인들이 두려워 뒤에서만 수군거릴 뿐이다.

축제가 한창 무르익어 갈 즈음, 예수님께서는 성전에 올라가 가르치신다. 유다인들은 정식 교육을 받지 않은 이가 어떻게 성경을 풀이할 수 있는지 의아해한다. 보통 유명한 라삐를 찾아가 교육을 받은 후에야 가르칠 권한이 있었기 때문이다. 예수님께서는 당신 가르침의 기원과 권위는 세상의 지혜에서 온 것이 아니라 하느님에게서 온 것임을 밝히신다. 하느님의 뜻을 찾고 실천하려고 한다면 누구나 예수님의 말씀이 옳다는 사실을 알게 될 것이다. 스스로 자신의 영광을 찾는 것은 불의한 일이기에 그 가르침 역시 불의하다. 하지만 예수님께서는 당신의 영광이 아닌 당신을 보내신 분의 영광을 찾기에 그 가르침도 참되다.

예수님께서는 '너희 가운데 율법을 지키는 자가 하나도 없다.' 라고 하신다. 율법이 증언하는 예수님을 죽이려는 그들의 생각과 행동이 마치 율법을 배척하는 것과 같기 때문이다. 군중은 당신을 죽이려고 한다고 말씀하시는 예수님을 미쳤다고 생각한다. 유다인들이 예수님을 죽이려고 하는 것(5,18)을 그들은 아직 몰랐던 것이다. 유다인들은 예수님께서 하신 '한 가지 일' 곧 안식일에 벳자타 못 가에서 병자를 고쳐주신 일(5,1-18)을 문제로 삼았었다. 이에 맞서 예수님께서는 할례를 예로 들어 반박하신다. 할례는 남아가 태어나면 여드레 만에 베푸는 것인데, 이를 긴급한 의무로 여겨 비록 안식일이라도 행하는 것이 관례였다. 그러므로 한 사람의 온몸을 건강하게 만들어 준 치유 행위 역시 하느님의 뜻에 맞는 올바른 일이었다.

예루살렘 주민 가운데 예수님을 두고 여러 가지 논란이 제기된다. 그분이 메시아라는 사람이 있는가 하면 그분의 출신을 알고 있으니 메시아가 아니라는 사람도 있었다. 그러나 사람들은 예수님의 외형적인 모습만 알 뿐 그분의 참된 신원과 정체는 알지 못한다. 예수님을 파견하신 하느님을 모르기 때문에 그분을 올바로 알 수 없다. 하느님에게서 오신 예수님만이 하느님을 알고 있다. 이러한 예수님의 말씀에 화가 난 사람들은 그분을 잡으려 한다. 하지만 아직 하느님께서 허락하신 수난과 죽음의 때가 오지 않았다. 한편 군중 가운데에는 예수님께서 보여 주신 많은 표징을 보고 그분을 믿는 사람도 많았다.

말씀 간직하기

"나의 가르침은 내 것이 아니라 나를 보내신 분의 것이다." (7, 16)

궁금해요

초막절은 어떤 축제인가요?

초막절은 오순절, 과월절(파스카)과 함께 이스라엘의 3대 의무 순례 축제입니다. 이스라엘에서 곡식이나 열매의 첫 소출을 바치는 시기는 오순절로 시작하여 초막절에 끝납니다. 이스라엘 백성은 초막절에 추수에 대한 감사뿐 아니라, 이집트를 탈출한 후 광야에서 이스라엘을 보호하신 하느님의 선하심을 기념하기 위해서 일주일 동안 초막에서 지내며(레위 23,34-43), 감사의 봉헌물을 바칩니다.

제 17과 (7, 32-52)

예수님을 잡으려고 하다

32군중이 예수님을 두고 이렇게 수군거리는 소리를 바리사이들이 들었다. 그리
하여 수석 사제들과 바리사이들이 예수님을 잡아 오라고 성전 경비병들을 보냈다.
33그러자 예수님께서 이르셨다. "나는 잠시 동안만 너희와 함께 있다가, 나를 보내
신 분께 간다. 34그러면 너희가 나를 찾아도 찾아내지 못할 것이다. 또 내가 있는
곳에 너희는 올 수 없다." 35그러자 유다인들이 서로 말하였다. "저 사람이 어디에
가려고 하기에 우리가 자기를 찾아내지 못한다는 말인가? 그리스인들 사이에 흩
어져 사는 동포들에게 가서 그리스인들을 가르치겠다는 말인가? 36그리고 '너희
가 나를 찾아도 찾아내지 못할 것이다. 또 내가 있는 곳에 너희는 올 수 없다.'는
말은 무슨 뜻인가?"

목마른 사람은 나에게 오라

37축제의 가장 중요한 날인 마지막 날에 예수님께서는 일어서시어 큰 소리로 말
씀하셨다. "목마른 사람은 다 나에게 와서 마셔라. 38나를 믿는 사람은 성경 말씀
대로 '그 속에서부터 생수의 강들이 흘러나올 것이다.'" 39이는 당신을 믿는 이들
이 받게 될 성령을 가리켜 하신 말씀이었다. 예수님께서 영광스럽게 되지 않으셨
기 때문에, 성령께서 아직 와 계시지 않았던 것이다.

예수님에 관한 여러 가지 생각

40이 말씀을 들은 군중 가운데 어떤 이들은, "저분은 참으로 그 예언자시다." 하
고, 41어떤 이들은 "저분은 메시아시다." 하였다. 그러나 이렇게 말하는 이들도 있
었다. "메시아가 갈릴래아에서 나올 리가 없지 않은가? 42성경에 메시아는 다윗의

후손 가운데에서, 그리고 다윗이 살았던 베들레헴에서 나온다고 하지 않았는가?"
43이렇게 군중 가운데에서 예수님 때문에 논란이 일어났다. 44그들 가운데 몇몇은
예수님을 잡으려고 하였지만, 그분께 손을 대는 자는 아무도 없었다.

예수님을 믿지 않는 지도자들

45성전 경비병들이 돌아오자 수석 사제들과 바리사이들이, "왜 그 사람을 끌고
오지 않았느냐?" 하고 그들에게 물었다. 46"그분처럼 말하는 사람은 지금까지 하
나도 없었습니다." 하고 성전 경비병들이 대답하자, 47바리사이들이 그들에게 말
하였다. "너희도 속은 것이 아니냐? 48최고 의회 의원들이나 바리사이들 가운데에
서 누가 그를 믿더냐? 49율법을 모르는 저 군중은 저주받은 자들이다." 50그들 가
운데 한 사람으로 전에 예수님을 찾아왔던 니코데모가 그들에게 말하였다. 51"우
리 율법에는 먼저 본인의 말을 들어 보고 또 그가 하는 일을 알아보고 난 뒤에야,
그 사람을 심판하게 되어 있지 않습니까?" 52그러자 그들이 니코데모에게 대답하
였다. "당신도 갈릴래아 출신이라는 말이오? 성경을 연구해 보시오. 갈릴래아에서
는 예언자가 나지 않소."

본문 익히기

1. 33-34절을 읽고 예수님께서 하신 말씀을 완성해보세요.
   - 나는 잠시 동안만 너희와 함께 있다가, (   ).
   - 그러면 너희가 나를 찾아도 (   ).
   - 또 내가 있는 곳에 (   ).
2. 예수님께서는 축제 마지막 날(37-38절) 군중에게 어떤 말씀을 하시나요?
3. 당신을 믿는 이들이 받을 성령께서 아직 와 계시지 않은 이유는 무엇입니까?

4. 예수님에 관해 군중이 벌인 논란(40-43절) 중 잘못된 것들을 찾아보세요.
   ① 저분은 참으로 그 예언자시다.
   ② 저분은 메시아시다.
   ③ 메시아는 갈릴래아에서 나올 것이다.
   ④ 메시아는 다윗의 후손 가운데에서, 나자렛에서 나온다.
5. 예수님을 대하는 사람들 반응(45-52절)이 다 다릅니다. 누구의 말일까요?
   ① 왜 그 사람을 끌고 오지 않았느냐? (   )
   ② 그분처럼 말하는 사람은 지금까지 하나도 없었습니다. (   )
   ③ 최고 의회 의원들이나 바리사이들 가운데에서 누가 그를 믿더냐? (   )
   ④ 본인의 말을 들어 보고 그가 하는 일을 알아보고 심판해야 합니다. (   )

생활 나누기

1. 예수님께서 '목마른 사람은 다 나에게 와서 마셔라.' 하고 말씀하십니다.
   영적인 갈증을 느낀 적이 있었나요? 어떻게 갈증을 해소하였나요?

2. 밤에 몰래 찾아왔던(3,2) 니코데모가 예수님의 변호자로 바뀝니다.
   자신의 신앙을 드러내놓게 된 계기가 있다면 이야기해봅시다.

3. 바리사이는 성경을 연구하면서도 올바르게 깨닫지 못하고 있습니다.
   성경을 엉뚱하게 해석하거나 사욕으로 이용하는 사람이 있습니까?
   그런 일을 막기 위해 교회는 어떤 대책을 세워야 할까요?

말씀 풀이

예수님을 믿는 사람이 많아졌을 뿐 아니라 그분이 메시아가 아닐까 하고 수군거리는 소리를 듣고, 수석 사제들과 바리사이들은 성전 경비병들을 보내 예수님을

잡아오게 한다. 그러자 예수님께서는 잠시 동안만 그들과 함께 있다가 당신을 보내신 분께 간다고 하신다. '잠시 동안'이란 예수님의 짧은 지상 활동 기간을 가리키며 당신을 파견하신 하느님께 가실 시간이 얼마 남지 않았음을 뜻한다. 그리되면 그들이 예수님을 찾아도 찾지 못하고 그분이 계신 곳에 갈 수도 없다. 그러므로 지금 예수님께서 계신 동안 믿음의 결단을 내려야 한다. 하지만 유다인들은 예수님께서 그리스인들 사이에 흩어져 사는 동포('궁금해요' 참조)들에게 가시겠다는 말씀으로 잘못 알아듣는다.

초막절 축제의 마지막 날에는 사제들이 실로암 못에서 물을 길어와 제단에 붓는 예식이 있다. 이는 모세 시대에 바위에서 물이 솟아 나온 것(탈출 17,6)을 기념하며, 신선한 생수가 성전에서 솟아나올 것(에제 47,1-12; 즈카 14,8)과 온 땅을 살릴 메시아를 기다리며 바치는 예식이다. 예수님께서는 그 **생수의 원천이 바로 당신**이라고 외치신다. 곧 예수님께서 영광스럽게 되시는 날, 당신을 믿는 사람들에게 주시어 그들 속에서 흘러나와 영원히 목마르지 않게 될 **성령**을 가리켜 하신 말씀이다.

예수님의 말씀을 듣고 군중이 갈라진다. 모세와 같은 **'그 예언자'**(신명 18,18)라고 하는 이들도 있고, **메시아**라고 하는 이들도 있고, 또 메시아가 갈릴래아에서 나온다는 근거가 없으므로 메시아일 리 없다는 이들도 있었다. 성경에는 메시아가 다윗의 후손(2사무 7,12) 가운데에서, 다윗의 고향인 베들레헴에서 나올 것으로 기록되어 있었다(1사무 16,1; 미카 5,1). 이런 와중에서 몇몇이 예수님을 잡으려고 했으나 손을 대는 자는 없었다. 그분의 때가 아직 오지 않았기 때문이다(30절).

한편 예수님을 잡으러 갔던 성전 경비병들이 그대로 돌아오자 수석 사제들과 바리사이들은 질책한다. 그들은 예수님의 권위와 말씀에 깊은 감화를 받았기 때문에 그분을 체포하지 않은 것이다. 바리사이들은 그들이 속은 것이 아니냐며, 또 유다의 지도자들 중 누가 그분을 믿더냐고 반문하면서 율법을 모르는 군중은 저주받은 자들이라고 경멸한다. 이에 전에 예수님을 찾아왔던 바리사이 가운데 한 사람인 니코데모(3,1-10)가 예수님을 변호한다. 율법에 따르면, 사람을 체포하기 전에 먼저 본인의 말을 들어보고(신명 1,17), 행위도 조사해(신명 17,4) 보고 나서 심판하게 되어 있다는 것이다. 바리사이들은 니코데모가 예수님 편을 드는 것을 보니 그도 갈릴래아 출신이냐고 따지면서 성경을 연구해보면 갈릴래아에서는 예언자가 나지 않는다고 큰소리를 친다. 그러나 그들의 말은 틀렸다. 요나 예언자는 갓 헤페르 출신(2열왕 14,25)으로 그곳은 갈릴래아 지방이다.

말씀 간직하기

"목마른 사람은 다 나에게 와서 마셔라." (7, 37)

궁금해요

'그리스인들 사이에 흩어져 사는 동포들'이 누구인가요?

1세기 무렵 팔레스티나에 살았던 유다인들보다 훨씬 많은 수의 유다인들이 그리스인들 사이에 흩어져 살았습니다. 다른 나라에 살면서도 유다적 종교 규범과 생활 관습을 유지하였던 이들의 지역을 '디아스포라(diaspora)'라고 합니다. 과거 아시리아에 의해 북이스라엘 왕국이, 바빌론에 의해 남유다 왕국이 멸망한 후, 이스라엘 백성의 상당수가 메소포타미아 지역이나 이집트 지역으로 흩어져 살게 된 것이 기원입니다. 이들은 그리스와 로마의 지배 시대까지 팔레스티나로 돌아가지 못하였으며 특히 이집트의 알렉산드리아에 가장 많이 거주하였습니다.

제 18과 (7, 53–8, 11)

㉰사순 제 5주일(8,1–11)

간음하다 잡힌 여자

53그들은 저마다 집으로 돌아가고
8 1예수님께서는 올리브 산으로 가셨다. 2이른 아침에 예수님께서 다시 성전에 가
시니 온 백성이 그분께 모여들었다. 그래서 그분께서는 앉으셔서 그들을 가르치셨
다. 3그때에 율법 학자들과 바리사이들이 간음하다 붙잡힌 여자를 끌고 와서 가운
데에 세워 놓고, 4예수님께 말하였다. "스승님, 이 여자가 간음하다 현장에서 붙잡
혔습니다. 5모세는 율법에서 이런 여자에게 돌을 던져 죽이라고 우리에게 명령하
였습니다. 스승님 생각은 어떠하십니까?" 6그들은 예수님을 시험하여 고소할 구
실을 만들려고 그렇게 말한 것이다. 그러나 예수님께서는 몸을 굽히시어 손가락으
로 땅에 무엇인가 쓰기 시작하셨다. 7그들이 줄곧 물어 대자 예수님께서 몸을 일으
키시어 그들에게 이르셨다. "너희 가운데 죄 없는 자가 먼저 저 여자에게 돌을 던
져라." 8그리고 다시 몸을 굽히시어 땅에 무엇인가 쓰셨다. 9그들은 이 말씀을 듣
고 나이 많은 자들부터 시작하여 하나씩 하나씩 떠나갔다. 마침내 예수님만 남으
시고 여자는 가운데에 그대로 서 있었다. 10예수님께서 몸을 일으키시고 그 여자
에게, "여인아, 그자들이 어디 있느냐? 너를 단죄한 자가 아무도 없느냐?" 하고 물
으셨다. 11그 여자가 "선생님, 아무도 없습니다." 하고 대답하자, 예수님께서 이르
셨다. "나도 너를 단죄하지 않는다. 가거라. 그리고 이제부터 다시는 죄짓지 마
라."

본문 익히기

1. 모세의 율법에는 간음하다 잡힌 여자를 어떻게 하라고 하나요?
2. 3-9절을 읽고, 누가 한 행동인지 (　　　　) 안에 써보세요.
   ① 간음하다 잡힌 여자를 끌고 온다. (　　　　　　)
   ② 몸을 굽혀 손가락으로 땅에 무엇인가 쓰기 시작한다. (　　　　　　)
   ③ 예수님의 말씀을 듣고 먼저 떠나가기 시작한다. (　　　　　　)
   ④ 예수님만 남으시고 모두가 떠난 후 그대로 서 있었다. (　　　　　　)
3. 6-11절을 읽고, 다음 내용에 O, X로 답하세요.
   ① 예수님을 시험하여 고소할 구실을 만들려고 한 이는 여인의 남편이다. (　　)
   ② 예수님께서는 죄 없는 이가 먼저 여인에게 돌을 던지라고 하셨다. (　　)
   ③ 나이 어린 사람부터 하나씩 돌을 버리고 떠나갔다. (　　)
   ④ 죄 없는 예수님만이 여자를 단죄할 수 있다고 말씀하셨다. (　　)
4. 모두가 떠난 후 여자에게 하신 예수님의 말씀은 무엇인가요?

생활 나누기

1. 율법 학자와 바리사이는 예수님을 고소할 구실만 찾으려고 합니다.
   잘못한 이들에게 관대하지 못한 예들을 나누어봅시다.

2. 예수님께서는 대답 대신 땅에 무엇인가 쓰고 계십니다.
   침묵이 말보다 효과가 있던 적이 있었나요? 나누어 봅시다.

3. 예수님께서 여인에게 '나도 너를 단죄하지 않는다.' 라고 말씀하십니다.
   예수님의 말씀을 들었을 때 여인의 마음은 어떠했을까요?

4. 예수님께서 '가거라. 그리고 이제부터 다시는 죄짓지 마라.' 하십니다.

(고해성사에서 또는 누군가에게) 죄를 용서받았을 때의 느낌을 말해봅시다.

☐ 두려움이 없어지고 평안이 찾아온다

☐ 다시 살아갈 힘과 용기가 생긴다

☐ 다시는 같은 죄를 짓지 말자고 결심한다

☐ 죄스러움이 사라지고 감사함으로 가득하다

☐ 기타

말씀 풀이

예수님께서 올리브 산으로 가셨다가 이른 아침에 다시 성전으로 가시니 온 백성이 모여들었다. 예수님께서 그들을 가르치고 계실 때, 율법 학자들과 바리사이들이 간음하다 현장에서 붙잡힌 여자를 끌고 와 예수님의 생각을 묻는다. 간음에 관한 율법 규정('궁금해요' 참조)에는 붙잡힌 죄인에게 돌을 던져 죽이라고 되어 있었다. 만일 예수님께서 율법에 따라 처벌하라고 하면 그분의 평소 가르침과 상반되고, 여자에게 자비와 용서를 베풀라고 하면 율법을 거스르는 것이 된다. 그러기에 그들은 예수님께 올가미를 씌워 고소하려고 묻는 것이다.

예수님께서는 바로 대답하지 않으시고 땅에 무엇인가를 쓰신다. 그러자 그들은 침묵을 견디지 못하고 그분을 줄곧 다그친다. 마침내 예수님께서 일어서시어 "너희 가운데 죄 없는 자가 먼저 저 여자에게 돌을 던져라." 하고 말씀하신다. 유다인의 관습에서 맨 먼저 돌을 던지는 사람은 전적으로 형 집행의 책임을 지게 되어 있었다. 그런데 예수님께서는 그 사람에게 죄가 없어야 한다고 전제하신 것이다. 예수님께서 다시 땅에 무엇인가를 쓰시는 동안, 그들은 나이 많은 자들부터 시작하여 떠나간다. 오랜 세월을 살면서 죄짓지 않을 수 없음을 아는 나이 든 자들은 남을 심판할 자격이 없음을 깨달았기 때문이다.

예수님께서는 몸을 일으켜 단죄하던 자들이 어디 있는지 여자에게 물으신다. 여자가 아무도 없다고 하자 예수님께서는 **'나도 너를 단죄하지 않는다.'** 하며 죄를 용서해 주신다. 그리고 **'이제부터 다시는 죄짓지 말라'** 하고 이르신다. 죄의 상태에서 벗어나 새로운 삶을 살아가라는 것이다.

말씀 간직하기

"가거라. 그리고 이제부터 다시는 죄짓지 마라." (8, 11)

궁금해요

간음한 경우 여자만 처벌받나요?

간음에 관한 규정(신명 22,23-29)을 보면, 성읍 안에서 남자가 다른 이와 약혼한 여자를 만나 동침하였을 때에는 두 사람 모두를 성읍으로 끌어내어 돌을 던져 죽입니다. 그 처녀가 성읍 안에 있으면서 고함을 질러 도움을 청하지 않았기 때문입니다. 그러나 성읍이 아닌 들에서 여자를 만나 강제로 동침하였을 때에는 남자만 죽입니다. 여자가 어떤 도움도 받을 수 없는 상황이기 때문입니다. 이처럼 죄를 지은 개인의 정상을 참작하여 남자에게도 여자에게도 합리적으로 처벌하였습니다. 본문에서 왜 여자만 끌려왔는지는 알 수 없지만, 복음사가는 죄인에 대한 예수님의 자비로운 마음에 관심이 있습니다.

제 19과 (8, 12-20)

나는 세상의 빛이다

12예수님께서 다시 그들에게 말씀하셨다. "나는 세상의 빛이다. 나를 따르는 이
는 어둠 속을 걷지 않고 생명의 빛을 얻을 것이다." 13바리사이들이 "당신이 자신
에 관하여 증언하고 있으니, 당신의 증언은 유효하지 않소." 하고 말하자, 14예수
님께서 그들에게 이르셨다. "내가 나 자신에 관하여 증언하여도 나의 증언은 유효
하다. 내가 어디에서 왔고 어디로 가는지 알기 때문이다. 그러나 너희는 내가 어디
에서 왔는지, 또 내가 어디로 가는지 알지 못한다. 15너희는 사람의 기준으로 심판
하지만 나는 아무도 심판하지 않는다. 16그리고 내가 심판을 하여도 내 심판은 유
효하다. 나 혼자가 아니라, 나와 나를 보내신 아버지께서 함께 심판하시기 때문이
다. 17너희의 율법에도 두 사람의 증언은 유효하다고 기록되어 있다. 18바로 내가
나 자신에 관하여 증언하고 또 나를 보내신 아버지께서도 나에 관하여 증언하신
다." 19그들이 예수님께 "당신의 아버지가 어디 있소?" 하고 묻자, 예수님께서 대
답하셨다. "너희는 나를 알지 못할 뿐만 아니라 나의 아버지도 알지 못한다. 너희
가 나를 알았더라면 나의 아버지도 알았을 것이다." 20이는 예수님께서 성전에서
가르치실 때에 헌금함 곁에서 하신 말씀이다. 그러나 아무도 그분을 잡지 않았다.
그분의 때가 아직 오지 않았기 때문이다.

본문 익히기

1. 예수님께서 바리사이들에게 하신 말씀입니다. 빈칸을 채우세요.

나는 세상의 (　　　　　)이다. 나를 따르는 이는 (　　　　　) 속을 걷지 않고 (　　　　　)의 빛을 얻을 것이다.

2. 예수님의 증언이 유효한 이유 두 가지(14절.18절)는 무엇인가요?

3. 14–18절을 읽고, '증언'과 '심판' 중 알맞은 말을 괄호에 넣어봅시다.

- 내가 나 자신에 관하여 (　　　　)하여도 나의 (　　　　)은 유효하다.
- 너희는 사람의 기준으로 (　　　　)하지만 나는 아무도 (　　　　)하지 않는다.
- 나와 나를 보내신 아버지께서 함께 (　　　　)하시기 때문이다.
- 너희의 율법에도 두 사람의 (　　　　)은 유효하다고 기록되어 있다.

4. 하느님을 알려면 먼저 누구를 알아야 합니까?

5. 예수님께서 당신을 세상의 빛이라고 가르치신 곳은 어디였나요?

생활 나누기

1. 예수님께서는 당신을 세상의 빛이라고 선포하십니다.
어둠 속에 갇혀 있을 때가 있었나요? 무슨 일을 할 수 있었나요?

2. 예수님은 당신이 어디에서 왔고 어디로 가는지 알고 계십니다.
우리는 어디에서 왔으며 어디로 가고 있을까요?
나의 죽음을 생각해본 일이 있습니까? 어떻게 준비하고 있습니까?

3. 예수님께서 '너희는 사람의 기준으로 심판한다.'고 하십니다.
사람들이 다른 이를 심판하는 기준은 어떤 것들입니까?

4. 예수님께서는 유다인들이 하느님을 알지 못한다고 하십니다.
하느님을 알기 위해 어떤 노력을 하면 좋을까요?

말씀 풀이

예수님께서는 당신을 생수의 원천으로 계시하신(7,37) 데 이어, 이제는 '빛' 으로 계시하신다. '빛' 은 '물' 과 함께 초막절 축제의 중요한 요소이다. 요한복음에서는 예수님께서 **'나는 ~이다.'** (Ego eimi)라는 전형적인 문구로 당신 자신을 여러 번 계시하신다. 곧 **'생명의 빵'** (6,35-51), **'세상의 빛'** (8,12), **'양들의 문'** (10,7.9), **'착한 목자'** (10,11.14), **'부활이요 생명'** (11,25), **'길이요 진리요, 생명'** (14,6) 그리고 **'참포도나무'** (15,1.5) 등이다. 이는 하느님으로부터 파견된 자로서의 신적 권위와 이미 계시가 된 내용을 확인시켜줄 때 사용된다.

초막절 축제에서 예루살렘 성전에 켜진 등불의 빛은 온 예루살렘 시가지를 환히 비추었다('궁금해요' 참조). 그런데 예수님께서는 예루살렘이 아니라 온 세상을 환히 밝히는 생명의 빛으로 당신을 계시하신다. 죄악이 가득한 이 세상에 빛이신 예수님께서 오시어 어둠 속에 방황하는 이들에게 영원한 생명을 얻게 할 것이다.

바리사이들은 두 사람 이상의 증언이 있어야 효력이 있다는 율법을 들어(신명 19,15), 예수님이 스스로 증언하고 있기에 효력이 없다고 한다. 예수님께서는 당신의 신원과 사명을 알기 때문에 스스로 증언하여도 참되다고 하신다. 예수님께서는 하느님에게서 파견된 신적인 분이기 때문에 그런 말씀을 하셨지만, 그들은 겉모습만으로 심판하기 때문에 결코 그 뜻을 알지 못한다. 예수님께서는 아무도 심판하지 않으시지만, 만일 심판을 한다 해도 당신을 보내신 아버지가 함께 심판하시므로 당신의 증언이 유효함을 확인시키신다. 이는 그들이 주장한 두 사람 이상의 증언이 있어야 유효하다는 율법의 기록에도 맞는 것이다. 그러자 바리사이들은 당신의 '아버지' 가 어디에 있느냐고 묻는다. 그들이 **하느님에게서 파견되신 예수님**의 신원을 알았더라면 아버지가 누구이신지 알았을 것이다. 예수님의 이 말씀은 유다인들 모두가 드나드는 예루살렘 성전 헌금함 곁에서 하신 것으로, 그분의 선포가 공개적으로 이루어졌음을 강조한다. 그들은 예수님께서 하느님 아버지를 모독했다며 붙잡을 수 있었으나 아무도 그분을 잡지는 않았다. 아직 그분의 때가 오지 않았기 때문이다.

말씀 간직하기

"나는 세상의 빛이다. 나를 따르는 이는 어둠 속을 걷지 않고 생명의 빛을 얻을 것이다."

(8, 12)

궁금해요

초막절 '빛의 예식'을 알고 싶어요

초막절 축제 기간에는 매일 밤 성전 네 곳에 있는 커다란 황금 촛대에 불을 켜서 온 예루살렘 시가지를 환하게 비추었습니다. 이는 이스라엘 백성이 약속의 땅을 향해 갈 때, 하느님께서 밤에 불기둥으로 비추며 인도했던 일을 기억하기 위한 것입니다(탈출 13,21 참조). 이스라엘 백성은 어둠을 환히 밝히는 빛을 보며 자기들 가운데 계시는 하느님의 현존을 되새겼습니다. 이러한 '빛의 예식'이 거행되는 동안, 예수님께서는 당신이야말로 온 세상을 비추는 참된 빛이심을 계시하신 것입니다.

제 20과 (8, 21-47)

예수님의 신원

21예수님께서 다시 그들에게 이르셨다. "나는 간다. 너희가 나를 찾겠지만 너희
는 자기 죄 속에서 죽을 것이다. 내가 가는 곳에 너희는 올 수 없다." 22그러자 유
다인들이 "'내가 가는 곳에 너희는 올 수 없다.' 하니, 자살하겠다는 말인가?" 하
였다. 23예수님께서 그들에게 말씀하셨다. "너희는 아래에서 왔고 나는 위에서 왔
다. 너희는 이 세상에 속하지만 나는 이 세상에 속하지 않는다. 24그래서 너희는
자기 죄 속에서 죽을 것이라고 내가 말하였다. 정녕 내가 나임을 믿지 않으면, 너
희는 자기 죄 속에서 죽을 것이다." 25그러자 그들이 예수님께 "당신이 누구요?"
하고 물었다. 예수님께서 그들에게 이르셨다. "처음부터 내가 너희에게 말해 오지
않았느냐? 26나는 너희에 관하여 이야기할 것도, 심판할 것도 많다. 그러나 나를
보내신 분께서는 참되시기에, 나는 그분에게서 들은 것을 이 세상에 이야기할 따
름이다." 27그들은 예수님께서 아버지를 가리켜 말씀하신 줄을 깨닫지 못하였다.
28그래서 예수님께서 다시 그들에게 이르셨다. "너희는 사람의 아들을 들어 올린
뒤에야 내가 나임을 깨달을 뿐만 아니라, 내가 스스로는 아무것도 하지 않고 아버
지께서 가르쳐 주신 대로만 말한다는 것을 깨달을 것이다. 29나를 보내신 분께서
는 나와 함께 계시고 나를 혼자 버려두지 않으신다. 내가 언제나 그분 마음에 드는
일을 하기 때문이다." 30예수님께서 이렇게 말씀하시자 많은 사람이 그분을 믿었
다.

아브라함의 참된 자손

31예수님께서 당신을 믿는 유다인들에게 말씀하셨다. "너희가 내 말 안에 머무
르면 참으로 나의 제자가 된다. 32그러면 너희가 진리를 깨닫게 될 것이다. 그리고
진리가 너희를 자유롭게 할 것이다." 33그들이 예수님께 말하였다. "우리는 아브

라함의 후손으로서 아무에게도 종노릇 한 적이 없습니다. 그런데 어찌 '너희가 자
유롭게 될 것이다.' 하고 말씀하십니까?" 34예수님께서 그들에게 대답하셨다. "내
가 진실로 진실로 너희에게 말한다. 죄를 짓는 자는 누구나 죄의 종이다. 35종은
언제까지나 집에 머무르지 못하지만, 아들은 언제까지나 집에 머무른다. 36그러므
로 아들이 너희를 자유롭게 하면 너희는 정녕 자유롭게 될 것이다.

37나는 너희가 아브라함의 후손임을 알고 있다. 그런데 너희는 나를 죽이려고
한다. 내 말이 너희 안에 있을 자리가 없기 때문이다. 38나는 내 아버지에게서 본
것을 이야기하고, 너희는 너희 아비에게서 들은 것을 실천한다." 39그들이 "우리
조상은 아브라함이오." 하자, 예수님께서 그들에게 말씀하셨다. "너희가 아브라함
의 자손이라면 아브라함이 한 일을 따라 해야 할 것이다. 40그런데 너희는 지금,
하느님에게서 들은 진리를 너희에게 이야기해 준 사람인 나를 죽이려고 한다. 아
브라함은 그런 짓을 하지 않았다. 41그러니 너희는 너희 아비가 한 일을 따라 하는
것이다." 그래서 그들이 예수님께 말하였다. "우리는 사생아가 아니오. 우리 아버
지는 오직 한 분, 하느님이시오." 42예수님께서 그들에게 이르셨다. "하느님께서
너희 아버지시라면 너희가 나를 사랑할 것이다. 내가 하느님에게서 나와 여기에
와 있기 때문이다. 나는 나 스스로 온 것이 아니라 그분께서 나를 보내신 것이다.
43어찌하여 너희는 내 이야기를 깨닫지 못하느냐? 너희가 내 말을 들을 줄 모르기
때문이다. 44너희는 너희 아비인 악마에게서 났고, 너희 아비의 욕망대로 하기를
원한다. 그는 처음부터 살인자로서, 진리 편에 서 본 적이 없다. 그 안에 진리가 없
기 때문이다. 그가 거짓을 말할 때에는 본성에서 그렇게 말하는 것이다. 그가 거짓
말쟁이며 거짓의 아비기 때문이다. 45내가 진리를 말하기 때문에 너희는 나를 믿
지 않는다. 46너희 가운데 누가 나에게 죄가 있다고 입증할 수 있느냐? 내가 진리
를 말하고 있다면, 너희는 어찌하여 나를 믿지 않느냐? 47하느님에게서 난 이는 하
느님의 말씀을 듣는다. 그러므로 너희가 그 말씀을 듣지 않는 것은, 너희가 하느님
에게서 나지 않았기 때문이다."

본문 익히기

1. 21-23절을 읽고 알맞은 문장을 본문에서 찾아 (   )를 완성해봅시다.
   - ☐ 내가 가는 곳에 (   ).
   - ☐ 너희는 아래에서 왔고 (   ).
   - ☐ 너희는 이 세상에 속하지만 (   ).
2. 26-29절의 예수님 말씀을 읽고 뒤에 올 말을 보기에서 고르세요.
   - ① 나는 그분에게서 들은 것을
   - ② 너희는 사람의 아들을 들어 올린 뒤에야
   - ③ 내가 스스로는 아무것도 하지 않고
   - ④ 나를 보내신 분께서는

보기	㉮ 나와 함께 계시고 나를 혼자 버려두지 않으신다. ㉯ 아버지께서 가르쳐 주신 대로만 말한다는 것을 깨달을 것이다. ㉰ 내가 나임을 깨달을 뿐만 아니라, ㉱ 이 세상에 이야기할 따름이다.

3. 31-34절까지의 예수님의 말씀입니다. (   )속을 채워보세요.
   - ① 너희가 (   ) 안에 머무르면 참으로 나의 (   )가 된다.
   - ② (   )가 너희를 자유롭게 할 것이다.
   - ③ 죄를 짓는 자는 누구나 (   )의 종이다.

생활 나누기

1. 하느님께서는 예수님과 함께 계시며 혼자 내버려두지 않으십니다.
   하느님께서 나와 함께 계시다는 생각으로 든든했던 적은 언제입니까?
   반대로 하느님께서 나를 떠나셨다는 느낌이 든 때는 언제입니까?

2. 예수님께서는 진리가 너희를 자유롭게 할 것이라고 하십니다.
진리(또는 진실) 안에서 자유로움을 느꼈던 체험을 나눠봅시다.

3. 죄를 짓는 자는 누구나 죄의 종이라고 하십니다.
죄의 종노릇을 하고 있다고 느낀 적이 있는지 나눠봅시다.

4. 예수님께서는 '내 말이 너희 안에 있을 자리가 없다.' 하고 말씀하십니다.
내 안에는 요즘 무엇으로 꽉 차있나요?
내(가정) 안에 있는 예수님의 자리는 어떠한가요?

말씀 풀이

예수님께서 "내가 가는 곳에 너희는 올 수 없다." 하고 말씀하시자, 유다인들은 자살하겠다는 것으로 오해한다. 이에 예수님께서는 "너희는 아래에서 왔고 나는 위에서 왔다. 너희는 이 세상에 속하지만 나는 이 세상에 속하지 않는다."고 하신다. '아래'는 지상적 세계이고 '위'는 천상적 세계를 일컫는 것으로, 당신이 하느님으로부터 파견되어 오신 초월적인 분이심을 밝힌 것이다. '이 세상'은 하느님을 믿지 않는 악한 세상으로, 예수님 덕분에 다가올 '새로운 세상'과 대립되는 표현이다. 그러므로 당신의 말씀을 계속 불신한다면 '죄 속에서' 죽을 것이라고 경고하신다. 예수님께서 하느님 아버지의 구원 소식을 전하러 온 아들임을 믿지 않는다면 어둠과 죽음에서 벗어나지 못할 것이다. 그분의 말씀을 듣고 믿는 이들에게 주어질 영원한 생명으로부터 멀어지기 때문이다.

예수님의 말씀을 듣고 있던 유다인들은 그분이 누구이신지 묻는다. 예수님께서는 당신이 십자가에 들린 뒤에야 당신이 누구인지 깨닫게 될 것이라고 하신다. 또한, 당신이 아버지의 가르침대로 행하고 가르쳤다는 것을 뒤늦게 깨달을 것이라고 하신다. 예수님께서는 당신이 언제나 아버지 마음에 드는 일을 하시기에 아버지께서 함께하실 것이라고 말씀하시자, 유다인들 가운데 믿는 이들이 많이 생겨났다.

예수님께서는 당신을 믿는 유다인들에게 **'너희가 내 말 안에 머무르면 참으로 나의 제자가 되어 진리를 깨닫게 되고 진리가 너희를 자유롭게 할 것이다.'** 하고 말씀하신다. 예수님의 참된 제자가 되기 위해서는 말씀 안에 머물러 그대로 실천하여 그것이 진리임을 깨달아야 한다. 진리를 깨닫게 되면 죄의 굴레에서 해방되어 자유로워지리라는 것이다. 유다인들은 자신들이 아브라함의 후손임을 내세우며 종노릇한 적이 없다고 이의를 제기한다. 예수님께서는 인간이 죄로 말미암아 멸망의 운명에서 빠져나오지 못하기에 '죄의 종'이라고 하신 것이다. 진리는 예수님을 통해 주어진 하느님의 계시를 말하며, 그 진리는 사람들을 죄에서 해방해 자유를 누리도록 이끌 것이다. 진리는 결국 '나는 길이요 진리요 생명이다.'(14,6)라고 하신 말씀처럼 예수님 자신을 가리킨다.

예수님께서는 유다인들이 혈통으로는 아브라함의 후손이지만, 아브라함의 믿음을 따르지 않고 하느님의 진리를 전하는 당신을 불신하기에 다른 아비에게서 태어났다고 하신다. 그들의 행실로 보아 그 아비는 본성적으로 거짓말쟁이이며, 인간에게 죄를 짓게 하고 진리 편에 서 본 적이 없는 악마라고 하신다. 하느님에게서 난 이들이라면 하느님의 말씀을 들을 줄 알고 당신을 사랑할 것이다. 하느님의 자녀라는 신분은 혈통이 아니라 말과 행실로써 증명된다는 말씀이다.

말씀 간직하기

"진리가 너희를 자유롭게 할 것이다." (8, 32)

궁금해요

아브라함의 후손을 악마의 자식이라고 하신 이유는?

예수님께서는 유다인들이 육적으로는 아브라함의 혈통임이 틀림없지만, 영적인 면에서는 사탄의 자녀들처럼 행동하고 있다고 고발하십니다. 그들이 예수님께서 가르치시는 진리를 배척하고 영원한 생명을 얻게 하는 복음전파를 방해하고 있기에 사탄을 닮은 악마의 자식과 같다고 하신 것입니다. 이는 그들이 하느님의 나라에 속했더라면 그렇지 않았을 것이라며 개탄하시는 말씀입니다.

제 21과 (8, 48-59)

아브라함 전부터 계신 분

48유다인들이 예수님께, "우리가 당신을 사마리아인이고 마귀 들린 자라고 하는
것이 당연하지 않소?" 하였다. 49그러자 예수님께서 대답하셨다. "나는 마귀 들린
것이 아니라 내 아버지를 공경하는 것이다. 그런데도 너희는 나를 모욕한다. 50나
는 내 영광을 찾지 않는다. 그것을 찾아 주시고 또 심판해 주시는 분이 계시다.
51내가 진실로 진실로 너희에게 말한다. 내 말을 지키는 이는 영원히 죽음을 보지
않을 것이다." 52유다인들이 예수님께 말하였다. "이제 우리는 당신이 마귀 들렸
다는 것을 알았소. 아브라함도 죽고 예언자들도 그러하였는데, 당신은 '내 말을 지
키는 이는 영원히 죽음을 맛보지 않을 것이다.' 하고 말하고 있소. 53우리 조상 아
브라함도 죽었는데 당신이 그분보다 훌륭하다는 말이오? 예언자들도 죽었소. 그
런데 당신은 누구로 자처하는 것이오?" 54예수님께서 대답하셨다. "내가 나 자신
을 영광스럽게 한다면 나의 영광은 아무것도 아니다. 나를 영광스럽게 하시는 분
은 내 아버지시다. 너희가 '그분은 우리의 하느님이시다.' 하고 말하는 바로 그분
이시다. 55너희는 그분을 알지 못하지만 나는 그분을 안다. 내가 그분을 알지 못한
다고 말하면 나도 너희와 같은 거짓말쟁이가 될 것이다. 그러나 나는 그분을 알고
또 그분의 말씀을 지킨다. 56너희 조상 아브라함은 나의 날을 보리라고 즐거워하
였다. 그리고 그것을 보고 기뻐하였다." 57유다인들이 예수님께 말하였다. "당신은
아직 쉰 살도 되지 않았는데 아브라함을 보았다는 말이오?" 58예수님께서 그들에
게 이르셨다. "내가 진실로 진실로 너희에게 말한다. 나는 아브라함이 태어나기 전
부터 있었다." 59그러자 그들은 돌을 들어 예수님께 던지려고 하였다. 그러나 예수
님께서는 몸을 숨겨 성전 밖으로 나가셨다.

본문 익히기

1. 유다인들이 예수님께 마귀 들린 자라고 하자 그분은 무엇이라고 하십니까?
2. 예수님의 말씀입니다. (   )를 채워봅시다.
   내가 나 자신을 (   )스럽게 한다면 나의 (   )은 아무 것도 아니다.
   나를 (   )스럽게 하시는 분은 (   )시다.
   너희가 '그분은 우리의 (   )이시다.' 하고 말하는 바로 그분이시다.
3. 아브라함을 보았느냐는 유다인의 물음에 예수님은 무엇이라고 답하십니까?
4. 유다인들이 돌을 들어 던지려고 하자 예수님께서는 어떻게 하시나요?

생활 나누기

1. 예수님께서는 당신의 영광을 찾지 않는다고 말씀하십니다.
   자신의 영광을 찾고자 애쓰던 때가 있습니까?
   진정한 영광을 찾았나요? 반면에 잃은 것은 무엇인가요?

2. 예수님의 말씀을 지키는 이는 영원히 죽음을 보지 않을 것이라고 하십니다.
   영원한 삶에 대해 갈망해보았나요? 언제였습니까?
   □ 가을에 낙엽이 떨어질 때   □ 병들고 죽음이 가깝다고 여겨질 때
   □ 사랑하는 사람이 세상을 떠났을 때   □ 행복감을 느낄 때   □ 기타

3. 예수님은 아버지를 알고 그분의 말씀을 지키십니다.
   하느님을 잘 알고 그 말씀도 잘 지키고 있는 멘토가 주위에 있나요?
   어떤 분인지 소개해주세요.

말씀 풀이

유다인들은 예수님이 사마리아인이며 마귀 들린 자라고 공격한다. 예수님을 이교도나 정신 나간 사람으로 취급하는 것이다. 그들은 예수님께서 하느님의 일을 하는 데도 알아보지 못할 뿐 아니라 심지어 모욕까지 한다. 예수님께서는 하느님께서 당신의 영광을 찾아주시고 이 모든 일을 심판해 주실 것이라고 하신다. 그리고 당신의 말씀을 지키는 이에게 영원한 생명을 약속하신다. 그러자 유다인들은 예수님께서 마귀 들렸다고 확신한다. 믿음의 조상인 아브라함도 죽었고 예언자들도 다 죽었는데 어떻게 죽지 않을 수 있는지 의아했기 때문이다. 그들은 예수님이 아브라함보다 더 위대한지 따져 묻는다. 예수님께서는 스스로 영광스럽게 한다면 그 영광은 아무것도 아니라고 하시며, 당신이 누구인지를 밝히신다. 진정한 영광은 하느님께서 주시는 것이며, 유다인들은 그분을 모르지만 예수님은 잘 알고 계시다. 그러므로 예수님께서는 하느님과의 깊은 친교와 일치 안에서 그분의 말씀을 지키신다.

예수님께서는 유다인들의 조상 아브라함이 당신의 날을 보겠기에 즐거워했으며 또 보고서 기뻐했다고 하신다. 그들은 쉰 살도 안 된 예수님이 어떻게 아브라함을 보았느냐고 묻는다. 여기서 '쉰 살'은 실제 나이를 가리킨다기보다는 남자의 원숙한 나이를 가리키는 상징적 의미가 있다. 그러자 예수님께서는 아브라함이 태어나기 전에 이미 계셨다고 하신다('궁금해요' 참조). 이는 당신이 **태초부터 하느님과 함께 계신 분**이라는 뜻이다. 유다인들은 이 말씀을 신성모독으로 여겨 돌을 던지려 하였으나 예수님께서는 몸을 숨겨 성전 밖으로 나가신다.

말씀 간직하기

"내 말을 지키는 이는 영원히 죽음을 보지 않을 것이다." (8, 51)

궁금해요

아브라함 이전부터 계시다는 말은 무슨 뜻인가요?

예수님께서는 하느님의 아드님으로서 창조 이전부터 실존해 계셨다는 뜻입니다. 이를 선재(先在) 사상이라 하는데, 요한복음은 서두에서부터 "한 처음에 말씀이 계셨다."(1,1)라고 합니다. 여기서 '말씀'은 사람이 되신 예수 그리스도(1,14)를 가리키며, 예수님의 선재성을 보여줍니다. 영원 속에 하느님과 함께 계시던 분이기에 아브라함이 태어나기 전부터 계셨다는 것입니다.

제 22과 (9, 1-41)

㉮사순 제 4주일

태어나면서부터 눈먼 사람을 고쳐 주시다

1예수님께서 길을 가시다가 태어나면서부터 눈먼 사람을 보셨다. 2제자들이 예
수님께 물었다. "스승님, 누가 죄를 지었기에 저이가 눈먼 사람으로 태어났습니
까? 저 사람입니까, 그의 부모입니까?" 3예수님께서 대답하셨다. "저 사람이 죄를
지은 것도 아니고 그 부모가 죄를 지은 것도 아니다. 하느님의 일이 저 사람에게서
드러나려고 그리된 것이다. 4나를 보내신 분의 일을 우리는 낮 동안에 해야 한다.
이제 밤이 올 터인데 그때에는 아무도 일하지 못한다. 5내가 이 세상에 있는 동안
나는 세상의 빛이다."
6예수님께서는 이렇게 말씀하시고 나서, 땅에 침을 뱉고 그것으로 진흙을 개어
그 사람의 눈에 바르신 다음, 7"실로암 못으로 가서 씻어라." 하고 그에게 이르셨
다. '실로암'은 '파견된 이'라고 번역되는 말이다. 그가 가서 씻고 앞을 보게 되어
돌아왔다.
8이웃 사람들이, 그리고 그가 전에 거지였던 것을 보아 온 이들이 말하였다. "저
사람은 앉아서 구걸하던 이가 아닌가?" 9어떤 이들은 "그 사람이오." 하고, 또 어
떤 이들은 "아니오. 그와 닮은 사람이오." 하였다. 그 사람은 "내가 바로 그 사람입
니다." 하고 말하였다. 10그들이 "그러면 어떻게 눈을 뜨게 되었소?" 하고 묻자,
11그 사람이 대답하였다. "예수님이라는 분이 진흙을 개어 내 눈에 바르신 다음,
'실로암 못으로 가서 씻어라.' 하고 나에게 이르셨습니다. 그래서 내가 가서 씻었
더니 보게 되었습니다." 12그들이 "그 사람이 어디 있소?" 하고 물으니, 그가 "모르
겠습니다." 하고 대답하였다.

바리사이들이 개입하다

13그들은 전에 눈이 멀었던 그 사람을 바리사이들에게 데리고 갔다. 14그런데 예

수님께서 진흙을 개어 그 사람의 눈을 뜨게 해 주신 날은 안식일이었다. 15그래서
바리사이들도 그에게 어떻게 보게 되었는지 다시 물었다. 그는 "그분이 제 눈에 진
흙을 붙여 주신 다음, 제가 씻었더니 보게 되었습니다." 하고 대답하였다. 16바리
사이들 가운데에서 몇몇은 "그는 안식일을 지키지 않으므로 하느님에게서 온 사람
이 아니오." 하고, 어떤 이들은 "죄인이 어떻게 그런 표징을 일으킬 수 있겠소?"
하여, 그들 사이에 논란이 일어났다. 17그리하여 그들이 눈이 멀었던 이에게 다시
물었다. "그가 당신 눈을 뜨게 해 주었는데, 당신은 그를 어떻게 생각하오?" 그러
자 그가 대답하였다. "그분은 예언자이십니다."

18유다인들은 그가 눈이 멀었었는데 이제는 보게 되었다는 사실을 믿으려고 하
지 않았다. 그리하여 앞을 볼 수 있게 된 그 사람의 부모를 불러, 19그들에게 물었
다. "이 사람이 태어날 때부터 눈이 멀었다는 당신네 아들이오? 그런데 지금은 어
떻게 보게 되었소?" 20그의 부모가 대답하였다. "이 아이가 우리 아들이라는 것과
태어날 때부터 눈이 멀었다는 것은 우리가 압니다. 21그러나 지금 어떻게 해서 보
게 되었는지는 모릅니다. 누가 그의 눈을 뜨게 해 주었는지도 우리는 모릅니다. 그
에게 물어보십시오. 나이를 먹었으니 제 일은 스스로 이야기할 것입니다." 22그의
부모는 유다인들이 두려워 이렇게 말하였다. 누구든지 예수님을 메시아라고 고백
하면 회당에서 내쫓기로 유다인들이 이미 합의하였기 때문이다. 23그래서 그의 부
모가 "나이를 먹었으니 그에게 물어보십시오." 하고 말한 것이다.

24그리하여 바리사이들은 눈이 멀었던 그 사람을 다시 불러, "하느님께 영광을
드리시오. 우리는 그자가 죄인임을 알고 있소." 하고 말하였다. 25그 사람이 대답
하였다. "그분이 죄인인지 아닌지 저는 모릅니다. 그러나 이 한 가지, 제가 눈이 멀
었는데 이제는 보게 되었다는 것은 압니다." 26"그가 당신에게 무엇을 하였소? 그
가 어떻게 해서 당신의 눈을 뜨게 하였소?" 하고 그들이 물으니, 27그가 대답하였
다. "제가 이미 여러분에게 말씀드렸는데 여러분은 들으려고 하지 않으셨습니다.
어째서 다시 들으려고 하십니까? 여러분도 그분의 제자가 되고 싶다는 말씀입니
까?" 28그러자 그들은 그에게 욕설을 퍼부으며 말하였다. "당신은 그자의 제자지
만 우리는 모세의 제자요. 29우리는 하느님께서 모세에게 말씀하셨다는 것을 아
오. 그러나 그자가 어디에서 왔는지는 우리가 알지 못하오." 30그 사람이 그들에게
대답하였다. "그분이 제 눈을 뜨게 해 주셨는데 여러분은 그분이 어디에서 오셨는

지 모르신다니, 그것 정말 놀라운 일입니다. 31하느님께서는 죄인들의 말을 들어
주지 않으신다는 것을 우리는 압니다. 그러나 누가 하느님을 경외하고 그분의 뜻
을 실천하면, 그 사람의 말은 들어 주십니다. 32태어날 때부터 눈이 먼 사람의 눈
을 누가 뜨게 해 주었다는 말을 일찍이 들어 본 적이 없습니다. 33그분이 하느님에
게서 오지 않으셨으면 아무것도 하실 수 없었을 것입니다." 34그러자 그들은 "당
신은 완전히 죄 중에 태어났으면서 우리를 가르치려고 드는 것이오?" 하며, 그를
밖으로 내쫓아 버렸다.

참으로 눈이 먼 사람

35그가 밖으로 내쫓겼다는 말을 들으신 예수님께서는 그를 만나시자, "너는 사
람의 아들을 믿느냐?" 하고 물으셨다. 36그 사람이 "선생님, 그분이 누구이십니
까? 제가 그분을 믿을 수 있도록 말씀해 주십시오." 하고 대답하자, 37예수님께서
그에게 이르셨다. "너는 이미 그를 보았다. 너와 말하는 사람이 바로 그다." 38그
는 "주님, 저는 믿습니다." 하며 예수님께 경배하였다. 39그때에 예수님께서 이르
셨다. "나는 이 세상을 심판하러 왔다. 보지 못하는 이들은 보고, 보는 이들은 눈먼
자가 되게 하려는 것이다."

40예수님과 함께 있던 몇몇 바리사이가 이 말씀을 듣고 예수님께, "우리도 눈먼
자라는 말은 아니겠지요?" 하고 말하였다. 41예수님께서 그들에게 이르셨다. "너
희가 눈먼 사람이었으면 오히려 죄가 없었을 것이다. 그러나 지금 너희가 '우리는
잘 본다.' 하고 있으니, 너희 죄는 그대로 남아 있다."

본문 익히기

1. 예수님께서는 태어나면서 눈먼 사람이 왜 그렇게 태어났다고 하시나요?
2. 4-5절까지 읽고, 보기에서 구절을 골라 다음 문장을 완성하세요.
   ① 나를 보내신 분의 일을 (   )
   ② 이제 밤이 올 터인데 그때에는 (   )
   ③ 내가 이 세상에 있는 동안 (   )

보기	㉮ 나는 세상의 빛이다. ㉯ 아무도 일하지 못한다. ㉰ 우리는 낮 동안에 해야 한다.

3. 예수님께서 눈먼 사람을 고쳐주신 과정을 순서대로 써봅시다.
   ① 예수님께서 침으로 진흙을 개었다.
   ② 눈먼 이가 실로암 못에 가서 씻었다.
   ③ 예수님께서 진흙을 눈에 발랐다.
   ④ 눈먼 이가 앞을 보게 되어 돌아왔다.
4. 예수님께서 눈먼 이의 눈을 뜨게 해주신 날은 언제였나요?
5. 눈을 뜨게 된 이가 예수님을 부른 호칭을 순서대로 써보세요.
   ① 예수님이라는 분 ② 하느님에게서 오신 분 ③ 예언자 ④ 주님

생활 나누기

1. 유다인들은 눈먼 이가 누구의 죄로 그리된 것이냐고 묻습니다.
   병이나 고통스러운 일이 죄의 결과라고 생각한 일이 있다면 나누어주세요.

2. 눈을 뜨게 된 이는 사람들에게 자신의 체험을 들려주면서 믿음이 깊어갑니다.
   선교의 어려움을 겪으면서 오히려 믿음이 강화된 경험을 나눠봅시다.

3. ①예수님께서는 안 보이는 눈에 진흙을 덧발라 주십니다.

기도했는데 오히려 더 큰 어둠 속으로 들어간 것 같은 때가 있었습니까?

②눈먼 이는 예수님께서 시키시는 대로 못으로 가서 눈을 씻습니다.

더 큰 어둠에도 불구하고 예수님의 말씀을 따랐던 체험을 들려주세요.

4. 눈멀었던 이는 예수님을 알아보지만 바리사이들은 눈먼 자가 되어갑니다.
신앙생활을 돌아보니, 예수님을 점점 더 알아가는 기쁨 속에 있는지요?
반대로 신앙의 기쁨을 잃어가고 있지는 않은지요? 이유는 무엇입니까?

말씀 풀이

제자들이 예수님께 태어나면서부터 눈먼 사람에 대해 묻는다. 그가 누구의 죄 때문에 눈먼 사람으로 태어났느냐는 것이다. 당시 사람들은 불행이 당사자나 그 부모의 죄 때문에 온다고 여겼기 때문이다. 예수님께서는 누구의 죄 때문도 아니고, '하느님의 일' 이 그에게서 드러나기 위해서라고 답하신다. 이는 예수님께서 잠시 후 눈먼 이를 치유하심으로써 그에게서 '하느님의 일' 이 드러날 것임을 예고하신 것이다. 이어서 하느님의 일을 낮 동안에 해야 한다고 하신다. '낮' 은 세상의 빛이신 당신이 이 세상에서 활동하실 때를 가리키며, '밤' 은 수난과 죽음 때문에 더는 활동할 수 없을 때를 가리킨다.

예수님께서는 땅에 침을 뱉고 진흙을 개어 그 사람의 눈에 바르신다. 창조 때 하느님께서 진흙으로 사람을 빚었던 일(창세 2,7)이 연상되는 대목이다. 그리고 그에게 '파견된 이' 라는 뜻의 '실로암' 못에 가서 씻으라고 하시는데, 이는 하느님에게서 파견된 예수님의 권능으로 치유가 이루어진다는 의미를 담고 있다. 눈먼 이가 예수님의 말씀을 따르자 앞을 보게 되어 돌아온다.

그 사람이 앞을 보게 되자 이웃 사람들은 그가 태어날 때부터 눈이 멀었던 사람인지 반신반의한다. 그는 자신이 바로 그 사람임을 밝히며 **'예수님이라는 분'** 이 눈을 뜨게 해주었다고 증언한다.

사람들이 그 사람을 바리사이들에게 데리고 가자, 그들 가운데 논란이 일어난다. 사실 예수님께서 죽을병도 아닌 눈먼 이를 치유한 일이나 진흙을 갠 일 모두 안식일 법에 저촉되는 일이었다. 그러기에 예수님은 하느님에게서 온 사람이 아니라고 말하는 이들이 있었다. 그런가 하면 죄인이 어떻게 그런 표징을 일으킬 수 있겠느냐는 사람들도 있었다. 바리사이들은 혼란에 빠졌으나, 눈을 뜨게 된 이는 예수님을 **'예언자'** 라고 고백하기에 이른다.

유다인들은 그의 부모를 불러 그가 본래부터 눈이 멀었던 것이 사실이라면 어떻게 낫게 되었는지 따져 묻는다. 부모는 누가 어떻게 자식의 눈을 뜨게 했는지 모르니 직접 본인에게 물어보라며 발뺌한다. 예수님을 메시아라고 고백하면 회당에서 추방당할까 봐 두려웠던 것이다('궁금해요' 참조).

바리사이들은 그 사람을 다시 불러 예수님을 죄인으로 몰기 위해 그분을 헐뜯는데, 그럴수록 예수님에 대한 그의 믿음은 더해간다. 그가 마침내 예수님을 **'하느님에게서 오신 분'** 으로 증언하자, 바리사이들은 그를 밖으로 내쫓아 버린다.

예수님께서 그 사람의 소식을 듣고 찾아오시어 사람의 아들을 믿느냐고 물으신다. 그가 그분을 믿을 수 있도록 누구인지 알려달라고 하자, 예수님께서는 당신이 누구이신지를 분명하게 계시해 주신다. 그 사람은 예수님을 **'주님'** 이라고 고백하며 경배한다. 육신의 눈만이 아니라 믿음의 눈까지 뜨게 된 것이다. 예수님께서는 이 세상을 심판하러 오셨는데, 심판이란 진정 보는 이와 보지 못하는 이를 가려내는 일을 말한다. 이는 아버지에게서 파견되어 빛으로 오신 예수님을 받아들이고 그분을 믿는가에 달려있다. 예수님께서는 차라리 앞을 보지 못하는 사람들이라면 죄가 없을 테지만, 바리사이들은 스스로 잘 보고 있다고 자처하면서 당신을 거부하기 때문에 그 죄가 그대로 남아 있을 것이라고 경고하신다.

말씀 간직하기

"너는 이미 그를 보았다. 너와 말하는 사람이 바로 그다." 그는 "주님, 저는 믿습니다." 하며 예수님께 경배하였다." (9, 37-38)

궁금해요

회당에서 내쫓기면 어떻게 되나요?

초대 교회 때 유다인들과 그리스도인들은 서서히 대립하기 시작하였습니다. 그러다가 1세기 말경(90년경), 바리사이들이 주축이 된 유다의 지도자들은 그리스도 신자가 된 유다인들을 회당에서 추방하기에 이릅니다. 회당에서 추방되는 것은 유다인 사회에서 죽음과도 같습니다. 공식 석상에 나갈 수 없고 물건을 사고팔지 못하며 다른 이들과 식사를 할 수도 없고 그가 죽었다고 해도 슬퍼하거나 곡을 할 수도 없기 때문입니다. 이는 그리스도 신자가 된 유다인들에게 정신적 물리적 압박을 넘어 사회에서의 생존권이 박탈되는 형벌이었습니다.

제 23과 (10, 1–21)

❙ ㉮부활 제 4주일(10,1–10) ❙ ㉯부활 제 4주일(10,11–18)

목자의 비유

1“내가 진실로 진실로 너희에게 말한다. 양 우리에 들어갈 때에 문으로 들어가
지 않고 다른 데로 넘어 들어가는 자는 도둑이며 강도다. 2그러나 문으로 들어가는
이는 양들의 목자다. 3문지기는 목자에게 문을 열어 주고, 양들은 그의 목소리를
알아듣는다. 그리고 목자는 자기 양들의 이름을 하나하나 불러 밖으로 데리고 나
간다. 4이렇게 자기 양들을 모두 밖으로 이끌어 낸 다음, 그는 앞장서 가고 양들은
그를 따른다. 양들이 그의 목소리를 알기 때문이다. 5그러나 낯선 사람은 따르지
않고 오히려 피해 달아난다. 낯선 사람들의 목소리를 알지 못하기 때문이다.” 6예
수님께서 그들에게 이 비유를 말씀하셨다. 그러나 그들은 예수님께서 자기들에게
이야기하시는 것이 무슨 뜻인지 깨닫지 못하였다.

나는 착한 목자다

7예수님께서 다시 이르셨다. “내가 진실로 진실로 너희에게 말한다. 나는 양들
의 문이다. 8나보다 먼저 온 자들은 모두 도둑이며 강도다. 그래서 양들은 그들의
말을 듣지 않았다. 9나는 문이다. 누구든지 나를 통하여 들어오면 구원을 받고, 또
드나들며 풀밭을 찾아 얻을 것이다. 10도둑은 다만 훔치고 죽이고 멸망시키려고
올 뿐이다. 그러나 나는 양들이 생명을 얻고 또 얻어 넘치게 하려고 왔다.

11나는 착한 목자다. 착한 목자는 양들을 위하여 자기 목숨을 내놓는다. 12삯꾼
은 목자가 아니고 양도 자기 것이 아니기 때문에, 이리가 오는 것을 보면 양들을
버리고 달아난다. 그러면 이리는 양들을 물어 가고 양 떼를 흩어 버린다. 13그는 삯
꾼이어서 양들에게 관심이 없기 때문이다. 14나는 착한 목자다. 나는 내 양들을 알
고 내 양들은 나를 안다. 15이는 아버지께서 나를 아시고 내가 아버지를 아는 것과
같다. 나는 양들을 위하여 목숨을 내놓는다. 16그러나 나에게는 이 우리 안에 들지

않은 양들도 있다. 나는 그들도 데려와야 한다. 그들도 내 목소리를 알아듣고 마침
내 한 목자 아래 한 양 떼가 될 것이다. 17아버지께서는 내가 목숨을 내놓기 때문에
나를 사랑하신다. 그렇게 하여 나는 목숨을 다시 얻는다. 18아무도 나에게서 목숨
을 빼앗지 못한다. 내가 스스로 그것을 내놓는 것이다. 나는 목숨을 내놓을 권한도
있고 그것을 다시 얻을 권한도 있다. 이것이 내가 내 아버지에게서 받은 명령이
다."

19이 말씀 때문에 유다인들 사이에 다시 논란이 일어났다. 20그들 가운데 많은
사람이, "그는 마귀가 들려 미쳤소. 무엇 때문에 그 사람의 말을 듣고들 있소?" 하
였다. 21그러나 또 다른 이들은, "그가 한 말은 마귀 들린 자의 말이 아니오. 마귀
는 눈먼 이들의 눈을 뜨게 할 수가 없지 않소?" 하고 말하였다.

본문 익히기

1. 예수님께서 "나는 ……이다."라고 하신 내용을 모두 골라봅시다.
   ① 문지기 ② 양들의 문 ③ 문 ④ 착한 목자 ⑤ 삯꾼
2. 착한 목자에 해당하면 '착', 삯꾼에 해당하면 '삯'을 넣으세요.(11-14절)
   ① 양들을 위하여 자기 목숨을 내놓는다. (　　　　)
   ② 이리가 오는 것을 보면 양들을 버리고 달아난다. (　　　　)
   ③ 양들에게 관심이 없다. (　　　　)
   ④ 양들을 알고 양들도 그를 안다. (　　　　)
3. 예수님 말씀의 뒷부분을 완성해봅시다. (4.10.16절)
   □ 그는 앞장서 가고 (　　　　　　　　　　).
   □ 나는 양들이 생명을 (　　　　　　　　　　).
   □ 나에게는 이 우리 안에 들지 않은 양들도 있다. (　　　　　　　　　　).
4. 예수님께서는 아버지께서 당신을 무엇 때문에 사랑하신다고 하십니까?
5. 유다인들 사이에 논란이 일어납니다. 양분된 그들의 주장은 무엇인가요?

생활 나누기

1. 목자는 자기 양들의 이름을 하나하나 불러 데리고 나갑니다.
   어떤 분이 나를 기억하고 이름을 불러줄 때 느낌이 어떠했나요?

2. 예수님께서는 당신을 '양들의 문'이라고 하십니다.
   예수님이라는 문을 통해 알게 된 세상은 어떤 곳인가요?

3. 예수님께서는 우리 안에 들지 않은 양들도 데려와야 한다고 하십니다.
   교회 밖에 있는 사람들을 이끌어오기 위해 할 수 있는 일은 무엇입니까?

4. 도둑과 삯꾼은 양들의 안전은 관심이 없고 훔치고 멸망시키려고 할 뿐입니다.
   가톨릭교회 신자들을 빼내려고 애쓰는 이들에 대해 들어보았나요?
   그들에게 넘어가지 않기 위해서 어떻게 해야 합니까?

말씀 풀이

예수님께서는 양과 목자의 비유를 들려주시며, 아주 중요하고 깊은 의미를 드러내실 때 쓰는 '진실로 진실로'라는 표현으로 시작하신다. 이는 원래 '아멘 아멘'으로, 요한복음에 자주(25번) 나오는 표현이다.

목자는 양 무리인 하느님의 백성에게 다가갈 때에 하느님에게서 파견받아 정정당당히 문으로 들어간다. 예수님께서는 바로 그 참된 목자이시다. 그러나 다른 데로 들어가는 이들도 있는데, 하느님으로부터 파견받지 않은 도둑이며 강도로서 예수님의 말씀을 거부하는 유다인과 바리사이들을 가리킨다.

목자는 **자기 양들의 이름을 하나하나 불러** 데리고 나가는데, 아버지께서 보내주신 양들을 잘 알아 하나도 잃지 않고 돌보심을 뜻한다. 양들은 목자의 목소리를 알기에 그분의 말씀을 믿고 따른다. 목자의 목소리를 아는 양들은 낯선 이, 곧 거짓 목자들을 피해 달아난다. 예수님께서는 이 비유로 가르치셨으나 바리사이들은 알아듣지 못한다.

예수님께서는 다시 당신을 **'양들의 문'** 으로 장중하게 계시하신다. 당신보다 먼저 온 자들은 도둑이며 강도라 하시는데 이는 하느님에게서 파견되지 않은 자들을 일컫는다. 따라서 양들은 그들의 말을 듣지 않는다고 말씀하신다. 양들은 예수님이라는 문을 통하여 들어올 때 생명을 얻고 또 얻어 영원한 생명에 이르게 될 것이다.

예수님께서는 또다시 당신을 **'착한 목자'** 로 선언하신다. 양들에게 위험이 닥칠 때 삯꾼은 제 목숨을 구하기 위해 양들을 버리고 도망가지만, 착한 목자는 양들을 위하여 자기 목숨을 바친다. 삯꾼은 양들의 주인이 아니라 고용된 일꾼으로 양들을 사랑하지 않기 때문이다.

착한 목자이신 예수님은 당신 양들을 알고 양들도 당신 말씀을 알아듣는다. 마치 하느님 아버지와 아들 예수님이 서로 잘 아시는 것과 같다. 예수님께서는 우리 안에 들지 않은 양들인 이방인들도 불러 모아야 한다고 하신다. 그들도 예수님의 말씀을 알아듣고 한 목자 아래 마침내 하나의 공동체가 될 것이다. 예수님께서는 스스로 목숨을 내놓을 수도 있고 다시 얻을 수 있는 권한도 갖고 계신다. 이는 예수님의 죽음과 부활을 예고하는 것이며, 이것이 바로 예수님께서 받으신 하느님의 명령이다.

예수님의 말씀을 듣고 유다인들 사이에 분열이 일어난다. 예수님께서 마귀에 들려 미쳤다고 하는가 하면, 마귀 들린 사람이 어떻게 눈먼 이를 치유하느냐며 의견이 분분하였다.

말씀 간직하기

"나는 착한 목자다. 착한 목자는 양들을 위하여 자기 목숨을 내놓는다." (10, 11)

그렇군요

성소 주일에 대하여 알고 싶어요

성소(聖召)는 '거룩한 부르심'이라는 뜻으로 사제성소와 수도성소, 그리고 혼인성소의 세 가지로 분류합니다. 성소 주일은 바오로 6세 교황에 의해 1964년 2월 24일에 제정되어 부활 제 4주일에 지냅니다. 이날 교회는 주님의 음성에 귀 기울여 응답할 것을 촉구하고, 특별히 착한 목자이신 예수님을 본받아 하느님 나라의 건설을 위해 헌신할 사제성소와 수도성소에 많은 이가 응답하기를 기도합니다.

제 24과 (10, 22-42)

| ㉰부활 제 4주일(10,27-30)

유다인들이 예수님을 배척하다

22그때에 예루살렘에서는 성전 봉헌 축제가 벌어지고 있었다. 때는 겨울이었다.
23예수님께서는 성전 안에 있는 솔로몬 주랑을 거닐고 계셨는데, 24유다인들이 그
분을 둘러싸고 말하였다. "당신은 언제까지 우리 속을 태울 작정이오? 당신이 메
시아라면 분명히 말해 주시오." 25그러자 예수님께서 그들에게 대답하셨다. "내가
이미 말하였는데도 너희는 믿지 않는다. 내가 내 아버지의 이름으로 하는 일들이
나를 증언한다. 26그러나 너희는 믿지 않는다. 너희가 내 양이 아니기 때문이다.
27내 양들은 내 목소리를 알아듣는다. 나는 그들을 알고 그들은 나를 따른다. 28나
는 그들에게 영원한 생명을 준다. 그리하여 그들은 영원토록 멸망하지 않을 것이
고, 또 아무도 그들을 내 손에서 빼앗아 가지 못할 것이다. 29그들을 나에게 주신
내 아버지께서는 누구보다도 위대하시어, 아무도 그들을 내 아버지의 손에서 빼앗
아 갈 수 없다. 30아버지와 나는 하나다."

31그러자 유다인들이 돌을 집어 예수님께 던지려고 하였다. 32예수님께서 그들
에게 말씀하셨다. "나는 아버지의 분부에 따라 너희에게 좋은 일을 많이 보여 주었
다. 그 가운데에서 어떤 일로 나에게 돌을 던지려고 하느냐?" 33유다인들이 예수
님께, "좋은 일을 하였기 때문이 아니라 하느님을 모독하였기 때문에 당신에게 돌
을 던지려는 것이오. 당신은 사람이면서 하느님으로 자처하고 있소." 하고 대답하
자, 34예수님께서 그들에게 말씀하셨다. "너희 율법에 '내가 이르건대 너희는 신
이다.' 라고 기록되어 있지 않으냐? 35폐기될 수 없는 성경에서, 하느님의 말씀을
받은 이들을 신이라고 하였는데, 36아버지께서 거룩하게 하시어 이 세상에 보내신
내가 '나는 하느님의 아들이다.' 하였다 해서, '당신은 하느님을 모독하고 있소.'
하고 말할 수 있느냐? 37내가 내 아버지의 일들을 하고 있지 않다면 나를 믿지 않
아도 좋다. 38그러나 내가 그 일들을 하고 있다면, 나를 믿지 않더라도 그 일들은

믿어라. 그러면 아버지께서 내 안에 계시고 내가 아버지 안에 있다는 것을 너희가
깨달아 알게 될 것이다." 39그러자 유다인들이 다시 예수님을 잡으려고 하였지만,
예수님께서는 그들의 손을 벗어나셨다.

요르단 강 건너편으로 가시다

40예수님께서는 다시 요르단 강 건너편, 요한이 전에 세례를 주던 곳으로 물러
가시어 그곳에 머무르셨다. 41그러자 많은 사람이 그분께 몰려와 서로 말하였다.
"요한은 표징을 하나도 일으키지 않았지만, 그가 저분에 관하여 한 말은 모두 사실
이었다." 42그곳에서 많은 사람이 예수님을 믿었다.

본문 익히기

1. 예수님께서는 유다인들에게 무엇이 당신을 증언한다고 합니까?
2. 예수님의 어떤 말씀 때문에 유다인들이 돌을 던지려고 하나요?
3. 유다인들은 예수님의 말씀을 어떻게 받아들였기에 돌을 던지려고 했나요?
4. 폐기될 수 없는 성경에서 '신'이라고 하는 사람들은 누구인가요?
5. 유다인들이 예수님을 잡으려는 이유가 됐던 그분의 말씀을 완성해봅시다.
   내가 (   )들을 하고 있지 않다면 나를 믿지 않아도 좋다. 그러나 내가 그 일들을 하고 있다면, 나를 믿지 않더라도 (   ). 그러면 (   )께서 내 안에 계시고 내가 (   ) 안에 있다는 것을 너희가 깨달아 알게 될 것이다.

생활 나누기

1. 예수님께서는 아버지의 이름으로 하는 일들이 당신을 증언한다고 하십니다.
   어떤 사람의 일이나 행위가 '하느님의 일'이라고 느껴진 때가 있었나요?

2. 예수님께서는 아버지의 분부에 따라 일하시기에 아버지와 하나가 됩니다.
   윗사람의 분부대로 일을 함으로써 한 마음이 된 적이 있는지 나눠봅시다.

3. 유다인들이 예수님을 잡으려 하였지만 그들의 손을 벗어나십니다.
   시비와 분쟁에 얽히지 않고 자신을 잘 지켰던 경험이 있으면 들려주세요.

말씀 풀이

성전 봉헌 축제('궁금해요' 참조)가 벌어지고 있던 때에, 예수님께서 솔로몬 주랑을 거닐고 계셨다. '솔로몬 주랑'이란 솔로몬이 건축한 예루살렘 성전 동쪽 담을 따라 두 줄의 기둥이 길게 늘어서 있는 회랑을 말한다. 그때 유다인들이 예수님께 다가와 메시아가 맞는지 분명히 밝히라고 다그친다. 그동안 예수님께서 당신에 대해 하신 말씀 때문에 그들 사이에 논란이 일었기 때문이다. 예수님께서는 '내 아버지의 이름으로 하는 일들이 나를 증언하는데도 너희가 믿지 않을 뿐'이라고 답변하신다. 사실 예수님께서는 말씀과 행적으로 이미 당신이 메시아이심을 보여주셨다. 그럼에도 유다인들은 그 증거를 믿지 않고 거부해왔는데, 이는 그들이 예수님께 속한 양들이 아니기 때문이다. 그분의 양이라면 착한 목자이신 예수님의 음성을 알아듣고 따랐을 것이다(10,1-18 참조). 반면에 예수님을 믿고 따르는 이들도 있다. 예수님께서는 그들을 끝까지 지키고 돌보시며 구원으로 이끌 것을 약속하신다. 또한, **'아버지와 나는 하나다.'** 하고 말씀하심으로써 당신과 아버지와의 관계가 내밀한 일치를 이루고 계심을 밝히신다.

유다인들은 이를 신성모독으로 여겨 예수님께 돌을 던지려고 한다. 예수님께서는 당신이 하느님의 분부에 따라 좋은 일을 많이 하였는데 왜 돌을 던지려 하는지 따져 물으신다. 그들은 예수님께서 하느님과 동등하다고 자처하여 하느님을 모독하였기 때문이라고 응수한다. 예수님께서는 '나는 하느님의 아들이다.'라는 당신 말씀이 신성모독이 아님을 성경 말씀을 들어 논증하신다. 성경에는 하느님의 말씀을 받은 이들을 '신'으로 칭한 기록(시편 82,6)이 있는데, 하느님의 말씀을 전하도록 하느님에게서 직접 파견된 당신이 '하느님의 아들'이라고 말하는 것은 당연하지 않겠느냐는 것이다. 예수님께서 아버지의 이름으로 행한 일들은 아버지와 아들이 하나로 일치되어 있음을 보여준다. 그러므로 당신이 그 일들을 하고 있고 또 그 일들을 보고 믿는다면, 당신과 아버지가 결합되어 있음을 깨달아 알 것이라고 하신다. 이를 들은 유다인들은 다시 예수님을 잡으려 했지만 그분은 그들의 손에서 벗어나신다.

예수님께서는 예루살렘을 떠나 요르단 강 건너편, 요한이 세례를 주던 베타니아(1,28)로 가신다. 그러자 많은 이들이 몰려와 전에 요한이 예수님을 메시아시며, 하느님의 아드님(1,29-34; 3,27-36 참조)이라고 증언한 것이 모두 사실이었다고 한다. 그곳에서는 많은 사람이 예수님을 믿는다.

말씀 간직하기

"아버지와 나는 하나다." (10, 30)

궁금해요

'성전 봉헌 축제'에 대해 알고 싶어요

성전 봉헌 축제의 유래는 마카베오기(1마카 4,36-61; 2마카 10,1-8)에 나옵니다. 기원전 168년, 시리아의 왕 안티오코스 4세(에피파네스)는 이스라엘 민족에게 그리스 신을 숭배할 것을 강요합니다. 그는 예루살렘 성전에 제우스 신상을 세움으로써 성전을 모독하고, 야훼(하느님) 신앙을 지키는 유다인들을 학살했습니다. 기원전 165년, 유다 마카베오가 예루살렘 도성을 탈환하여 우상에게 더럽혀진 성전을 정화하고 제단을 새로 쌓아 봉헌한 것을 경축하며 여드레 동안 기쁨의 축제를 벌였습니다. 그 후 유다인들은 해마다 키슬레우 달(12월) 25일에 8일간 등잔대(menorah)에 하나씩 불을 밝히며 성전 봉헌(하누카) 축제를 지냅니다.

제 25과 (11, 1-45)

㉮사순 제 5주일

라자로가 죽다

1어떤 이가 병을 앓고 있었는데, 그는 마리아와 그 언니 마르타가 사는 베타니아
마을의 라자로였다. 2마리아는 주님께 향유를 붓고 자기 머리카락으로 그분의 발
을 닦아 드린 여자인데, 그의 오빠 라자로가 병을 앓고 있었던 것이다. 3그리하여
그 자매가 예수님께 사람을 보내어, “주님, 주님께서 사랑하시는 이가 병을 앓고
있습니다.” 하고 말하였다. 4예수님께서 그 말을 듣고 이르셨다. “그 병은 죽을 병
이 아니라 오히려 하느님의 영광을 위한 것이다. 그 병으로 말미암아 하느님의 아
들이 영광스럽게 될 것이다.” 5예수님께서는 마르타와 그 여동생과 라자로를 사랑
하셨다. 6그러나 라자로가 병을 앓고 있다는 말을 들으시고도, 계시던 곳에 이틀
을 더 머무르셨다.

7예수님께서는 그런 뒤에야 제자들에게, “다시 유다로 가자.” 하고 말씀하셨다.
8제자들이 예수님께, “스승님, 바로 얼마 전에 유다인들이 스승님께 돌을 던지려
고 하였는데, 다시 그리로 가시렵니까?” 하자, 9예수님께서 대답하셨다. “낮은 열
두 시간이나 되지 않느냐? 사람이 낮에 걸어 다니면 이 세상의 빛을 보므로 어디
에 걸려 넘어지지 않는다. 10그러나 밤에 걸어 다니면 그 사람 안에 빛이 없으므로
걸려 넘어진다.” 11이렇게 말씀하신 다음에 이어서, “우리의 친구 라자로가 잠들었
다. 내가 가서 그를 깨우겠다.” 하고 그들에게 말씀하셨다. 12그러자 제자들이 예
수님께, “주님, 그가 잠들었다면 곧 일어나겠지요.” 하였다. 13예수님께서는 라자
로가 죽었다고 하셨는데, 제자들은 그냥 잠을 잔다고 말씀하시는 것으로 생각하였
다. 14그제야 예수님께서 그들에게 분명히 이르셨다. “라자로는 죽었다. 15내가 거
기에 없었으므로 너희가 믿게 될 터이니, 나는 너희 때문에 기쁘다. 이제 라자로에
게 가자.” 16그러자 ‘쌍둥이’라고 불리는 토마스가 동료 제자들에게, “우리도 스승
님과 함께 죽으러 갑시다.” 하고 말하였다.

부활이며 생명이신 예수님

17예수님께서 가서 보시니, 라자로가 무덤에 묻힌 지 벌써 나흘이나 지나 있었
다. 18베타니아는 예루살렘에서 열다섯 스타디온쯤 되는 가까운 곳이어서, 19많은
유다인이 마르타와 마리아를 그 오빠 일 때문에 위로하러 와 있었다. 20마르타는
예수님께서 오신다는 말을 듣고 그분을 맞으러 나가고, 마리아는 그냥 집에 앉아
있었다. 21마르타가 예수님께 말하였다. "주님, 주님께서 여기에 계셨더라면 제 오
빠가 죽지 않았을 것입니다. 22그러나 하느님께서는 주님께서 청하시는 것은 무엇
이나 들어주신다는 것을 저는 지금도 알고 있습니다." 23예수님께서 마르타에게,
"네 오빠는 다시 살아날 것이다." 하시니, 24마르타가 "마지막 날 부활 때에 오빠
도 다시 살아나리라는 것을 알고 있습니다." 하였다. 25그러자 예수님께서 그에게
이르셨다. "나는 부활이요 생명이다. 나를 믿는 사람은 죽더라도 살고, 26또 살아
서 나를 믿는 모든 사람은 영원히 죽지 않을 것이다. 너는 이것을 믿느냐?" 27마르
타가 대답하였다. "예, 주님! 저는 주님께서 이 세상에 오시기로 되어 있는 메시아
시며 하느님의 아드님이심을 믿습니다."

눈물을 흘리시다

28이렇게 말하고 나서 마르타는 돌아가 자기 동생 마리아를 불러, "스승님께서
오셨는데 너를 부르신다." 하고 가만히 말하였다. 29마리아는 이 말을 듣고 얼른
일어나 예수님께 갔다. 30예수님께서는 마을로 들어가지 않으시고, 마르타가 당신
을 맞으러 나왔던 곳에 그냥 계셨다. 31마리아와 함께 집에 있으면서 그를 위로하
던 유다인들은, 마리아가 급히 일어나 나가는 것을 보고 그를 따라갔다. 무덤에 가
서 울려는 줄 알았던 것이다. 32마리아는 예수님께서 계신 곳으로 가서 그분을 뵙
고 그 발 앞에 엎드려, "주님, 주님께서 여기에 계셨더라면 제 오빠가 죽지 않았을
것입니다." 하고 말하였다. 33마리아도 울고 또 그와 함께 온 유다인들도 우는 것
을 보신 예수님께서는 마음이 북받치고 산란해지셨다. 34예수님께서 "그를 어디에
묻었느냐?" 하고 물으시니, 그들이 "주님, 와서 보십시오." 하고 대답하였다. 35예
수님께서는 눈물을 흘리셨다. 36그러자 유다인들이 "보시오, 저분이 라자로를 얼
마나 사랑하셨는지!" 하고 말하였다. 37그러나 그들 가운데 몇몇은, "눈먼 사람의

눈을 뜨게 해 주신 저분이 이 사람을 죽지 않게 해 주실 수는 없었는가?" 하였다.

라자로를 다시 살리시다

38예수님께서는 다시 속이 북받치시어 무덤으로 가셨다. 무덤은 동굴인데 그 입
구에 돌이 놓여 있었다. 39예수님께서 "돌을 치워라." 하시니, 죽은 사람의 누이
마르타가 "주님, 죽은 지 나흘이나 되어 벌써 냄새가 납니다." 하였다. 40예수님께
서 마르타에게 말씀하셨다. "네가 믿으면 하느님의 영광을 보리라고 내가 말하지
않았느냐?" 41그러자 사람들이 돌을 치웠다. 예수님께서는 하늘을 우러러보시며
말씀하셨다. "아버지, 제 말씀을 들어 주셨으니 아버지께 감사드립니다. 42아버지
께서 언제나 제 말씀을 들어 주신다는 것을 저는 알고 있습니다. 그러나 이렇게 말
씀드린 것은, 여기 둘러선 군중이 아버지께서 저를 보내셨다는 것을 믿게 하려는
것입니다." 43예수님께서는 이렇게 말씀하시고 나서 큰 소리로 외치셨다. "라자로
야, 이리 나와라." 44그러자 죽었던 이가 손과 발은 천으로 감기고 얼굴은 수건으
로 감싸인 채 나왔다. 예수님께서 사람들에게, "그를 풀어 주어 걸어가게 하여라."
하고 말씀하셨다.

최고 의회가 예수님을 죽이기로 결의하다

45마리아에게 갔다가 예수님께서 하신 일을 본 유다인들 가운데에서 많은 사람
이 예수님을 믿게 되었다.

본문 익히기

1. 예수님께서 사랑하신 베타니아 마을의 세 남매의 이름은 무엇입니까?
2. 예수님께서는 라자로의 병이 무엇을 위한 것이라고 말씀하십니까?
3. 예수님께서 "이제 라자로에게 가자." 하시자 토마스는 무엇이라고 하나요?
4. 예수님께서는 라자로가 묻힌 지 얼마나 지나서 그곳에 가셨나요?

5. 마르타가 예수님께 드리는 신앙고백입니다. 빈칸을 채워보세요.

예, 주님! 저는 (　　　)께서 이 세상에 오시기로 되어 있는

(　　　　　　　)시며 (　　　　　의　　　　　)이심을 믿습니다.

6. 라자로를 살리실 때 하신 예수님 말씀(39-44절)을 순서대로 나열해보세요.

① "아버지, 제 말씀을 들어 주셨으니 아버지께 감사드립니다."

② "네가 믿으면 하느님의 영광을 보리라고 내가 말하지 않았느냐?"

③ "그를 풀어 주어 걸어가게 하여라."

④ "라자로야, 이리 나와라."

⑤ "돌을 치워라."

생활 나누기

1. 예수님께서는 사랑하는 이가 병을 앓고 있음에도 이틀을 더 머무르십니다.
기도가 곧 이루어지지 않았지만 후에 다른 방법으로 이루어진 적이 있나요?

2. 예수님께서 어두운 무덤 속에 있는 라자로를 큰 소리로 불러내십니다.
내 마음은 지금 어디에 갇혀있습니까?
눈을 감고 예수님께서 하시듯, 큰 소리로 나를 불러내보세요.

3. 예수님께서는 사랑하는 이들의 슬픔에 함께 눈물을 흘리십니다.
예수님께서는 과거 내가 어떤 상황에 처했을 때 함께 울어주셨을까요?

말씀 풀이

예루살렘에서 15스타디온(약 3km)쯤 떨어진 베타니아에는 마리아와 마르타, 그들의 오빠 라자로가 살고 있었는데, 이곳은 요한이 세례를 주던 베타니아와는 다른 마을이다. 자매는 예수님께 사람을 보내어 당신이 사랑하는 라자로가 병을 앓

고 있다고 알린다. 예수님께서는 라자로의 병이 하느님과 하느님 아들의 영광을 위한 것이라고 하신다. 이는 아버지와 아들의 영광이 하나로 결속되어 있음을 드러낸다. 예수님께서는 이틀을 더 머무르신 후에, 유다의 베타니아로 가자고 말씀하신다.

제자들은 얼마 전에 유다인들이 예수님께 돌을 던지려했던 것을 기억하고, 그리로 다시 가실 것인지 묻는다. 예수님께서는 하느님의 일을 하는 낮 동안은 빛이 있기 때문에 걸려 넘어지지 않는다고 하시며 불안해하는 제자들에게 용기를 주신다. 이에 토마스는 죽음을 무릅쓰고 스승님과 함께하겠다고 한다.

예수님께서는 라자로가 무덤에 묻힌 지 나흘이나 지난 후에 베타니아에 가신다. 당시에는 사람이 죽으면 사흘간은 영이 떠나지 않고 있다가 나흘째 되는 날에 시신을 떠난다고 생각했다. 그러기에 '나흘'은 라자로가 확실히 죽었음을 뜻한다. 마르타는 주님께서 여기 계셨더라면 오빠가 죽지 않았을 것이라며 아쉬워한다. 예수님께서 라자로가 다시 살아날 것이라고 위로하자, 마르타는 마지막 날 부활 때에 다시 살아나리라는 것으로 이해한다. 사실 바리사이들도 세상 종말에 부활이 있을 것이라고 가르쳤다. 예수님께서는 **"나는 부활이요 생명이다."**라고 선언하시며, 당신을 믿는 사람은 죽더라도 살고, 살아서 믿는 모든 사람은 영원히 죽지 않을 것이라고 하신다. 곧 영원한 생명은 미래 종말의 사건이 아니라, 당신을 믿는 이들이 지금 여기서부터 누리게 될 사건이며, 당신이 바로 **생명의 주인**임을 선포한 것이다. 이것을 믿는지 물으시자, 마르타는 곧바로 예수님을 메시아이시며 하느님의 아드님으로 고백한다.

예수님께서 부르신다는 말을 듣고 마리아는 그분을 맞으러 황급히 나간다. 그녀가 무덤으로 가는 줄 알고 따라나섰던 유다인들은 후에 라자로 소생의 목격 증인이 된다. 마리아는 예수님을 뵙고 주님께서 여기 계셨더라면 오빠가 죽지 않았을 것이라며 마르타와 똑같은 말을 한다. 예수님께서는 마리아와 그를 따라온 사람들이 우는 것을 보시고 마음이 북받치고 산란해지셨다. 인간이 처한 죽음의 현실을 함께 슬퍼하신 것으로 예수님의 인성이 부각된다.

예수님께서 무덤으로 가시어, 무덤을 막고 있는 돌을 치우라고 하시니 마르타는 죽은 지 나흘이나 되어 냄새가 난다고 말한다. 예수님께서 생명의 주인이심을 알려주셨음에도 아직 이해하지 못하고 있는 것이다. 예수님께서 '네가 믿으면 하느님의 영광을 보리라.' 고 하신 것은 죽음을 이겨낼 참된 생명을 주시는 당신을 믿으라는 말씀이다. 이 말씀을 듣고 사람들이 돌을 치우자 예수님께서는 하늘을 우러러 감사의 기도를 드리신다. 이는 당신과 완전히 일치하여 계신 아버지께서 당신을 파견하시고 당신의 말씀을 들어주신다는 것을 군중이 알게 하려는 것이다. 예수님께서 큰소리로 '라자로야, 이리 나와라.' 하고 외치시자, 라자로는 수의에 감싸인 채 밖으로 나온다. 예수님께서는 그를 풀어주어 걸어가게 하라고 명하시는데, 이는 예수님의 부활과는 달리 누군가의 도움이 필요한 '소생' 이었음을 강조하는 것이다. 이를 본 많은 사람들이 예수님을 믿게 되었다. 예수님께서 생명의 주인임을 계시한 이 사건은 앞으로 일어날 당신의 부활을 예시한다.

말씀 간직하기

"나는 부활이요 생명이다." (11, 25)

궁금해요

요한복음에는 어떤 표징들이 있나요?

요한복음은 내용상 크게 두 부분으로 나뉘는데, 전반부(1–12장)를 '표징의 책', 후반부(13–21장)를 '영광의 책'이라고도 합니다. 예수님께서 하신 표징들을 다 기록하려면 온 세상을 덮고도 남을 것이지만(21,25 참조), 복음서는 전반부에 일곱 가지의 표징을 소개하는데 일곱은 완전수를 의미합니다. 첫째는 혼인 잔치에서 물을 포도주로 바꾸신 일(2,1–11), 둘째는 왕실 관리의 아들을 살리신 일(4,46–54), 셋째는 벳자타 못 가에서 병자를 고치신 일(5,1–9), 넷째는 오천 명을 먹이신 일(6,1–15), 다섯째는 물 위를 걸으신 일(6,16–21), 여섯째는 태어나면서부터 눈먼 사람을 고쳐주신 일(9,1–12)입니다. 그리고 마지막 일곱째 표징은 라자로를 다시 살리신 일(11,1–44)입니다.

제 26과 (11, 45-12, 11)

최고 의회가 예수님을 죽이기로 결의하다

45마리아에게 갔다가 예수님께서 하신 일을 본 유다인들 가운데에서 많은 사람
이 예수님을 믿게 되었다. 46그러나 그들 가운데 몇 사람은 바리사이들에게 가서,
예수님께서 하신 일을 알렸다. 47그리하여 수석 사제들과 바리사이들이 의회를 소
집하고 이렇게 말하였다. "저 사람이 저렇게 많은 표징을 일으키고 있으니, 우리가
어떻게 하면 좋겠소? 48저자를 그대로 내버려 두면 모두 그를 믿을 것이고, 또 로
마인들이 와서 우리의 이 거룩한 곳과 우리 민족을 짓밟고 말 것이오." 49그들 가
운데 한 사람으로서 그해의 대사제인 카야파가 말하였다. "여러분은 아무것도 모
르는군요. 50온 민족이 멸망하는 것보다 한 사람이 백성을 위하여 죽는 것이 여러
분에게 더 낫다는 사실을 여러분은 헤아리지 못하고 있소." 51이 말은 카야파가 자
기 생각으로 한 것이 아니라, 그해의 대사제로서 예언한 셈이다. 곧 예수님께서 민
족을 위하여 돌아가시리라는 것과, 52이 민족만이 아니라 흩어져 있는 하느님의
자녀들을 하나로 모으시려고 돌아가시리라는 것이다. 53이렇게 하여 그날 그들은
예수님을 죽이기로 결의하였다.

54그래서 예수님께서는 더 이상 유다인들 가운데로 드러나게 다니지 않으시고,
그곳을 떠나 광야에 가까운 고장의 에프라임이라는 고을에 가시어, 제자들과 함께
그곳에 머무르셨다.

55유다인들의 파스카 축제가 가까워지자, 많은 사람이 자신을 정결하게 하려고
파스카 축제 전에 시골에서 예루살렘으로 올라갔다. 56그들은 예수님을 찾다가 성
전 안에 모여 서서 서로 말하였다. "여러분은 어떻게 생각하시오? 그가 축제를 지
내러 오지 않겠소?" 57수석 사제들과 바리사이들은 예수님을 잡으려고, 누구든지
예수님께서 계신 곳을 알면 신고하라는 명령을 내려 두었다.

마리아가 예수님의 발에 향유를 붓다

12 1예수님께서는 파스카 축제 엿새 전에 베타니아로 가셨다. 그곳에는 예수님께
서 죽은 이들 가운데에서 다시 일으키신 라자로가 살고 있었다. 2거기에서 예수님
을 위한 잔치가 베풀어졌는데, 마르타는 시중을 들고 라자로는 예수님과 더불어
식탁에 앉은 이들 가운데 끼여 있었다. 3그런데 마리아가 비싼 순 나르드 향유 한
리트라를 가져와서, 예수님의 발에 붓고 자기 머리카락으로 그 발을 닦아 드렸다.
그러자 온 집 안에 향유 냄새가 가득하였다. 4제자들 가운데 하나로서 나중에 예수
님을 팔아넘길 유다 이스카리옷이 말하였다. 5"어찌하여 저 향유를 삼백 데나리온
에 팔아 가난한 이들에게 나누어 주지 않는가?" 6그가 이렇게 말한 것은, 가난한
이들에게 관심이 있어서가 아니라 도둑이었기 때문이다. 그는 돈주머니를 맡고 있
으면서 거기에 든 돈을 가로채곤 하였다. 7예수님께서 이르셨다. "이 여자를 그냥
놔두어라. 그리하여 내 장례 날을 위하여 이 기름을 간직하게 하여라. 8사실 가난
한 이들은 늘 너희 곁에 있지만, 나는 늘 너희 곁에 있지는 않을 것이다."

유다인들이 라자로까지 죽이기로 결의하다

9예수님께서 그곳에 계시다는 것을 알고 많은 유다인들의 무리가 몰려왔다. 예
수님 때문만이 아니라, 그분께서 죽은 이들 가운데에서 다시 일으키신 라자로도
보려는 것이었다. 10그리하여 수석 사제들은 라자로도 죽이기로 결의하였다. 11라
자로 때문에 많은 유다인이 떨어져 나가 예수님을 믿었기 때문이다.

본문 익히기

1. 수석 사제들과 바리사이들이 의회를 소집한 이유는 무엇입니까?
2. 카야파가 그해의 대사제로서 예언한 셈이 된 말은 무엇인가요?

3. 베타니아의 세 남매는 예수님을 위한 잔치에서 어떤 일(역할)을 하나요? (12, 2-3절)

라자로:

마르타:

마리아:

4. 마리아의 행동을 보고 유다는 무엇이라고 하나요?
5. 유다의 말을 듣고 예수님께서는 무엇이라고 하시나요?
6. 수석 사제들이 라자로까지 죽이려고 결의하는 이유는 무엇입니까?

생활 나누기

1. 카야파는 사회적 안정을 위하여 예수님을 희생양으로 삼자고 제안합니다.
   어떤 일에 대한 책임을 다른 사람에게 전가한 적이 있습니까?
   반대로 내가 희생양이 되어 그 책임을 대신 짊어진 적이 있나요?

2. 마리아는 향유로 예수님을 닦아 드려 온 집안을 향기로 가득 채웁니다.
   내가 그리스도의 향기로 가득 채우고 싶은 곳은 어디입니까?

3. 예수님께서 '나는 늘 너희 곁에 있지는 않을 것'이라 말씀하십니다.
   곁에 있는 이가 '늘 함께 있지 않을 것'을 생각해보고 나누어주세요.

말씀 풀이

라자로가 다시 살아난 것을 본 많은 유다인들이 예수님을 믿게 되었지만, 몇몇 사람은 그분이 하신 일을 바리사이들에게 가서 알린다. 수석 사제들과 바리사이들은 최고 의회를 소집하여 많은 표징을 일으키는 예수님을 어떻게 처리할지 논의한다. 그들은 모든 이들이 예수님께 모여들면 로마군이 개입하여 그들의 성전과 나라를 잃게 되지 않을까 염려하였다('궁금해요' 참조).

그때 대사제인 카야파(18-36년 재위)가 나서서 유다 민족 전체가 멸망하는 것보다는 예수 한 사람이 백성을 위해 죽는 것이 낫겠다고 제안한다. 그는 자신도 모르게 예수님께서 이스라엘 민족을 구할 메시아일 뿐만 아니라, 그분의 죽음과 부활로 흩어진 하느님 자녀들을 하나로 모을 것을 예언한 셈이다. 그리하여 최고 의회에서는 예수님을 죽이기로 결의한다. 예수님께서는 유다인들에게 드러나지 않기 위해 그곳을 떠나 에프라임으로 가시어 제자들과 함께 머무르신다. 에프라임은 예루살렘에서 북동쪽으로 20킬로미터 정도 떨어진 곳으로 광야에 가까운 고장이다.

그 후 파스카 축제가 다가오는데, 이는 요한복음에서 예수님이 지내신 세 번째이자 마지막 축제이다. 남자들은 파스카 전날에 양을 잡기 위해 사제들의 뜰에 들어가야 했으므로 율법의 규정대로 정결례를 지내려고(2역대 30,15-19 참조) 축제 전에 예루살렘으로 올라갔다. 그들은 예수님이 축제를 지내러 오실지 궁금히 여기고, 수석 사제들과 바리사이들은 그분을 보면 신고하라는 명령을 내린다.

예수님께서는 파스카 축제 엿새 전에 라자로가 사는 베타니아로 가신다. 성경에서 '엿새'는 곧 이루어질 '완성'의 때를 지향하고 있다(탈출 24,16; 마태 17,1; 마르 9,2 참조). 따라서 예수님의 죽음과 부활로 영광과 완성을 이룰 날이 임박했음을 뜻한다. 그곳에서 예수님을 위한 잔치가 벌어졌는데 마리아가 나르드 향유 한 리트라(약 320g)를 가져와 예수님의 발에 붓고 자기 머리카락으로 닦아드린다. 마리아는 왕들이 사용하는 값진 향유를 바름으로써 라자로를 살리신 예수님께 사랑과 믿음을 드러내고 있다. 그것을 보고 유다 이스카리옷은 삼백 데나리온(약 300일분의 품삯)이나 하는 향유를 팔아 가난한 이들에게 나누어주는 것이 낫지 않겠느냐고 투덜댄다. 그는 진정으로 가난한 이들을 걱정해서가 아니라 그 돈을 가로채고 싶은 속마음을 바꾸어 말한 것이다.

예수님께서는 마리아의 행동을 당신의 죽음을 알리는 예언적인 의미로 받아들이신다. '내 장례 날을 위하여 이 기름을 간직하게 하여라.' 하신 말씀은 당신이 죽음을 맞이하실 때에 향유를 바를 사이도 없을 만큼 급박한 상황이 될 것을 예고하신 것이다. 또한, 당신이 늘 그들 곁에 있지는 않을 것이라고 하심으로써 지상에서의 삶이 얼마 남지 않았음을 알려주신다. 많은 유다인들이 예수님과 그분이 살리신 라자로를 보고자 그곳으로 몰려든다. 라자로 때문에 예수님을 믿는 이들이 많아지자 수석 사제들은 라자로까지 죽이기로 결의한다.

말씀 간직하기

"사실 가난한 이들은 늘 너희 곁에 있지만, 나는 늘 너희 곁에 있지는 않을 것이다."

(12, 8)

궁금해요

반란이 일어나 로마인에게 짓밟힌 예가 있었나요?

'유다 고사'에 따르면, 갈릴래아 사람 유다가 납세 거부를 시작으로 독립 운동을 일으켜(BC 6-7년) 많은 백성이 가담하자 로마 군대가 진압하였습니다(루카 13,1 참조). 또 테우다스라는 사람이 메시아로 자처하여 사백 명이나 되는 사람들이 따랐으나 로마 총독 쿠스피우스 파두스(44-46년 재직)에게 참수되고 추종자들은 죽거나 노예가 되었습니다(사도 5,36-39 참조).

제 27과 (12, 12-36)

ⓝ사순 제 5주일(12,20-33)

예루살렘에 입성하시다

12이튿날, 축제를 지내러 온 많은 군중이 예수님께서 예루살렘에 오신다는 말을
듣고서, 13종려나무 가지를 들고 그분을 맞으러 나가 이렇게 외쳤다.

"'호산나!
주님의 이름으로 오시는 분은 복되시어라.'
이스라엘의 임금님은 복되시어라."

14예수님께서는 나귀를 보시고 그 위에 올라앉으셨다. 이는 성경에 기록된 그대
로였다.

15"딸 시온아, 두려워하지 마라.
보라, 너의 임금님이 오신다.
어린 나귀를 타고 오신다."

16제자들은 처음에 이 일을 깨닫지 못하였다. 그러나 예수님께서 영광스럽게 되
신 뒤에, 이 일이 예수님을 두고 성경에 기록되고 또 사람들이 그분께 그대로 해
드렸다는 것을 기억하게 되었다. 17그리고 예수님께서 라자로를 무덤에서 불러내
시어 죽은 이들 가운데에서 다시 일으키실 때에 그분과 함께 있던 군중이 그 일을
줄곧 증언하였다. 18군중이 이렇게 예수님을 맞으러 나온 것은, 그분께서 그 표징
을 일으키셨다는 말을 들었기 때문이다. 19그러자 바리사이들이 서로 말하였다.
"이제 다 글렀소. 보시오, 온 세상이 그의 뒤를 따라가고 있소."

그리스인들이 예수님을 찾다

20축제 때에 예배를 드리러 올라온 이들 가운데 그리스 사람도 몇 명 있었다.
21그들은 갈릴래아의 벳사이다 출신 필립보에게 다가가, "선생님, 예수님을 뵙고
싶습니다." 하고 청하였다. 22필립보가 안드레아에게 가서 말하고 안드레아와 필

립보가 예수님께 가서 말씀드리자, 23예수님께서 그들에게 대답하셨다. "사람의
아들이 영광스럽게 될 때가 왔다. 24내가 진실로 진실로 너희에게 말한다. 밀알 하
나가 땅에 떨어져 죽지 않으면 한 알 그대로 남고, 죽으면 많은 열매를 맺는다.
25자기 목숨을 사랑하는 사람은 목숨을 잃을 것이고, 이 세상에서 자기 목숨을 미
워하는 사람은 영원한 생명에 이르도록 목숨을 간직할 것이다. 26누구든지 나를
섬기려면 나를 따라야 한다. 내가 있는 곳에 나를 섬기는 사람도 함께 있을 것이
다. 누구든지 나를 섬기면 아버지께서 그를 존중해 주실 것이다."

사람의 아들은 들어 올려져야 한다

27"이제 제 마음이 산란합니다. 무슨 말씀을 드려야 합니까? '아버지, 이때를 벗
어나게 해 주십시오.' 하고 말할까요? 그러나 저는 바로 이때를 위하여 온 것입니
다. 28아버지, 아버지의 이름을 영광스럽게 하십시오." 그러자 하늘에서 "나는 이
미 그것을 영광스럽게 하였고 또다시 영광스럽게 하겠다."는 소리가 들려왔다.
29그곳에 서 있다가 이 소리를 들은 군중은 천둥이 울렸다고 하였다. 그러나 "천사
가 저분에게 말하였다." 하는 이들도 있었다. 30예수님께서 이르셨다. "그 소리는
내가 아니라 너희를 위하여 내린 것이다. 31이제 이 세상은 심판을 받는다. 이제 이
세상의 우두머리가 밖으로 쫓겨날 것이다. 32나는 땅에서 들어 올려지면 모든 사
람을 나에게 이끌어 들일 것이다." 33예수님께서는 이 말씀으로, 당신께서 어떻게
죽임을 당하실 것인지 가리키신 것이다. 34그때에 군중이 예수님께 말하였다. "우
리는 율법에서 메시아는 영원히 사실 것이라고 들었는데, 어떻게 선생님은 사람의
아들이 들어 올려져야 한다고 말씀하십니까? 그 사람의 아들이 누구입니까?"
35그러자 예수님께서 그들에게 이르셨다. "빛이 너희 가운데에 있는 것도 잠시뿐
이다. 빛이 너희 곁에 있는 동안에 걸어가거라. 그래서 어둠이 너희를 덮치지 못하
게 하여라. 어둠 속을 걸어가는 사람은 자기가 어디로 가는지 모른다. 36빛이 너희
곁에 있는 동안에 그 빛을 믿어, 빛의 자녀가 되어라." 예수님께서는 이렇게 말씀
하시고 나서 그들을 떠나 몸을 숨기셨다.

본문 익히기

1. 군중은 종려나무 가지를 들고 예수님을 맞으며 무엇이라고 외칩니까?

   '호산나! (의   )으로 오시는 분은 복되시어라.'

   이스라엘의 (   )은 복되시어라.

2. 예수님을 뵙고 싶다는 그리스인들의 말은 누구에서 누구로 전해지나요?

   (   ) –> (   ) –> (와   ) –> 예수님

3. 그리스인들에게 하신 예수님 말씀(23–26절)의 요약입니다. 완성해봅시다.

   - 사람의 아들이 (   ) 때가 왔다.
   - 밀알 하나가 땅에 떨어져 죽지 않으면 (   ).
   - 밀알 하나가 땅에 떨어져 죽으면 (   ).
   - 자기 목숨을 사랑하는 사람은 (   ),
   - 자기 목숨을 미워하는 사람은 (   ).
   - 내가 있는 곳에 (   ).
   - 누구든지 나를 섬기면 (   ).

4. 27–36절을 읽고, 예수님께서 하신 말씀을 모두 찾아보세요.

   ① 이제 제 마음이 산란합니다. 무슨 말씀을 드려야 합니까?

   ② 저는 바로 이때를 위하여 온 것입니다.

   ③ 나는 이미 그것을 영광스럽게 하였고 또다시 영광스럽게 하겠다.

   ④ 나는 땅에서 들어 올려지면 모든 사람을 나에게 이끌어 들일 것이다.

   ⑤ 우리는 율법에서 메시아는 영원히 사실 것이라고 들었습니다.

   ⑥ 빛이 너희 곁에 있는 동안에 그 빛을 믿어, 빛의 자녀가 되어라.

5. 땅에서 들려져 모든 사람을 이끌어 들일 것이란 무엇을 가리키는 말인가요?

생활 나누기

1. 밀알 하나가 땅에 떨어져 죽지 않으면 많은 열매를 맺을 수 없습니다.
   밀알이 땅에 묻혀 싹트는 과정을 생각해 볼 때,
   내게 무엇이 가장 필요합니까? (예: 기다림, 침묵, 인내 등)

2. 예수님도 마음이 산란하여 벗어나고 싶은 때가 있었습니다.
   내게도 벗어나고 싶은 것(상태)이 있습니까? 어떻게 해결하나요?

3. 하늘의 소리를 어떤 이는 천둥소리로, 다른 이는 천사의 음성으로 듣습니다.
   똑같은 사건을 두고 서로 다르게 받아들인 경험을 나누어봅시다.

4. 예수님께서는 빛이 우리 곁에 있는 동안에 걸어가라고 하십니다.
   미루거나 소홀히 하다가 기회를 놓쳐버린 예가 있었나요?

말씀 풀이

예수님께서 예루살렘에 오신다는 소식을 들은 군중은 종려나무 가지를 들고 "호산나! 주님의 이름으로 오시는 분은 복되시어라." 하며 메시아를 맞이할 때의 환호를 외친다. 종려나무 가지는 승전하여 입성하는 왕에게 영예를 돌릴 때 드는 것으로(1마카 13,51) 기쁨을 상징한다. 예수님께서는 어린 나귀를 타고 들어오시는데, 이는 주님의 온유함과 겸손함을 나타낸다. 제자들은 예수님께서 부활하신 후에야 예루살렘 입성 때의 일들이 이미 성경에 기록된 일(즈카 9,9)이었음을 깨닫게 된다. 그리고 예수님께서 라자로를 소생시킨 일(11,38-44)을 목격한 군중이 가는 곳마다 줄곧 증언하였기에 많은 이들이 예수님을 환영하러 나왔다. 바리사이들은 온 세상이 예수님을 따른다면서 무력감을 드러낸다.

파스카 축제에 예배를 드리러 온 이들 중에 그리스 사람(7,35 참조)들도 있었다.

그들은 유다교의 하느님을 받아들인 외국인으로, 순례 축제 때에 예배드리려고 온 이들이다. 그들이 필립보에게 예수님을 뵙고 싶다고 청하자, 필립보가 안드레아에게 전하고, 둘이 예수님께로 안내한다. 이는 제자들의 증언을 통하여 사람들을 예수님께 인도했던 방식을 연상시킨다(1,36-46). 예수님께서는 그들에게 **사람의 아들이 영광스럽게 될 때가 왔다**고 하신다. 영광의 때란 당신의 죽음과 부활의 시간을 나타낸 것으로 앞에서 예고하신 때(2,4; 7,6 참조)이다. 예수님께서는 밀알이 땅에 떨어져 죽음으로써 많은 열매를 맺는 것처럼, 당신의 죽음을 통해 많은 이들이 구원될 것임을 예고하신다. 그리고 당신의 모범을 따르는 자만이 영원한 생명을 얻는다고 하신다. 그들이 당신이 계신 곳, 곧 아버지께서 계신 곳에 함께 있을 것이고, 또 아버지께서 그들을 사랑해 주시고 존중해 주실 것이라고 약속하신다.

예수님께서는 죽음의 때가 다가옴을 알고 산란해하시면서도 아버지의 뜻을 기꺼이 받아들이신다. 그리고 아버지의 이름을 영광스럽게 해 달라고 하신다. 그러자 하늘에서 "나는 이미 그것을 영광스럽게 하였고 또다시 영광스럽게 하겠다."는 소리가 들려온다. '이미 그것을 영광스럽게 하였다.' 는 것은 예수님께서 이 땅에 오시어 표징과 말씀을 통해 계시하신 지상 활동 전체를 가리킨다. '또다시 영광스럽게 하겠다.' 는 것은 인간 구원을 위해 목숨을 내놓는 아들 예수님을 천상 영광으로 받아들이겠다는 뜻이다. 하늘의 소리는 예수님을 위한 것이 아니라 군중을 위한 것이었으나 그들은 알아듣지 못하고 천둥소리로만 들을 뿐이다.

이제 이 세상을 지배하는 악의 세력(6,70; 8,44; 13,27)이 심판을 받고 추방될 때가 다가왔다. 예수님께서는 당신이 땅에서 들어 올려지면 모든 사람을 이끌어 들일 것이라고 하신다. **'들어 올려짐'** 은 당신의 십자가 상 죽음과 곧 일어날 부활을 뜻한다. 죽음과 부활의 '들어 올려짐' 으로 당신은 천상 영광 안으로 들어가고, 당신을 믿고 따르는 이들은 영원한 생명을 얻을 것이다. 군중은 율법(2사무 22,49)에 메시아가 영원히 살 것이라 하는데, 어떻게 '사람의 아들' 이 들어 올려져야 하느냐고 의아해하며 그가 누구인지 묻는다. 예수님께서는 빛이신 당신이 이 세상에 머물 시간도 잠시뿐이라고 하시며 어서 믿고 따르라고 촉구하신다. 당신께서 함께 하는 동안에는 어둠의 세력이 덮치지 못할 것이니, 당신을 믿고 빛의 자녀가 되라고 재차 당부하신 후 그들을 떠나 몸을 숨기신다.

말씀 간직하기

"'아버지, 이때를 벗어나게 해 주십시오.' 하고 말할까요? 그러나 저는 바로 이때를 위하여 온 것입니다." (12, 27)

그렇군요

'들어 올려짐'의 의미와 전례 안의 활용

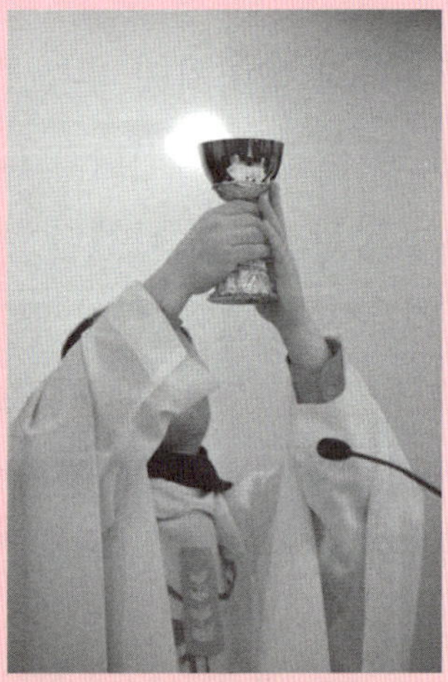

'들어 올려짐'은 예수님의 십자가 죽음과 부활, 아버지께로 돌아감을 가리키는 요한복음의 독특한 표현입니다(3,14 참조). 이는 구약에서 높이 들어 올려진 구리 뱀을 쳐다본 사람들이 생명을 얻은 것처럼(민수 21,9), 십자가에 들어 올려진 예수님께서도 당신을 믿는 이들에게 영원한 생명을 주실 분임을 의미합니다. 또한, 하늘에서 내려오신 분이 다시 하늘로 올라가실 것이라는 의미도 있습니다. 성찬 전례 중에는 사제가 주님의 살과 피로 축성된 빵과 포도주를 신자들이 바라볼 수 있도록 높이 들어 올리는데 이를 '거양성체'라 합니다. '거양(擧揚)'은 높이 들어 올린다는 뜻으로, 예수님께서 '사람의 아들은 들어 올려져야 한다.'고 하신 말씀(3,14; 12,32)과 연관이 있습니다.

제 28과 (12, 37–50)

유다인들의 불신

37예수님께서는 그들 앞에서 그토록 많은 표징을 일으키셨지만, 그들은 그분을
믿지 않았다. 38이는 이사야 예언자가 한 말이 이루어지려고 그리된 것이다.

"주님, 저희가 전한 말을 누가 믿었습니까?
주님의 권능이 누구에게 드러났습니까?"

39그들이 믿을 수 없었던 까닭을 이사야는 또 이렇게 말하였다.

40"주님이 그들의 눈을 멀게 하고
그들의 마음을 무디게 하였다.
이는 그들이 눈으로 보고
마음으로 깨닫고서는 돌아와
내가 그들을 고쳐 주는 일이 없게 하려는 것이다."

41이사야가 이렇게 말한 것은, 그가 예수님의 영광을 보았기 때문이다. 그는 그
분에 관하여 이야기한 것이다. 42사실 지도자들 가운데에서도 많은 사람이 예수님
을 믿었지만, 바리사이들 때문에 회당에서 내쫓길까 두려워 그것을 고백하지 못하
였다. 43그들이 하느님에게서 받는 영광보다 사람에게서 받는 영광을 더 사랑하였
기 때문이다.

예수님의 말씀과 심판

44예수님께서 큰 소리로 말씀하셨다. "나를 믿는 사람은 나를 믿는 것이 아니라
나를 보내신 분을 믿는 것이다. 45그리고 나를 보는 사람은 나를 보내신 분을 보는
것이다. 46나는 빛으로서 이 세상에 왔다. 나를 믿는 사람은 누구나 어둠 속에 머
무르지 않게 하려는 것이다. 47누가 내 말을 듣고 그것을 지키지 않는다 하여도,
나는 그를 심판하지 않는다. 나는 세상을 심판하러 온 것이 아니라 세상을 구원하

러 왔기 때문이다. 48나를 물리치고 내 말을 받아들이지 않는 자를 심판하는 것이 따로 있다. 내가 한 바로 그 말이 마지막 날에 그를 심판할 것이다. 49내가 스스로 말하지 않고, 나를 보내신 아버지께서 무엇을 말하고 무엇을 이야기할 것인지 친히 나에게 명령하셨기 때문이다. 50나는 그분의 명령이 영원한 생명임을 안다. 그래서 내가 하는 말은 아버지께서 나에게 말씀하신 그대로 하는 말이다."

본문 익히기

1. 유다인들이 예수님을 믿지 않는 것은 누구의 말이 이루어지려고 그런 것입니까?
2. 유다의 지도자들도 예수님을 믿었지만 고백하지 못한 이유는 무엇입니까?
3. 유다의 지도자들이 더 사랑한 것은 무엇이었습니까?
4. 다음 문장을 완성시킬 예수님의 말씀을 보기에서 고르세요.
   ① 나를 믿는 사람은 ______________________
   ② 나를 보는 사람은 ______________________
   ③ 나는 세상을 심판하러 온 것이 아니라 ____________________

보기	㉮ 나를 보내신 분을 보는 것이다. ㉯ 나를 보내신 분을 믿는 것이다. ㉰ 세상을 구원하러 왔다.

5. 마지막 날에 예수님을 받아들이지 않는 자를 심판할 것은 무엇입니까?

생활 나누기

1. 많은 유다 지도자들이 예수님을 믿었지만 회당에서 내쫓길까 고백하지 못합니다.
   불이익이나 체면 또는 기타 이유로 진실에 침묵한 경우가 있습니까?

2. 유다 지도자들은 하느님보다 사람에게서 받는 영광을 더 사랑합니다.
하느님에게서 받는 영광과 사람에게서 받는 영광은 어떻게 다른지 나누어봅시다.

3. 예수님은 세상을 심판하기보다 구원하러 오셨다고 합니다.
나는 심판자 역할을 자주 하나요? 구원자 역할을 자주 하나요?
오늘 하루, 나는 어떤 역할을 하며 지냈나요?

말씀 풀이

예수님께서 믿음을 불러일으키는 많은 표징을 행하셨음에도 유다인들은 그분을 믿으려 하지 않았다. 일찍이 이사야 예언자는 불신의 이유를 그들의 완고한 마음 때문이라고 증언하였다. 그들의 눈이 멀고 마음이 무디어졌음을 한탄하며 역설적으로 하느님께서 그렇게 하셨다고 표현하였다. 그런데 예수님을 거부하는 완고한 유다인들에게도 이사야 예언자의 말이 적용된다. '이사야가 예수님의 영광을 보았기 때문'이라는 뜻은 그가 하느님을 뵈었던(이사 6,1) 사람으로서, 예수님께서 아버지 곁에 '말씀(1,1.14)'으로 함께 계셨던 분이기에 그분의 영광을 보았다는 것이다. 사실 유다의 지도자 중에도 많은 이들이 예수님을 믿었지만 바리사이들에 의해 회당에서 내쫓길까 두려워 신앙을 고백하지 못하였다(22과 '궁금해요' 참조). 그들의 신앙이 약하고 불완전해서 하느님의 뜻에 귀 기울이는 것보다 인간적인 명예나 가치가 더 소중했기 때문이다.

예수님께서 큰 소리로 당신을 계시하시며 **믿음의 결단**을 내리도록 촉구하신다. 파견하신 아버지와 파견되신 아들은 완전히 일치된 관계이기에 당신을 보고 믿는 것이 하느님을 보고 믿는 것이라고 하신다. 예수님께서는 죄와 무지, 불신앙의 어둠 속에 있는 사람들에게 하느님을 보여 주시는 빛으로서 이 세상에 오셨다. 그분이 오신 목적은 세상을 단죄하려는 것이 아니라 영원한 죽음으로부터 구원하기 위해서이다. 그러므로 하느님의 뜻을 계시하시는 예수님의 말씀을 받아들이고 믿으면 구원을 받겠지만, 말씀을 거부한다면 구원을 받지 못할 것이다. 그러기에 마지막 날에 심판하는 것은 예수님의 말씀이 될 것이다. 예수님의 말씀은 당신을 보내신 아버지께서 명령하신 그대로이기 때문이다. 하느님의 명령은 그 말씀을 받아들인 이들에게 '영원한 생명'을 주는 것이다.

말씀 간직하기

"나는 세상을 심판하러 온 것이 아니라 세상을 구원하러 왔기 때문이다." (12, 47)

그렇군요

'영원한 생명'이란 무엇인가요?

요한복음에서는 공관복음의 핵심 주제인 '하느님 나라'를 두 번만(3,3.5) 언급할 뿐, 같은 개념을 '영원한 생명'으로 대체합니다. 사제는 세례를 줄 때, 예비신자들에게 '여러분은 하느님의 교회에서 무엇을 청합니까?' 하고 묻습니다. 그들이 '신앙을 청합니다.' 하고 대답하면 '신앙이 여러분에게 무엇을 줍니까?' 하고 다시 묻고, '영원한 생명을 줍니다.' 하고 고백하게 합니다. 이어서 사제는 '영원한 생명이란 다른 것이 아니라 참하느님을 알고, 그분이 보내신 예수 그리스도를 아는 것입니다.'(17,3 참조) 하고 영원한 생명에 대해 설명해줍니다. 이처럼 교회에 나와 세례를 받고 신앙생활을 하는 목적은 하느님과 예수 그리스도를 알고 믿어서 영원한 생명을 얻기 위함입니다.

제 29과 (13, 1–20)

㉮㉯㉰성목요일(13,1–15)

제자들의 발을 씻어 주시다

1파스카 축제가 시작되기 전, 예수님께서는 이 세상에서 아버지께로 건너가실
때가 온 것을 아셨다. 그분께서는 이 세상에서 사랑하신 당신의 사람들을 끝까지
사랑하셨다. 2만찬 때의 일이다. 악마가 이미 시몬 이스카리옷의 아들 유다의 마음
속에 예수님을 팔아넘길 생각을 불어넣었다. 3예수님께서는 아버지께서 모든 것
을 당신 손에 내주셨다는 것을, 또 당신이 하느님에게서 나왔다가 하느님께 돌아
간다는 것을 아시고, 4식탁에서 일어나시어 겉옷을 벗으시고 수건을 들어 허리에
두르셨다. 5그리고 대야에 물을 부어 제자들의 발을 씻어 주시고, 허리에 두르신
수건으로 닦기 시작하셨다.

6그렇게 하여 예수님께서 시몬 베드로에게 이르시자 베드로가, "주님, 주님께서
제 발을 씻으시렵니까?" 하고 말하였다. 7예수님께서는 "내가 하는 일을 네가 지
금은 알지 못하지만 나중에는 깨닫게 될 것이다." 하고 대답하셨다. 8그래도 베드
로가 예수님께 "제 발은 절대로 씻지 못하십니다." 하니, 예수님께서 그에게 대답
하셨다. "내가 너를 씻어 주지 않으면 너는 나와 함께 아무런 몫도 나누어 받지 못
한다." 9그러자 시몬 베드로가 예수님께 말하였다. "주님, 제 발만 아니라 손과 머
리도 씻어 주십시오." 10예수님께서 그에게 말씀하셨다. "목욕을 한 이는 온몸이
깨끗하니 발만 씻으면 된다. 너희는 깨끗하다. 그러나 다 그렇지는 않다." 11예수님
께서는 이미 당신을 팔아넘길 자를 알고 계셨다. 그래서 "너희가 다 깨끗한 것은
아니다." 하고 말씀하신 것이다.

12예수님께서는 제자들의 발을 씻어 주신 다음, 겉옷을 입으시고 다시 식탁에
앉으셔서 그들에게 이르셨다. "내가 너희에게 한 일을 깨닫겠느냐? 13너희가 나를
'스승님', 또 '주님' 하고 부르는데, 그렇게 하는 것이 옳다. 나는 사실 그러하다.
14주님이며 스승인 내가 너희의 발을 씻었으면, 너희도 서로 발을 씻어 주어야 한

다. 15내가 너희에게 한 것처럼 너희도 하라고, 내가 본을 보여 준 것이다. 16내가
진실로 진실로 너희에게 말한다. 종은 주인보다 높지 않고, 파견된 이는 파견한 이
보다 높지 않다. 17이것을 알고 그대로 실천하면 너희는 행복하다. 18내가 너희를
모두 가리켜 말하는 것은 아니다. 내가 뽑은 이들을 나는 안다. 그러나 '제 빵을 먹
던 그가 발꿈치를 치켜들며 저에게 대들었습니다.' 라는 성경 말씀이 이루어져야
한다. 19일이 일어나기 전에 내가 미리 너희에게 말해 둔다. 일이 일어날 때에 내가
나임을 너희가 믿게 하려는 것이다. 20내가 진실로 진실로 너희에게 말한다. 내가
보내는 이를 맞아들이는 사람은 나를 맞아들이는 것이고, 나를 맞아들이는 사람은
나를 보내신 분을 맞아들이는 것이다."

본문 익히기

1. 괄호 안을 채워 정성스럽게 발을 씻겨주시는 예수님의 모습을 완성하세요.
   - 식탁에서 (   ) 겉옷을 (   ) 수건을 (   ).
   - 대야에 물을 부어 (   ),
   - 허리에 두르신 수건으로 (   ).
2. 베드로의 말에 예수님께서는 어떻게 답변하셨나요?
   - 자신의 발은 절대로 씻지 못한다고 하자, (   ).
   - 손과 머리도 씻어달라고 하자, (   ).
3. 예수님께서 "너희가 다 깨끗하지는 않다." 하신 이유는 무엇인가요?
4. 주님이며 스승이신 분이 제자들의 발을 씻어주신 이유는 무엇입니까?
5. 일이 있기 전에 배반자가 있을 것을 미리 말해두시는 이유는 무엇인가요?

생활 나누기

1. 당신의 때가 다가온 것을 아신 예수님은 제자들을 끝까지 사랑하십니다.
   나의 생이 얼마 남지 않았다면 주변 사람들에게 무엇을 해줄지 말해봅시다.

2. 스승이신 예수님께서는 제자들의 더러운 발을 정성껏 씻어 주십니다.
가족이나 다른 이의 발을 씻겨준 경험을 나누세요.

3. 예수님께서는 제자들도 당신처럼 하기를 바라시며 본을 보여 주십니다.
자녀(아랫사람)가 나를 그대로 본받았으면 하는 점은 무엇입니까?
반대로 나를 본받지 말았으면 하는 점은 무엇입니까?

4. 예수님께서 말씀하신 것을 알고 그대로 실천하면 행복하다고 하십니다.
부모님(스승님)의 말씀대로 실천하여 행복했던 일이 있다면 들려주세요.

말씀 풀이

파스카 축제가 시작되기 전, 예수님께서는 아버지께로 건너가실 때, 곧 수난과 죽음을 통하여 영광스럽게 되실 때가 온 것을 아셨다. 예수님께서는 사랑하시던 당신 제자들을 목숨이 다하는 순간까지 사랑하셨다. 제자들에게 지극한 사랑을 보여주시는 마지막 만찬 때에 악마는 시몬 이스카리옷의 아들 유다에게 악한 생각을 불어넣는다. 예수님께서는 아버지께서 당신에게 모든 권한을 맡기셨고 또 당신이 아버지께 돌아갈 때가 된 것을 아시고 제자들의 발을 씻어주신다. 예수님께서 '겉옷을 벗으신' 것은 당신의 권위를 내려놓으셨음을 의미하며, '수건을 허리에 두르신' 것은 **헌신과 사랑을 보여주는 종의 모습**이다. 당시에는 손님을 환영한다는 뜻으로 음식을 들기 전에 손님의 발을 씻어 주는 관습이 있었는데, 이는 종들이 맡아 했었다.

시몬 베드로의 차례가 되자 그는 주님께서 어찌 자신의 발을 씻으시느냐며 거절한다. 예수님께서는 지금은 이해하지 못하지만, 나중에는 깨닫게 될 것이라고 하시는데, '나중'이란 당신이 죽고 부활한 후를 말한다. 그래도 베드로가 완강히 거부하자 그러면 베드로가 아무런 몫도 나누어 받을 수 없다고 하신다. '몫'이란 영원한 생명에 이르는 구원을 말한다. 베드로는 아직 이해하지는 못한 채, 발뿐 아니라 손과 머리도 씻어달라고 한다. 예수님께서는 몸이 깨끗한 사람은 발만 씻으면

되는데, '너희는 깨끗하다.' 고 하시면서도 다 깨끗한 것은 아니라고 하신다. 유다가 당신을 배반할 것을 알고 계셨기 때문이다.

예수님께서는 제자들의 발을 씻기신 후, 주님이며 스승인 당신이 본을 보여주셨듯이, 그들도 서로 낮은 자세로 섬김을 실천하면 행복할 것이라고 하신다. 그러고 나서 당신을 배신할 자가 있음을 성경(시편 41,10 참조)을 들어 예고하시는데, 이는 유다의 배신 때문에 제자들이 흔들리지 않게 하시려는 것이다. 예수님께서는 제자들과 당신의 관계를 당신과 하느님의 관계로 이끄신다. 곧 예수님이 보내는 이를 맞아들이는 것이 당신을 맞아들이는 것이고, 예수님을 맞아들이는 사람은 당신을 보내신 분을 맞아들이는 것이라고 하신다.

말씀 간직하기

"내가 너희에게 한 것처럼 너희도 하라고, 내가 본을 보여 준 것이다." (13, 15)

그렇군요

성삼일 전례에 대해 알고 싶어요

예수 그리스도의 수난과 죽음, 부활에 대한 신비를 기념하는 사흘 동안을 '파스카 성삼일'이라고 합니다. 교회 전례의 정점이라 할 수 있는 성삼일은 성목요일에 거행되는 '주님 만찬 저녁 미사'로부터 시작하여 부활 대축일 저녁기도로 끝납니다. 성목요일에는 예수님께서 제자들과 함께 만찬을 하시면서 성체성사를 제정하셨음을 기념하는 미사를 거행합니다. 이날 '발 씻김 예식'(세족례)을 통해 예수님께서 제자들의 발을 씻겨 주신 모습을 재현하는데, 예수님을 본받아 서로 섬기라는 의미입니다. 성금요일은 일 년 중 유일하게 미사가 없는 날로, 오후 3시에 예수님의 수난과 죽음을 묵상하는 '주님 수난 예식'을 거행하나 사목적 이유로 좀 더 늦은 시간에 시작하기도 합니다. 부활 성야는 주님의 부활을 기념하는 밤 미사로 교회 전례에서 가장 성대하게 지내며, 다음날 예수 부활 대축일 미사를 봉헌합니다.

제 30과 (13, 21-38)

㉰부활 제 5주일(13,31-35)

유다가 배신할 것을 예고하시다

21예수님께서는 이렇게 이르시고 나서 마음이 산란하시어 드러내 놓고 말씀하
셨다. "내가 진실로 진실로 너희에게 말한다. 너희 가운데 한 사람이 나를 팔아넘
길 것이다." 22제자들은 누구를 두고 하시는 말씀인지 몰라 어리둥절하여 서로 바
라보기만 하였다. 23제자 가운데 한 사람이 예수님 품에 기대어 앉아 있었는데, 그
는 예수님께서 사랑하시는 제자였다. 24그래서 시몬 베드로가 그에게 고갯짓을 하
여, 예수님께서 말씀하시는 사람이 누구인지 여쭈어 보게 하였다. 25그 제자가 예
수님께 더 다가가, "주님, 그가 누구입니까?" 하고 물었다. 26예수님께서는 "내가
빵을 적셔서 주는 자가 바로 그 사람이다." 하고 대답하셨다. 그리고 빵을 적신 다
음 그것을 들어 시몬 이스카리옷의 아들 유다에게 주셨다. 27유다가 그 빵을 받자
사탄이 그에게 들어갔다. 그때에 예수님께서 유다에게 말씀하셨다. "네가 하려는
일을 어서 하여라." 28식탁에 함께 앉은 이들은 예수님께서 그에게 왜 그런 말씀을
하셨는지 아무도 몰랐다. 29어떤 이들은 유다가 돈주머니를 가지고 있었으므로,
예수님께서 그에게 축제에 필요한 것을 사라고 하셨거나, 또는 가난한 이들에게
무엇을 주라고 말씀하신 것이려니 생각하였다. 30유다는 빵을 받고 바로 밖으로
나갔다. 때는 밤이었다.

새 계명

31유다가 나간 뒤에 예수님께서 말씀하셨다. "이제 사람의 아들이 영광스럽게
되었고, 또 사람의 아들을 통하여 하느님께서도 영광스럽게 되셨다. 32하느님께서
사람의 아들을 통하여 영광스럽게 되셨으면, 하느님께서도 몸소 사람의 아들을 영
광스럽게 하실 것이다. 이제 곧 그를 영광스럽게 하실 것이다. 33얘들아, 내가 너
희와 함께 있는 것도 잠시뿐이다. 너희는 나를 찾을 터인데, 내가 유다인들에게 말

한 것처럼 이제 너희에게도 말한다. '내가 가는 곳에 너희는 올 수 없다.' 34내가
너희에게 새 계명을 준다. 서로 사랑하여라. 내가 너희를 사랑한 것처럼 너희도 서
로 사랑하여라. 35너희가 서로 사랑하면, 모든 사람이 그것을 보고 너희가 내 제자
라는 것을 알게 될 것이다."

베드로가 당신을 모른다고 할 것을 예고하시다

36시몬 베드로가 예수님께 "주님, 어디로 가십니까?" 하고 물었다. 예수님께서
는 그에게, "내가 가는 곳에 네가 지금은 따라올 수 없다. 그러나 나중에는 따라오
게 될 것이다." 하고 대답하셨다. 37베드로가 다시 "주님, 어찌하여 지금은 주님을
따라갈 수 없습니까? 주님을 위해서라면 저는 목숨까지 내놓겠습니다." 하자,
38예수님께서 대답하셨다. "나를 위하여 목숨을 내놓겠다는 말이냐? 내가 진실로
진실로 너에게 말한다. 닭이 울기 전에 너는 세 번이나 나를 모른다고 할 것이다."

본문 익히기

1. 21-30절을 읽고, (　　)속에 O, X로 답해보세요.
   ① 예수님을 팔아넘길 자는 제자들 가운데 한 사람이었다. (　　)
   ② 예수님 품에 기대어 앉은 제자는 베드로이다. (　　)
   ③ 배반할 자가 누구냐는 물음에 예수님은 대답하지 않으셨다. (　　)
   ④ 제자들 중에 돈주머니를 관리한 사람은 유다이다. (　　)
   ⑤ 유다는 빵을 받고 바로 밖으로 나갔는데, 때는 정오였다. (　　)
2. 예수님께서 주신 새 계명입니다. (　　)안을 채우고 말씀을 새겨봅시다.
   서로 (　　)하여라. 내가 너희를 (　　)한 것처럼 너희도 서로 (　　)하여라.
3. 예수님의 제자라는 것을 모든 사람이 알게 하려면 어떻게 해야 합니까?
4. 베드로가 어디로 가시느냐고 묻자 예수님께서는 어떻게 답하십니까?

생활 나누기

1. 주님께서 사랑하시는 제자는 예수님의 품에 기대어 앉아 있습니다.
   가장 가까이에서 마음까지 함께 나누는 친구가 있나요?
   예수님의 마음속까지 이해하려면 어떻게 하면 좋을까요?

2. 제자 중 하나가 예수님을 팔아넘길 것이라 하자, 서로 누구인지 묻습니다.
   좋은 말은 나에게, 안 좋은 말은 남에게 해당한다고 생각하지는 않나요?

3. 하느님께서 몸소 사람의 아들을 영광스럽게 하실 것입니다.
   하느님 덕분에 영광스럽게 된 일이 있었다면 나눠봅시다.

4. 제자들이 서로 사랑하면, 모든 사람이 예수님의 제자임을 알게 될 것입니다.
   다른 이들의 어떤 면을 보고 예수님을 믿는 이라고 느꼈나요?

말씀 풀이

제자들 가운데 하나가 당신을 배반하리라는 것을 아시는 예수님께서는 마음이 산란하시어 그 일을 드러내 놓고 말씀하신다. 제자들은 그런 엄청난 일을 저지를 자가 누구인지 어리둥절해한다. 베드로는 '예수님께서 사랑하시는 제자'(19,26; 20,2; 21,20 참조)에게 그가 누구인지를 넌지시 여쭈어보게 한다. 그 제자는 '예수님의 품에 기대어 앉아 있었다.' 고 하는데, 당시에는 식사할 때 왼쪽 팔꿈치를 괴고 비스듬히 누워 음식을 먹었기에 기대었다고 표현한 것이다. 전승에는 그 제자가 제베대오의 아들 요한이라고 한다. 그는 예수님께 가까이 다가가 배반할 사람이 누구인지를 묻는다. 예수님께서는 "내가 빵을 적셔서 주는 자가 바로 그 사람이다."라고 하신다. 당시에는 아버지가 큰 빵을 손에 들고 기도를 바친 다음 이를 쪼개어 가족에게 나누어 주면, 대접에 담긴 소스에 빵을 적셔 먹었다. 예수님께서는 이 관례대로 빵을 적셔 나누어 주시는데, 유다가 빵을 받자 사탄이 그에게 들어갔다. 예수님께서는 유다에게 하려는 일을 어서 하라고 말씀하신다. 이처럼 예수님께서 유다의 배신을 돕는 듯한 표현은 당신의 수난과 죽음을 기꺼이 받아들이고 주도하셨다는 의미이다. 사실 제자들은 누가 예수님을 팔아넘길 것인지 알아채지 못한다. 유다가 나가자 그가 공금을 맡아 관리하고 있었기에 파스카 축제에 필요한 것을 사거나 가난한 이들에게 희사하러 나가는 것으로 추측한다. 유다는 예수님에 대한 믿음과 확신이 없었기 때문에 스스로 유혹에 넘어간 것이다. 유다가 빵을 받고 밖으로 나간 때는 밤이었다. 어둠의 권세인 사탄이 본격적으로 기세를 떨칠 시간이었던 것이다(9,4; 11,10; 12,35 참조).

유다가 떠나감으로 인해 예수님의 수난은 이미 시작되었고, 하느님의 뜻에 순종하신 예수님께서는 이미 영광스럽게 되셨다. 또한, 예수님과 하느님은 온전히 일치해 계시기에 사람의 아들의 영광은 곧 하느님의 영광이 될 것이다. 예수님의 십자가 상 죽음을 통한 하느님 계획의 성취가 임박한 것이다. 그러나 영광의 때는 예수님과 제자들이 작별할 때이기도 하다. 예수님께서는 **'서로 사랑하라.'** 는 새 계명을 주시며, 당신이 제자들을 사랑한 것처럼 제자들도 서로 사랑하라고 당부하신다. 서로 사랑하는 모습을 통해서 그들이 예수님을 증거하고 알리는 그분의 제자임이 드러날 것이다.

예수님께서 곧 제자들 곁을 떠나가실 듯하자, 베드로는 어디로 가시는지 묻는다. 예수님께서는 지금은 아니지만, 나중에 베드로도 죽음의 길을 따라올 것이라고 하신다(21,18-19 참조). 베드로는 지금이라도 목숨을 걸고 따라가겠다는 의지를 보인다. 하지만 예수님께서는 닭이 울기 전에 그가 세 번이나 당신을 부인하리라고 예고하신다(마태 16,31-35; 마르 14,27-31; 루카 22,31-34 참조).

말씀 간직하기

"내가 너희에게 새 계명을 준다. 서로 사랑하여라. 내가 너희를 사랑한 것처럼 너희도 서로 사랑하여라." (13, 34)

궁금해요

'새 계명'에 대조되는 '옛 계명'은 무엇인가요?

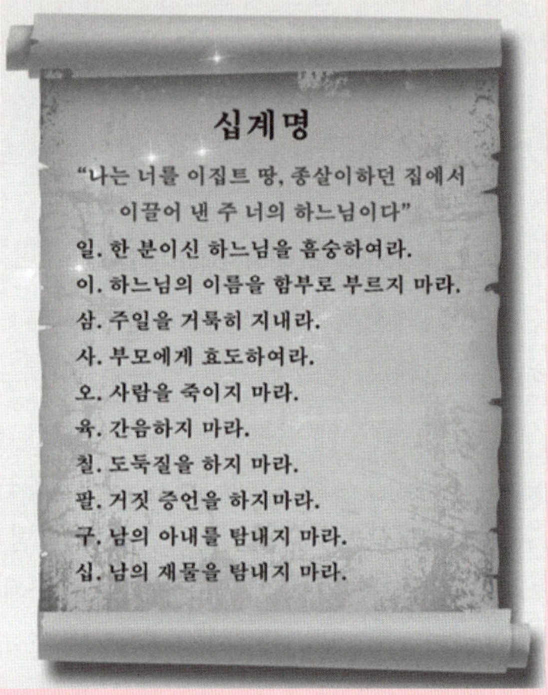

옛 계명은 모세가 시나이 산에서 하느님께 받은 십계명(탈출 20,1-20; 34,10-28 참조)으로 이스라엘 율법의 근간이 됩니다. 유다교에서는 이 십계명을 기초로 613개의 조목을 만들었습니다. 율법 학자들은 율법이 지시하는 바를 연구하여 일상생활에 모든 규정을 적용했습니다. 그러다 보니 형식적인 율법의 준수만 강조되었을 뿐, 율법의 근본 정신에 소홀하게 되었고, 사람들에게는 도저히 감당할 수 없는 구속이 되어버렸습니다. 이에 예수님께서는 율법의 골자를 '하느님 사랑과 이웃 사랑'으로 요약해주시며(마르 12,28-34), 이를 다시 '서로 사랑하라.'는 새 계명으로 완성해주십니다(요한 13,34).

제 31과 (14, 1–14)

㉮부활 제 5주일(14,1–12)

아버지께 가는 길

1"너희 마음이 산란해지는 일이 없도록 하여라. 하느님을 믿고 또 나를 믿어라. 2
내 아버지의 집에는 거처할 곳이 많다. 그렇지 않으면 내가 너희를 위하여 자리를
마련하러 간다고 말하였겠느냐? 3내가 가서 너희를 위하여 자리를 마련하면, 다시
와서 너희를 데려다가 내가 있는 곳에 너희도 같이 있게 하겠다. 4너희는 내가 어
디로 가는지 그 길을 알고 있다." 5그러자 토마스가 예수님께 말하였다. "주님, 저
희는 주님께서 어디로 가시는지 알지도 못하는데, 어떻게 그 길을 알 수 있겠습니
까?" 6예수님께서 그에게 말씀하셨다. "나는 길이요 진리요 생명이다. 나를 통하지
않고서는 아무도 아버지께 갈 수 없다. 7너희가 나를 알게 되었으니 내 아버지도 알
게 될 것이다. 이제부터 너희는 그분을 아는 것이고, 또 그분을 이미 뵌 것이다."
8필립보가 예수님께, "주님, 저희가 아버지를 뵙게 해 주십시오. 저희에게는 그
것으로 충분하겠습니다." 하자, 9예수님께서 그에게 말씀하셨다. "필립보야, 내가
이토록 오랫동안 너희와 함께 지냈는데도, 너는 나를 모른다는 말이냐? 나를 본
사람은 곧 아버지를 뵌 것이다. 그런데 너는 어찌하여 '저희가 아버지를 뵙게 해
주십시오.' 하느냐? 10내가 아버지 안에 있고 아버지께서 내 안에 계시다는 것을
너는 믿지 않느냐? 내가 너희에게 하는 말은 나 스스로 하는 말이 아니다. 내 안에
머무르시는 아버지께서 당신의 일을 하시는 것이다. 11내가 아버지 안에 있고 아버
지께서 내 안에 계시다고 한 말을 믿어라. 믿지 못하겠거든 이 일들을 보아서라도
믿어라. 12내가 진실로 진실로 너희에게 말한다. 나를 믿는 사람은 내가 하는 일을
할 뿐만 아니라, 그보다 더 큰 일도 하게 될 것이다. 내가 아버지께 가기 때문이다.
13너희가 내 이름으로 청하는 것은 무엇이든지 내가 다 이루어 주겠다. 그리하여
아버지께서 아들을 통하여 영광스럽게 되시도록 하겠다. 14너희가 내 이름으로 청
하면 내가 다 이루어 주겠다."

본문 익히기

1. 예수님께서 제자들에게 하신 말씀(1-4절)입니다. (   ) 안을 채우세요.
   □ 내 아버지의 집에는 거처할 곳이 (   ).
   □ 다시 와서 너희를 데려다가 내가 있는 곳에 너희도 (   ) 하겠다.
   □ 너희는 내가 어디로 가는지 그 길을 (   ).
2. 5-9절을 읽고, 누구의 질문이며, 예수님의 답변은 무엇인지 써보세요.
   ㉮ 주님께서 어디로 가시는지 알지 못하는데, 어떻게 그 길을 알 수 있겠습니까?
   (   ), (   )
   ㉯ 주님, 저희가 아버지를 뵙게 해 주십시오.
   (   ), (   )
3. 예수님을 믿는 사람은 예수님이 하시는 일을 할 뿐만 아니라,
   보다 더 큰 일을 하게 될 것이라고 하는 이유는 무엇입니까?

생활 나누기

1. 예수님께서 제자들과 같이 있을 자리를 마련하기 위해 간다고 하십니다.
   예수님께서 마련하신 내 자리는 어떠한 자리일까요?
   그 자리를 즐기며 그분과 함께하기 위해 어떤 준비가 필요할까요?

2. 예수님께서 필립보에게 오랫동안 함께 지냈는데 당신을 모르냐고 하십니다.
   신앙생활을 한 지는 얼마나 되었으며, 예수님에 대해 얼마나 알고 있나요?
   함께 살고 있는 가족에 대해서는 얼마나 알고 있습니까?

3. 마음이 산란해지지 않도록 하느님을 믿고 또 예수님을 믿으라고 하십니다.
   요즘 마음을 산란하게 하는 것은 무엇입니까?
   마음이 평화로워지려면 무엇을 청해야할까요?

4. 예수님의 이름으로 청하면 다 이루어 주겠다고 하십니다.
요즘 간절히 청하는 것이 있나요? 공동체에 기도를 청해보세요.

말씀 풀이

예수님께서는 제자들에게 당신이 떠난다고 하여 마음 산란해하지 말고 확고한 믿음을 가지라고 당부하신다. 예수님께서는 제자들을 데려가기 위해 아버지 집에 거처를 마련하러 가실 것인데, 아버지의 집에는 제자들이 거처할 곳이 많다. 그분은 제자들과 함께 영원히 살기 위해 그들을 데리러 다시 오실 것이다. 제자들이 이미 그 길을 알고 있다고 예수님께서 말씀하시자, 토마스가 나서서 주님께서 가시는 곳도 알지 못하는데 어찌 그 길을 알 수 있겠느냐고 반문한다. 예수님께서는 당신이 바로 **'길이요 진리요 생명'** 이라고 계시하신다. 예수님께서 계시하신 진리를 믿음으로 받아들이는 이는 아버지께로 가는 유일한 '길' 인 예수님을 통해서 영원한 생명을 얻을 수 있다는 말씀이다. 또한, 예수님을 알게 되면 아버지를 알게 될 것이다. 예수님께서는 제자들이 이제부터 아버지를 알게 될 뿐 아니라 당신 안에서 아버지를 이미 보았다고 하신다.

그러자 필립보가 아버지를 뵐 수 있다면 그것으로 충분하다고 한다. 제자가 이제 하느님을 아버지로 부른 것이다. 예수님께서는 '나를 본 사람은 곧 아버지를 뵌 것' (12,45; 14,9)이라고 하시며, 아버지와 당신이 하나임을 알려주신다. 예수님께서 하신 말씀이나 일, 곧 표징들은 당신과 하느님이 하나임을 보여주는 증거이다. 예수님께서는 '진실로 진실로' 라는 표현으로 장중하게 말씀하신다. 당신을 믿는 사람은 당신께서 일으키시는 표징들뿐만 아니라 그보다 더 큰 일들을 하게 될 것이다. 더 큰 일이란 예수님께서 이제 하느님께로 가시므로 제자들이 예수님께서 하시던 일을 이어받아 온 세상에 복음을 선포하게 될 일을 말한다. 그런데 그 일은 제자들 스스로 이룰 수 있는 것이 아니라, 당신의 이름을 통하여 청하는 것이면 무엇이든 이루어 주실 예수님이 해주시는 것이다. 그리고 예수님께서는 아버지께로 가서 아버지와 함께 그들이 청하는 것을 함께 들어주시기 때문에 아버지께서도 영광스럽게 되실 것이다.

말씀 간직하기

"나는 길이요 진리요 생명이다. 나를 통하지 않고서는 아무도 아버지께 갈 수 없다."

(14, 6)

궁금해요

아버지를 뵙는 것으로 충분하다는 뜻은 무엇인가요?

하느님을 직접 보는 것을 지복직관(至福直觀)이라고 합니다. 이는 모든 믿는 이가 희망하는 최상의 상태로, 하느님을 직접 봄으로써 하느님의 행복에 참여하게 되는 것을 말합니다. 이 말 안에는 아무도 현세에서 하느님을 직접 뵐 수 없다는 사람들의 생각이 전제되어 있습니다. 하느님을 보는 지복직관은 내세에서나 가능한 일이라는 것입니다. 그런데 필립보는 하느님 아버지를 뵙게 해달라고 청하며 그것으로 충분하다고 합니다. 예수님께서는 아버지께서 당신 안에 계심을 믿는 사람은 이미 하느님 아버지를 뵌 것이라고 선포하십니다.

제 32과 (14, 15-31)

ㅣ ㉮부활 제 6주일(14,15-21)
ㅣ ㉰성령 강림 대축일(14,15-16.23-26)
ㅣ ㉰부활 제 6주일(14,23-29)

성령을 약속하시다

15"너희가 나를 사랑하면 내 계명을 지킬 것이다. 16그리고 내가 아버지께 청하
면, 아버지께서는 다른 보호자를 너희에게 보내시어, 영원히 너희와 함께 있도록
하실 것이다. 17그분은 진리의 영이시다. 세상은 그분을 보지도 못하고 알지도 못
하기 때문에 그분을 받아들이지 못하지만, 너희는 그분을 알고 있다. 그분께서 너
희와 함께 머무르시고 너희 안에 계시기 때문이다.
18나는 너희를 고아로 버려두지 않고 너희에게 다시 오겠다. 19이제 조금만 있으
면, 세상은 나를 보지 못하겠지만 너희는 나를 보게 될 것이다. 내가 살아 있고 너
희도 살아 있을 것이기 때문이다. 20그날, 너희는 내가 아버지 안에 있고 또 너희
가 내 안에 있으며 내가 너희 안에 있음을 깨닫게 될 것이다. 21내 계명을 받아 지
키는 이야말로 나를 사랑하는 사람이다. 나를 사랑하는 사람은 내 아버지께 사랑
을 받을 것이다. 그리고 나도 그를 사랑하고 그에게 나 자신을 드러내 보일 것이
다."
22이스카리옷이 아닌 다른 유다가 예수님께, "주님, 저희에게는 주님 자신을 드
러내시고 세상에는 드러내지 않으시겠다니 무슨 까닭입니까?" 하자, 23예수님께
서 그에게 대답하셨다. "누구든지 나를 사랑하면 내 말을 지킬 것이다. 그러면 내
아버지께서 그를 사랑하시고, 우리가 그에게 가서 그와 함께 살 것이다. 24그러나
나를 사랑하지 않는 사람은 내 말을 지키지 않는다. 너희가 듣는 말은 내 말이 아
니라 나를 보내신 아버지의 말씀이다.
25나는 너희와 함께 있는 동안에 이것들을 이야기하였다. 26보호자, 곧 아버지
께서 내 이름으로 보내실 성령께서 너희에게 모든 것을 가르치시고 내가 너희에게

말한 모든 것을 기억하게 해 주실 것이다. 27나는 너희에게 평화를 남기고 간다.
내 평화를 너희에게 준다. 내가 주는 평화는 세상이 주는 평화와 같지 않다. 너희
마음이 산란해지는 일도, 겁을 내는 일도 없도록 하여라. 28 '나는 갔다가 너희에게
돌아온다.' 고 한 내 말을 너희는 들었다. 너희가 나를 사랑한다면 내가 아버지께
가는 것을 기뻐할 것이다. 아버지께서 나보다 위대하신 분이시기 때문이다. 29나
는 일이 일어나기 전에 너희에게 미리 말하였다. 일이 일어날 때에 너희가 믿게 하
려는 것이다. 30나는 너희와 더 이상 많은 이야기를 나누지 않겠다. 이 세상의 우
두머리가 오고 있기 때문이다. 그는 나에게 아무 권한도 없다. 31그러나 내가 아버
지를 사랑한다는 것과 아버지께서 명령하신 대로 내가 한다는 것을 세상이 알아야
한다. 일어나 가자."

본문 익히기

1. 다음은 예수님께서 당신을 사랑하는 사람들에게 하신 말씀입니다.
   본문에서 알맞은 말을 골라 괄호를 채워보세요. (15–28절)
   - □ 너희가 나를 사랑하면, 내 (　　　　　)을 지킬 것이다.
   - □ 나를 사랑하는 사람은 내 아버지께 (　　　　　)을 받을 것이다.
   - □ 누구든지 나를 사랑하면 내 (　　　　　)을 지킬 것이다.
   - □ 너희가 나를 사랑한다면 내가 아버지께 (　　　　　)을 기뻐할 것이다.
2. 보호자, 곧 아버지께서 보내실 성령께서는 무엇을 해주시나요?
3. 다음 문장의 빈칸 속에 공통으로 들어갈 한 단어는 무엇입니까?
   나는 너희에게 (　　　　　)를 남기고 간다. 내 (　　　　　)를 너희에게 준다.
   내가 주는 (　　　　　)는 세상이 주는 (　　　　　)와 같지 않다.
4. 예수님께서 일이 일어나기 전, 제자들에게 미리 말씀하신 이유는 무엇입니까?

생활 나누기

1. 예수님을 사랑하는 사람은 그분의 계명을 잘 지킵니다.
   사랑하는 가족을 위해 내가 지키고 있는 원칙들을 소개해주세요.

2. 성령께서는 모든 것을 가르치고 예수님께서 말한 것을 기억하게 해줍니다.
   신앙이 흔들릴 때마다 나를 잡아주는 기억들은 무엇입니까?

   □ 세례 혹은 견진 때의 마음 　□ 성지순례 때 받은 감동
   □ 성경 말씀을 통해 얻은 체험 　□ 고해성사나 면담의 체험
   □ 대부모나 신자들의 모범적인 삶 　□ 기타

3. 예수님께서 주시는 평화는 세상이 주는 평화와 같지 않다고 하십니다.
   세상이 주는 평화는 어떤 것일까요?
   예수님이 주시는 평화를 맛본 것은 언제였습니까?

말씀 풀이

예수님께서는 제자들이 당신을 사랑하면 당신의 계명을 지킬 것이라고 하신다. '서로 사랑하는 것' 이 당신의 계명(13,34)이므로, 사랑하며 사는 것이 바로 예수님을 사랑하는 것이다. 예수님께서는 세 번(14,15.21.23)에 걸쳐 당신이 주신 새 계명을 지키라고 당부하신다. 예수님이 청하여 아버지께서 보내주실 '다른 보호자' ('궁금해요' 참조)는 제자들이 계명을 잘 지킬 수 있도록 도울 것이며 영원히 그들과 함께 머물 것이다. 세상은 '진리의 영' 이신 그분을 받아들이지 못할 것인데, 그 이유는 예수님의 말씀을 받아들이지 않기 때문이다. 그러나 제자들은 예수님을 통해서 이미 성령과 함께 머무르고 성령이 그들 안에 계시기 때문에 그분을 알아볼 수 있다.

예수님께서는 머지않아 닥칠 수난과 죽음으로 잠시 제자들 곁을 떠나시겠지만, 그들을 고아처럼 버려두지 않으시고 부활하여 다시 오실 것이다. 부활하신 예수님

을 보지 못하게 될 세상과는 달리 제자들은 그분을 보게 될 것이다. 그날에 제자들은 예수님이 아버지 안에 계시고 예수님과 제자들이 서로 일치해 있음을 깨달을 것이다.

'이스카리옷이 아닌 다른 유다' 란 야고보의 아들(루카 6,16; 사도 1,13), 또는 타대오(마태 10,3; 마르 3,18)로 불리는 제자와 동일인물로 보인다. 그가 예수님께 세상에는 왜 당신을 드러내지 않으시는지를 묻는다. 예수님께서는 세상은 당신을 알지도 사랑하지도 않고 당신의 말을 지키지도 않기 때문이라고 답하신다. 반면에 당신을 사랑하여 계명을 지키는 이를 하느님께서는 사랑하실 것이며 아버지와 당신이 그와 함께 살 것이라고 일러주신다.

보호자이신 성령(파라클레토스)은 예수님께서 알려주신 모든 것을 제자들이 깨닫도록 가르치시고 그 말씀들을 기억하게 해 주실 것이다. 예수님께서는 제자들에게 당신의 평화를 선사하신다. 세상이 주는 일시적이고 불완전한 평화가 아니라 예수님 안에서 누리는 참된 평화이다. 예수님께서는 제자들의 마음이 이 평화로 채워져 산란해하거나 겁을 내며 불안해하지 않기를 바라신다. 예수님의 말씀을 받아들이는 이들이라면 이제 예수님께서 떠나신다고 슬퍼할 것이 아니라 그분이 가시는 목적을 알기에 오히려 기뻐해야 할 것이다. 예수님께서는 당신의 수난과 죽음으로 제자들이 믿음을 잃지 않기를 바라시어 이 말씀을 하신 것이다.

예수님께서는 당신을 잡기 위해 이 세상의 우두머리인 사탄이 오고 있다고 하신다. 그는 유다와 군대를 움직여 예수님을 체포하려 할 것이다(18,3). 예수님께서는 당신이 아버지를 사랑하며 아버지의 명령대로 한다는 것을 세상에 알리기 위해 기꺼이 수난의 길을 가실 것이다. 말씀을 마치신 예수님께서는 '일어나 가자.' 라고 하시며 제자들을 독려하신다.

말씀 간직하기

"누구든지 나를 사랑하면 내 말을 지킬 것이다." (14, 23)

그렇군요

다른 보호자란 누구를 말하나요?

예수님께서는 아버지께 청하여 다른 보호자를 보내주시어 우리와 영원히 함께 있게 하겠다고 약속하십니다. 다른 보호자란 성령을 말합니다. 성경에서 성령은 바람(3,8), 숨(20,22), 입김(욥 33,4) 등으로 나타납니다. '보호자'를 그리스어로는 파라클레토스(Paracletos)라 하는데 이는 협조자, 변호인 등을 뜻합니다. 성령은 항상 우리와 함께 계시면서 예수님께서 말씀하시고 가르치신 것을 기억나게 하여 실천하도록 이끄시는 진리의 영이십니다.

제 33과 (15, 1–17)

ㅣ ㉯부활 제 5주일(15,1–8) ㅣ ㉯부활 제 6주일(15,9–17)

나는 참포도나무다

1"나는 참포도나무요 나의 아버지는 농부이시다. 2나에게 붙어 있으면서 열매를
맺지 않는 가지는 아버지께서 다 쳐내시고, 열매를 맺는 가지는 모두 깨끗이 손질
하시어 더 많은 열매를 맺게 하신다. 3너희는 내가 너희에게 한 말로 이미 깨끗하
게 되었다. 4내 안에 머물러라. 나도 너희 안에 머무르겠다. 가지가 포도나무에 붙
어 있지 않으면 스스로 열매를 맺을 수 없는 것처럼, 너희도 내 안에 머무르지 않
으면 열매를 맺지 못한다. 5나는 포도나무요 너희는 가지다. 내 안에 머무르고 나
도 그 안에 머무르는 사람은 많은 열매를 맺는다. 너희는 나 없이 아무것도 하지
못한다. 6내 안에 머무르지 않으면 잘린 가지처럼 밖에 던져져 말라 버린다. 그러
면 사람들이 그런 가지들을 모아 불에 던져 태워 버린다. 7너희가 내 안에 머무르
고 내 말이 너희 안에 머무르면, 너희가 원하는 것은 무엇이든지 청하여라. 너희에
게 그대로 이루어질 것이다. 8너희가 많은 열매를 맺고 내 제자가 되면, 그것으로
내 아버지께서 영광스럽게 되실 것이다. 9아버지께서 나를 사랑하신 것처럼 나도
너희를 사랑하였다. 너희는 내 사랑 안에 머물러라. 10내가 내 아버지의 계명을 지
켜 그분의 사랑 안에 머무르는 것처럼, 너희도 내 계명을 지키면 내 사랑 안에 머
무를 것이다.

11내가 너희에게 이 말을 한 이유는, 내 기쁨이 너희 안에 있고 또 너희 기쁨이
충만하게 하려는 것이다. 12이것이 나의 계명이다. 내가 너희를 사랑한 것처럼 너
희도 서로 사랑하여라. 13친구들을 위하여 목숨을 내놓는 것보다 더 큰 사랑은 없
다. 14내가 너희에게 명령하는 것을 실천하면 너희는 나의 친구가 된다. 15나는 너
희를 더 이상 종이라고 부르지 않는다. 종은 주인이 하는 일을 모르기 때문이다.
나는 너희를 친구라고 불렀다. 내가 내 아버지에게서 들은 것을 너희에게 모두 알
려 주었기 때문이다. 16너희가 나를 뽑은 것이 아니라 내가 너희를 뽑아 세웠다. 너

희가 가서 열매를 맺어 너희의 그 열매가 언제나 남아 있게 하려는 것이다. 그리하여 너희가 내 이름으로 아버지께 청하는 것을 그분께서 너희에게 주시게 하려는 것이다. 17내가 너희에게 명령하는 것은 이것이다. 서로 사랑하여라."

본문 익히기

1. 보기에서 단어를 골라 빈칸을 채워 비유의 내용을 완성하세요.

 □ 나는 (   )요 나의 아버지는 (   )이시다.

 □ 나는 (   )요 너희는 (   )다.

보기	참포도나무, 열매, 가지, 포도나무, 농부

2. 예수님께서 당신 안에 머물라고 하시는 이유는 무엇입니까?

3. 많은 열매를 맺는 가지와 관련이 있는 것을 모두 골라보세요.

 ① 아버지께서 깨끗이 손질하신다.

 ② 예수님 안에 머무르고 예수님도 그 안에 머무르신다.

 ③ 밖에 던져져 말라 버린다.

 ④ 아버지께서 영광스럽게 되신다.

4. '계명'과 '사랑' 중에서 하나를 골라 괄호 안에 넣어 읽어보세요.

 내가 내 아버지의 (   )을 지켜 그분의 (   ) 안에 머무르는 것처럼, 너희도 내 (   )을 지키면 내 (   ) 안에 머무를 것이다.

5. 다음을 읽고 '친구'에 해당하면 '친', '종'에 해당하면 '종'이라 쓰세요.

 □ 예수님께서 명령하는 것을 실천한다. (   )

 □ 주인이 하는 일을 모른다. (   )

 □ 아버지에게서 들은 것을 모두 알려준다. (   )

 □ 예수님께서 제자들을 이렇게 불렀다. (   )

6. 예수님께서 제자들에게 명령하시는 것은 무엇인가요?

생활 나누기

1. 열매를 맺는 가지도 깨끗이 손질하시어 더 많은 열매를 맺게 하십니다.
   내가 더 많은 열매를 맺기 위해 어디를 손질해주시면 좋겠습니까?

2. 많은 열매를 맺고 예수님의 제자가 되면 아버지께서 영광스럽게 되십니다.
   하느님 아버지를 영광스럽게 할 나의 열매는 무엇일지 나누어봅시다.

3. 계명을 지키면 예수님의 사랑 안에 머물러 기쁨이 충만하게 된다고 하십니다.
   어렵지만 계명을 지켜 충만한 기쁨을 맛본 체험을 나누어주세요.
   계명을 지키는 것이 버겁기만 하다면 이유가 무엇이라고 생각합니까?

4. 친구들을 위하여 목숨을 내놓는 것보다 더 큰 사랑은 없다고 하십니다.
   나를 위해서 목숨을 내놓을만한 사람이나 또는 내가 목숨을 내놓을만한 사람들에 대한 이야기를 나눠봅시다.

말씀 풀이

예수님께서는 당신을 참포도나무로, 하느님 아버지는 포도나무를 가꾸는 농부(이사 5,1-7)로 비유하신다. '포도나무' 는 구약에서 자주 이스라엘 백성으로 묘사되었지만, 여기서는 예수님을 가리킨다. '참' 이라 하신 의미는 유다인들이 기다리던 메시아임을 뜻한다. 아버지께서는 열매 맺지 못하는 가지를 쳐내시고, 열매 맺는 가지는 더욱 많은 열매를 맺도록 돌보신다. 열매란 믿음과 사랑으로 이루어진 공동체적인 삶과 복음선포 활동의 결실을 말한다. 제자들은 생명이신 예수님 안에 머물러 풍성한 열매를 맺을 수 있어야 한다. **'머문다는 것'** 은 언제나 예수님과 함께 있고, 그분과의 일치를 위해 노력하는 것이다. 그러면 예수님께서도 제자들 안에 머물러 계실 것이다. 그리고 제자들이 열매를 맺기 위해 원하는 것을 청하면 무엇이든지 그대로 이루어 주실 것이다. 그들이 많은 열매를 맺어 예수님의 참된 제자가 되는 것이 곧 하느님 아버지를 영광스럽게 하는 것이다.

아버지께서 예수님을 사랑하신 것처럼 예수님께서도 제자들을 사랑하셨다. 예수님께서는 제자들도 그 사랑 안에 머물러 **서로 사랑하라**는 계명을 주신다. 그 사랑은 친구를 위해 목숨을 내놓는 사랑이다. 구약에서는 하느님의 일을 하는 이를 종으로 여겼다. 그러나 예수님께서는 제자들을 당신의 친구로 여기시어 아버지의 계획을 알려주고 함께 일하는 동반자의 관계로 올려놓으신다. 예수님께서는 제자들을 뽑아 세워 열매를 맺고, 그 열매가 언제까지나 남아 있게 하신다. 제자들이 당신의 이름으로 아버지께 청하면 그분께서 들어 주시도록 하려는 것이다. 그러기 위해 제자들에게 필요한 것은 당신의 사랑 안에서 서로 사랑하는 일이다. 예수님께서 명령하시는 것은 바로 '서로 사랑하라.'는 것이다.

말씀 간직하기

"아버지께서 나를 사랑하신 것처럼 나도 너희를 사랑하였다. 너희는 내 사랑 안에 머물러라." (15, 9)

궁금해요

예수님께서는 당신을 따르는 이들을 어떻게 부르셨나요?

이스라엘 백성은 시나이 산에서 하느님과 계약을 맺은 이후 자신들을 하느님의 백성, 종으로 여겨왔습니다. 그러나 예수님께서는 당신 말씀을 진정으로 믿고 따르는 사람들을 '형제'(마태 12,50; 마르 3,35; 루카 8,21), '하느님의 자녀'(마태 15,26; 마르 7,27; 요한 1,12-13), '제자'(마태 10,42; 17,16; 루카 14,26-27.33), '친구' 또는 '벗'(philos: 요한 15,13-15; 루카 12,4)으로 부르셨습니다.

제 34과 (15, 18-16, 15)

ⓝ성령 강림 대축일(15,26-27;16,12-15)
ⓓ삼위일체 대축일(16,12-15)

세상이 너희를 미워할 것이다

18"세상이 너희를 미워하거든 너희보다 먼저 나를 미워하였다는 것을 알아라.
19너희가 세상에 속한다면 세상은 너희를 자기 사람으로 사랑할 것이다. 그러나
너희가 세상에 속하지 않을 뿐만 아니라 내가 너희를 세상에서 뽑았기 때문에, 세
상이 너희를 미워하는 것이다. 20 '종은 주인보다 높지 않다.' 고 내가 너희에게 한
말을 기억하여라. 사람들이 나를 박해하였으면 너희도 박해할 것이고, 내 말을 지
켰으면 너희 말도 지킬 것이다. 21그러나 그들은 내 이름 때문에 너희에게 그 모든
일을 저지를 것이다. 그들이 나를 보내신 분을 알지 못하기 때문이다. 22내가 와서
그들에게 말하지 않았으면 그들은 죄가 없었을 것이다. 그러나 이제는 자기들의
죄를 변명할 구실이 없다. 23나를 미워하는 자는 내 아버지까지 미워한다. 24일찍
이 다른 그 누구도 하지 못한 일들을 내가 그들 가운데에서 하지 않았으면, 그들은
죄가 없었을 것이다. 그러나 그들은 내가 한 일을 보고 나와 내 아버지까지 미워하
였다. 25이는 그들의 율법에 '그들은 까닭 없이 저를 미워하였습니다.' 라고 기록
된 말이 이루어지려고 그리된 것이다.
26내가 아버지에게서 너희에게로 보낼 보호자, 곧 아버지에게서 나오시는 진리
의 영이 오시면, 그분께서 나를 증언하실 것이다. 27그리고 너희도 처음부터 나와
함께 있었으므로 나를 증언할 것이다."
16 1"내가 너희에게 이 말을 한 이유는 너희가 떨어져 나가지 않게 하려는 것이
다. 2사람들이 너희를 회당에서 내쫓을 것이다. 게다가 너희를 죽이는 자마다 하느
님께 봉사한다고 생각할 때가 온다. 3그들은 아버지도 나도 알지 못하기 때문에 그
러한 짓을 할 것이다. 4내가 너희에게 이 말을 한 이유는, 그들의 때가 오면 내가
너희에게 한 말을 기억하게 하려는 것이다."

성령께서 하시는 일

"내가 처음부터 이 말을 너희에게 하지 않은 것은 내가 너희와 함께 있었기 때
문이다. 5이제 나는 나를 보내신 분께 간다. 그런데도 '어디로 가십니까?' 하고 묻
는 사람이 너희 가운데 아무도 없다. 6오히려 내가 이 말을 하였기 때문에 너희 마
음에 근심이 가득 찼다. 7그러나 너희에게 진실을 말하는데, 내가 떠나는 것이 너
희에게 이롭다. 내가 떠나지 않으면 보호자께서 너희에게 오지 않으신다. 그러나
내가 가면 그분을 너희에게 보내겠다. 8보호자께서 오시면 죄와 의로움과 심판에
관한 세상의 그릇된 생각을 밝히실 것이다. 9그들이 죄에 관하여 잘못 생각하는 것
은 나를 믿지 않기 때문이고, 10그들이 의로움에 관하여 잘못 생각하는 것은 내가
아버지께 가고 너희가 더 이상 나를 보지 못할 것이기 때문이며, 11그들이 심판에
관하여 잘못 생각하는 것은 이 세상의 우두머리가 이미 심판을 받았기 때문이다.

12내가 너희에게 할 말이 아직도 많지만 너희가 지금은 그것을 감당하지 못한
다. 13그러나 그분 곧 진리의 영께서 오시면 너희를 모든 진리 안으로 이끌어 주실
것이다. 그분께서는 스스로 이야기하지 않으시고 들으시는 것만 이야기하시며, 또
앞으로 올 일들을 너희에게 알려 주실 것이다. 14그분께서 나를 영광스럽게 하실
것이다. 나에게서 받아 너희에게 알려 주실 것이기 때문이다. 15아버지께서 가지
고 계신 것은 모두 나의 것이다. 그렇기 때문에 성령께서 나에게서 받아 너희에게
알려 주실 것이라고 내가 말하였다."

본문 익히기

1. 다음 문장의 뒷부분을 보기에서 골라 완성해봅시다.
   ① 세상이 너희를 미워하거든 (　　　)
   ② 내가 너희를 세상에서 뽑았기 때문에, (　　　)
   ③ 내가 와서 그들에게 말하지 않았으면 (　　　)
   ④ 나를 미워하는 자는 (　　　)

보기	㉮ 세상이 너희를 미워하는 것이다. ㉯ 내 아버지까지 미워한다. ㉰ 너희보다 먼저 나를 미워하였다는 것을 알아라. ㉱ 그들은 죄가 없었을 것이다.

2. 예수님께서 제자들을 떠나는 것이 더 이로운 이유는 무엇인가요?
3. 보호자께서 오시면 무엇에 대한 잘못된 생각을 밝히실까요?
4. 진리의 영께서 오시면 하실 일을 읽고 O, X로 답하세요.
   □ 제자들을 모든 진리 안으로 이끌어 주실 것이다. (　　)
   □ 진리의 영 스스로 이야기하실 것이다. (　　)
   □ 앞으로 올 일들을 제자들에게 알려주실 것이다. (　　)
   □ 예수님을 영광스럽게 하실 것이다. (　　)

생활 나누기

1. 세상이 우리를 미워하거든 먼저 예수님을 미워하였음을 알라고 하십니다.
   예수님을 따르느라 누군가로부터 미움을 받았던 일은 무엇입니까?

2. "나를 미워하는 자는 내 아버지까지 미워한다." 고 하십니다.
   예수님을 잘못 알아 하느님까지 욕되게 하는 경우는 어떤 일일까요?

3. 제자들을 죽이는 자마다 하느님께 봉사한다고 생각할 때가 온다고 합니다. 자신만의 정의로 남을 판단하고 괴롭히는 경우는 어떤 것입니까?

4. 예수님께서는 이 세상의 우두머리가 이미 심판을 받았다고 하십니다. 언제 또는 어떤 일을 보면 이런 생각이 듭니까?

말씀 풀이

제자들은 예수님 때문에 세상으로부터 미움을 받을 것이다. 여기서 '세상'은 예수님에 대한 불신과 증오로 가득 찬 세력을 말한다. 제자들이 세상의 미움을 받는 이유는 그들이 세상이 아닌 예수님께 속해 있으며 예수님께서 그들을 택하셨기 때문이다. 종이 주인보다 나은 대우를 받을 수 없는 것처럼, 예수님이 박해를 받았다면 제자들도 그러할 것이다. 세상은 하느님으로부터 파견된 예수님을 믿지 않고 배척하였으므로 자기 죄를 변명할 수 없다. 더욱이 자신들을 믿음으로 이끌기 위해 누구도 하지 못한 놀라운 표징들을 보여주었음에도 믿기는커녕 아버지까지 미워하였다. 예수님께서는 그들의 이유 없는 증오를 설명하기 위해, '까닭 없이 저를 미워하는 이가 있을 것'이라는 시편의 말씀(35,19; 69,5)을 인용하신다.

이제 예수님이 아버지께 청하여 보낼 보호자이신 진리의 영이 예수님을 증언할 것이다. 또한, 제자들도 예수님과 처음부터 함께한 목격자로서 그분을 증언하게 될 것이다.

예수님께서는 앞으로 다가올 박해 속에서 제자들이 믿음을 잃지 않도록 격려하신다. 사람들이 제자들을 회당에서 내쫓고(9,22; 12,42 참조), 그들을 죽이면서도 (사도 8,1-3 참조) 하느님께 봉사한다고 생각할 때가 올 것이다. 그때가 오면 예수님의 말씀을 기억하고 힘을 내야 한다.

제자들은 예수님께서 떠나신다는 사실에만 마음을 빼앗겨 근심하고 있지만, 실은 예수님께서 떠나시는 것이 그들에게 이롭다. 그분께서 아버지께로 가셔야 보호자이신 성령을 보내시기 때문이다. 보호자인 성령께서는 죄와 의로움과 심판에 대한 세상의 잘못된 생각을 바로잡을 것이다. '죄' 란 바로 예수님을 믿지 않는 것이며, '의로움' 은 예수님께서 아버지께로 돌아가 함께 머무시는 것이다. '심판' 은 사람의 아들이 스스로 십자가에 달리심으로써 세상의 우두머리인 사탄을 이긴 것을 말한다.

지금은 제자들이 이 모든 말씀을 이해할 수 없지만, 성령이 오시면 깨닫게 해주실 것이다. 그리하여 성령께서는 예수님의 신비를 알려주시고 그분의 구원 행위를 계속하게 함으로써 예수님을 영광스럽게 하실 것이다.

말씀 간직하기

"보호자께서 오시면 죄와 의로움과 심판에 관한 세상의 그릇된 생각을 밝히실 것이다."

(16, 8)

그렇군요

복음을 모르는 이들도 구원될까요?

가톨릭교회는 복음을 아직 받아들이지 않은 사람들도 하느님 백성과 관련되어 있고, 하느님께서는 본인의 탓 없이 복음을 모르는 사람들을 신앙으로 이끄실 수 있다고 가르칩니다(가톨릭교회 교리서 848항 참조). 예수 그리스도와 복음에 대해 전해주는 이가 없어 몰랐지만, 진실한 마음으로 하느님을 찾고 양심의 명령을 통하여 알게 된 하느님의 뜻을 실천하려고 노력하는 사람은 영원한 구원을 얻을 수 있다고 합니다(교회헌장 16장 참조). 구원은 전적으로 하느님의 주권에 달린 것이고, 하느님께서는 모든 사람이 구원되기를 바라십니다.

제 35과 (16, 16-33)

이별의 슬픔과 재회의 기쁨

16"조금 있으면 너희는 나를 더 이상 보지 못할 것이다. 그러나 다시 조금 더 있
으면 나를 보게 될 것이다." 17그러자 제자들 가운데 몇 사람이 서로 말하였다.
"'조금 있으면 너희는 나를 보지 못할 것이다. 그러나 다시 조금 더 있으면 나를
보게 될 것이다.', 또 '내가 아버지께 가기 때문이다.' 하고 우리에게 말씀하시는
데, 그것이 무슨 뜻일까?" 18그들은 또 "'조금 있으면' 이라고 말씀하시는데, 그것
이 무슨 뜻일까? 무슨 이야기를 하시는지 알 수가 없군." 하고 말하였다. 19예수님
께서는 제자들이 묻고 싶어 하는 것을 아시고 그들에게 이르셨다. "'조금 있으면
너희는 나를 보지 못할 것이다. 그러나 다시 조금 더 있으면 나를 보게 될 것이다.'
하고 내가 말한 것을 가지고 서로 묻고 있느냐? 20내가 진실로 진실로 너희에게
말한다. 너희는 울며 애통해하겠지만 세상은 기뻐할 것이다. 너희가 근심하겠지
만, 그러나 너희의 근심은 기쁨으로 바뀔 것이다. 21해산할 때에 여자는 근심에 싸
인다. 진통의 시간이 왔기 때문이다. 그러나 아이를 낳으면, 사람 하나가 이 세상
에 태어났다는 기쁨으로 그 고통을 잊어버린다. 22이처럼 너희도 지금은 근심에
싸여 있다. 그러나 내가 너희를 다시 보게 되면 너희 마음이 기뻐할 것이고, 그 기
쁨을 아무도 너희에게서 빼앗지 못할 것이다. 23그날에는 너희가 나에게 아무것도
묻지 않을 것이다. 내가 진실로 진실로 너희에게 말한다. 너희가 내 이름으로 아버
지께 청하는 것은 무엇이든지 그분께서 너희에게 주실 것이다. 24지금까지 너희는
내 이름으로 아무것도 청하지 않았다. 청하여라. 받을 것이다. 그리하여 너희 기쁨
이 충만해질 것이다."

내가 세상을 이겼다

25"나는 지금까지 너희에게 이런 것들을 비유로 이야기하였다. 그러나 더 이상

너희에게 비유로 이야기하지 않고 아버지에 관하여 드러내 놓고 너희에게 알려 줄
때가 온다. 26그날에 너희는 내 이름으로 청할 것이다. 내가 너희를 위하여 아버지
께 청하겠다는 말이 아니다. 27바로 아버지께서 너희를 사랑하신다. 너희가 나를
사랑하고 또 내가 하느님에게서 나왔다는 것을 믿었기 때문이다. 28나는 아버지에
게서 나와 세상에 왔다가, 다시 세상을 떠나 아버지께 간다."

29그러자 제자들이 말하였다. "이제는 드러내 놓고 이야기하시고 비유는 말씀하
지 않으시는군요. 30저희는 스승님께서 모든 것을 아시고, 또 누가 스승님께 물을
필요도 없다는 것을 이제 알았습니다. 이로써 저희는 스승님께서 하느님에게서 나
오셨다는 것을 믿습니다." 31예수님께서 그들에게 대답하셨다. "이제는 너희가 믿
느냐? 32그러나 너희가 나를 혼자 버려두고 저마다 제 갈 곳으로 흩어질 때가 온
다. 아니, 이미 왔다. 그러나 나는 혼자가 아니다. 아버지께서 나와 함께 계시다.
33내가 너희에게 이 말을 한 이유는, 너희가 내 안에서 평화를 얻게 하려는 것이
다. 너희는 세상에서 고난을 겪을 것이다. 그러나 용기를 내어라. 내가 세상을 이
겼다."

본문 익히기

1. 예수님께서 제자들에게 들려주신 말씀입니다. 문장을 완성해봅시다.
   (　　　　　) 있으면 너희는 나를 보지 못할 것이다. 그러나 다시 (　　　　　) 있으면 나를 보게 될 것이다.
2. 22-23절의 말씀을 읽고 제자들에게 일어날 일의 순서를 (　)에 써보세요.
   □ (　) 너희 마음이 기뻐할 것이고
   □ (　) 그날에 너희가 나에게 아무 것도 묻지 않을 것이다.
   □ (　) 내가 너희를 다시 보게 되면
   □ (　) 너희도 지금은 근심에 싸여 있다.
   □ (　) 그 기쁨을 아무도 너희에게서 빼앗지 못할 것이다.
   □ (　) 내 이름으로 아버지께 청하는 무엇이든지 그분께서 주실 것이다.
3. 아버지께서 예수님의 제자들을 사랑하시는 이유는 무엇입니까?

4. 다음 중 32-33절의 내용을 모두 찾아봅시다.
   ① 제자들은 예수님을 혼자 버려두고 저마다 제 갈 곳으로 흩어질 것이다.
   ② 그래서 예수님이 혼자 남게 된다.
   ③ 아버지께서 예수님과 함께 계신다.
   ④ 제자들은 세상에서 고난을 겪지는 않는다.
   ⑤ 예수님께서 세상을 이겼다.

생활 나누기

1. 제자들의 근심이 기쁨으로 바뀔 것이라 하십니다.
   근심했던 일들이 기쁨으로 바뀐 경험을 들려주세요.

2. 제자들은 떠나가도 아버지께서 함께 계시기에 예수님은 혼자가 아닙니다.
   자신이 혼자라고 느껴지는 때는 언제인가요?
   하느님께서 혼자 버려두지 않았음을 느꼈던 체험을 들려주세요.

3. 제자들은 예수님을 알고 믿는다고 하면서도 예수님을 버리고 도망갑니다.
   신앙이 현실에 밀려 퇴보한 듯 느껴진 경우가 있었나요? 언제입니까?

말씀 풀이

예수님께서는 조금 있으면 당신을 더는 보지 못할 것이라고 하시며 이 세상에서의 삶이 얼마 남지 않았음을 예고하신다. 제자들은 무슨 뜻인지 몰라 서로 의아해한다. 그러나 '조금 더 있으면' 제자들은 부활하신 예수님을 만나게 될 것이다. 그때 제자들은 예수님을 다시 만나는 기쁨으로 충만할 것이고 그 기쁨은 아무도 빼앗지 못할 것이다. '빼앗지 못한다'는 것은 이 기쁨이 항구적인 것으로 믿지 않는 세상이 주는 기쁨과 다름을 뜻한다. 제자들은 예수님의 부활을 체험하고 예수님께서 보내신 성령의 도움으로 아무것도 물을 필요가 없어질 것이다. 그리고 부활하신 예수님의 이름으로 제자들이 아버지께 청하는 것은 무엇이든 그분께서 주실 것이다. 그러니 제자들은 충만한 기쁨을 누리게 될 것이다.

지금까지 비유로 말씀하신 예수님께서 이제는 아버지에 관하여 분명하게 알려줄 때가 왔다고 하신다. 예수님께서 제자들을 위하여 아버지께 청하는 것이 아니라 제자들이 직접 예수님의 이름으로 청할 때가 온 것이다. 이는 아버지께서 당신 아드님을 사랑하고 믿는 제자들을 사랑하시기 때문이다. 그제야 제자들은 예수님이 모든 것을 알고 계시고 또 하느님에게서 왔다는 것을 믿는다고 고백한다. 그러나 예수님께서는 그들이 잠시 후에 당신을 버리고 흩어지리라는 것을 예고하신다. 그분은 제자들의 믿음이 아직 완성되지 않아 언제나 위험 속에 있음을 아신다. 예수님께서는 수난의 시간에 당신께서 혼자가 아니라 아버지와 함께하실 것임을 알려주신다. 항상 아버지와의 일치 안에 계시기 때문이다(8,29). 예수님께서 이 말씀을 하는 이유는 제자들이 환난을 겪을 때에 당신 안에서 평화를 얻게 하려는 것이다. 세상에서 환난을 겪더라도 당신을 믿고 함께한다면 세상을 이겨낼 수 있기 때문이다. 예수님께서는 "용기를 내어라. 내가 세상을 이겼다." 하시며 말씀을 마치신다.

말씀 간직하기

"너희는 세상에서 고난을 겪을 것이다. 그러나 용기를 내어라. 내가 세상을 이겼다."

(16, 33)

궁금해요

예수님의 이름으로 기도하는 이유는?

예수님은 십자가 죽음과 부활을 통해 죄로 가로막혔던 하느님과 인간의 관계를 회복시켜 주셨습니다. 이처럼 예수님께서 하느님과 인간의 중개자가 되시기 때문에 우리는 예수님의 이름으로 기도합니다. 예수님께서도 당신의 이름으로 아버지께 청하는 것은 무엇이든지 주실 것이라고 말씀하셨습니다(14,13; 16,23). 성경에서 '이름'은 그가 부여받은 사명을 표현하며 그 사람 인격 자체를 나타냅니다. 베드로 역시 예수님의 이름으로 앉은뱅이를 일으키는 기적(사도 3,6-8)을 행하였습니다.

제 36과 (17, 1–26)

당신 자신을 위하여 기도하시다

1예수님께서는 이렇게 이르시고 나서 하늘을 향하여 눈을 들어 말씀하셨다. "아
버지, 때가 왔습니다. 아들이 아버지를 영광스럽게 하도록 아버지의 아들을 영광
스럽게 해 주십시오. 2아버지께서는 아들이 아버지께서 주신 모든 이에게 영원한
생명을 주도록 아들에게 모든 사람에 대한 권한을 주셨습니다. 3영원한 생명이란
홀로 참하느님이신 아버지를 알고 아버지께서 보내신 예수 그리스도를 아는 것입
니다. 4아버지께서 저에게 하라고 맡기신 일을 완수하여, 저는 땅에서 아버지를 영
광스럽게 하였습니다. 5아버지, 세상이 생기기 전에 제가 아버지 앞에서 누리던 그
영광으로, 이제 다시 아버지 앞에서 저를 영광스럽게 해 주십시오."

제자들을 위하여 기도하시다

6"아버지께서 세상에서 뽑으시어 저에게 주신 이 사람들에게 저는 아버지의 이
름을 드러냈습니다. 이들은 아버지의 사람들이었는데 아버지께서 저에게 주셨습
니다. 그래서 이들은 아버지의 말씀을 지켰습니다. 7이제 이들은 아버지께서 저에
게 주신 모든 것이 아버지에게서 왔다는 것을 알고 있습니다. 8아버지께서 저에게
주신 말씀을 제가 이들에게 주고, 이들은 또 그것을 받아들였기 때문입니다. 그리
하여 이들은 제가 아버지에게서 나왔다는 것을 참으로 알고, 아버지께서 저를 보
내셨다는 것을 믿게 되었습니다.

9저는 이들을 위하여 빕니다. 세상을 위해서가 아니라 아버지께서 저에게 주신
이들을 위하여 빕니다. 이들은 아버지의 사람들이기 때문입니다. 10저의 것은 다
아버지의 것이고 아버지의 것은 제 것입니다. 이 사람들을 통하여 제가 영광스럽
게 되었습니다. 11저는 더 이상 세상에 있지 않지만 이들은 세상에 있습니다. 저는
아버지께 갑니다. 거룩하신 아버지, 아버지께서 저에게 주신 이름으로 이들을 지

키시어, 이들도 우리처럼 하나가 되게 해 주십시오. 12저는 이들과 함께 있는 동안,
아버지께서 저에게 주신 이름으로 이들을 지켰습니다. 제가 그렇게 이들을 보호하
여, 성경 말씀이 이루어지려고 멸망하도록 정해진 자 말고는 아무도 멸망하지 않
았습니다. 13이제 저는 아버지께 갑니다. 제가 세상에 있으면서 이런 말씀을 드리
는 이유는, 이들이 속으로 저의 기쁨을 충만히 누리게 하려는 것입니다. 14저는 이
들에게 아버지의 말씀을 주었는데, 세상은 이들을 미워하였습니다. 제가 세상에
속하지 않은 것처럼 이들도 세상에 속하지 않기 때문입니다. 15이들을 세상에서 데
려가시라고 비는 것이 아니라, 이들을 악에서 지켜 주십사고 빕니다. 16제가 세상
에 속하지 않은 것처럼 이들도 세상에 속하지 않습니다. 17이들을 진리로 거룩하게
해 주십시오. 아버지의 말씀이 진리입니다. 18아버지께서 저를 세상에 보내신 것
처럼 저도 이들을 세상에 보냈습니다. 19그리고 저는 이들을 위하여 저 자신을 거
룩하게 합니다. 이들도 진리로 거룩해지게 하려는 것입니다."

믿는 이들을 위하여 기도하시다

20"저는 이들만이 아니라 이들의 말을 듣고 저를 믿는 이들을 위해서도 빕니다.
21그들이 모두 하나가 되게 해 주십시오. 아버지, 아버지께서 제 안에 계시고 제가
아버지 안에 있듯이, 그들도 우리 안에 있게 해 주십시오. 그리하여 아버지께서 저
를 보내셨다는 것을 세상이 믿게 하십시오. 22아버지께서 저에게 주신 영광을 저
도 그들에게 주었습니다. 우리가 하나인 것처럼 그들도 하나가 되게 하려는 것입
니다. 23저는 그들 안에 있고 아버지께서는 제 안에 계십니다. 이는 그들이 완전히
하나가 되게 하려는 것입니다. 그리고 아버지께서 저를 보내시고, 또 저를 사랑하
셨듯이 그들도 사랑하셨다는 것을 세상이 알게 하려는 것입니다. 24아버지, 아버
지께서 저에게 주신 이들도 제가 있는 곳에 저와 함께 있게 되기를 바랍니다. 세상
창조 이전부터 아버지께서 저를 사랑하시어 저에게 주신 영광을 그들도 보게 되기
를 바랍니다.

25의로우신 아버지, 세상은 아버지를 알지 못하였지만 저는 아버지를 알고 있었
습니다. 그들도 아버지께서 저를 보내셨다는 것을 알게 되었습니다. 26저는 그들
에게 아버지의 이름을 알려 주었고 앞으로도 알려 주겠습니다. 아버지께서 저를

사랑하신 그 사랑이 그들 안에 있고 저도 그들 안에 있게 하려는 것입니다."

본문 익히기

1. 1–5절을 읽고 예수님께서 기도하신 내용을 보기에서 골라 완성하세요.
   ① 아들이 아버지를 영광스럽게 하도록 (　　)
   ② 아버지께서 주신 모든 이에게 영원한 생명을 주도록 (　　)
   ③ 아버지께서 저에게 하라고 맡기신 일을 완수하여, (　　)
   ④ 세상이 생기기 전에 제가 아버지 앞에서 누리던 그 영광으로, (　　)

보기	㉮ 이제 다시 아버지 앞에서 저를 영광스럽게 해 주십시오. ㉯ 저는 땅에서 아버지를 영광스럽게 하였습니다. ㉰ 아버지의 아들을 영광스럽게 해 주십시오. ㉱ 아들에게 모든 사람에 대한 권한을 주셨습니다.

2. 영원한 생명이란 무엇이라고 하십니까?
3. 아버지께서 뽑아 주신 사람들에게 예수님께서는 무엇을 드러냈습니까?
4. 예수님께서는 제자들만이 아니라 누구를 위해서도 기도하십니까?
5. 22–26절을 읽고 괄호 안에 들어갈 낱말을 보기에서 찾아 쓰세요.
   - 아버지께서 저에게 주신 (　　　　)을 저도 그들에게 주었습니다.
   - 우리가 (　　　　)인 것처럼 그들도 (　　　　)가 되게 하려는 것입니다.
   - 세상 창조 이전부터 아버지께서 저를 (　　　　)하시어 저에게 주신 (　　　　)을 그들도 보게 되기를 바랍니다.
   - 저는 그들에게 아버지의 (　　　　)을 알려 주었고 앞으로도 알려 주겠습니다. 아버지께서 저를 (　　　　)하신 그 (　　　　)이 그들 안에 있고 저도 그들 안에 있게 하려는 것입니다.

보기	하나, 표징, 영광, 뜻, 사랑, 이름

6. 25절에서 예수님께서 하느님 아버지를 어떤 호칭으로 부르십니까?

생활 나누기

1. 예수님께서는 제자들이 세상에 속하지 않는다고 하십니다.
   신앙인으로서 세속에 살지만 어떻게 세상과 구별되게 살 수 있을까요?

2. 예수님께서는 제자들의 말을 듣고 당신을 믿게 된 이들을 위해 기도하십니다.
   나는 누구를 위하여 기도합니까?
   남을 위해 기도하는 경우는 어느 때입니까?

3. 예수님께서는 믿는 이들이 하나가 되기를 기도하십니다.
   신자들의 일치를 위해 필요한 것들은 무엇이라고 생각하십니까?
   반대로 일치를 방해하는 것들은 무엇일까요?

4. 하느님께서는 예수님 안에, 예수님께서는 믿는 이들 안에 계십니다.
   지금 내 마음의 중심에는 누가, 혹은 무엇이 있나요?

말씀 풀이

예수님께서는 수난의 길을 가시기에 앞서 기도하신다. 전통적으로 17장은 '대사제의 기도'라고 불렸으나 예수님의 '고별 기도'라고 부르는 것이 더 적절하다. 예수님의 이 기도는 **당신 자신을 위한 기도**(1-5절), **제자들을 위한 기도**(6-19절), **믿는 이들을 위한 기도**(20-26절)로 엮어져 있다. 예수님께서는 먼저 하느님 아버지께 당신을 영광스럽게 해 주시기를 청하신다. 당신의 수난과 죽음으로 완성될 사랑을 보여주심으로써 아버지의 영광을 드러내기 위해서이고 아버지께서 주신 모든 이에게 영원한 생명을 주기 위해서이다. 영원한 생명이란 참하느님이신 아버지를 알고 그분이 파견하신 예수 그리스도를 아는 것으로, 아버지와 아들을 믿고 일치를 이룰 때 주어진다. 예수님께서는 이 땅에 파견되어 아버지께서 맡기신 일들을 완수하심으로써 이미 아버지를 영광스럽게 하셨다. 세상이 있기 전부터 아버지 앞에서 영광을 누렸던 '말씀' (1,14 참조)이신 예수님께서는 이제 죽음과 부활을 통해 아버지께로 돌아가시어 전에 누리던 그 영광을 되찾을 때가 되신 것이다.

예수님께서는 세상에 남겨질 제자들을 위해 기도하신다. 그들은 하느님이 세상에서 선택하시어 아들에게 주신 아버지의 사람들이다. 예수님께서는 제자들에게 이 세상에서 하느님의 사랑과 생명을 보여줌으로써 아버지의 이름을 드러내셨다. 제자들은 예수님의 가르침을 받아들이고 그분이 하느님으로부터 파견되어 오신 분임을 믿게 되었다. 예수님께서는 아버지께서 당신에게 주신 이름으로 이들을 지키시어, 아버지와 당신이 하나인 것처럼 그들도 하나가 되게 해달라고 청하신다. 예수님께서는 지상에 계신 동안 아버지께서 주신 이름으로 제자들을 지키고 보호하셨다. 그리하여 유다를 제외하고는 모두 영원한 생명에 이르는 구원으로 이끄셨다. 유다를 잃게 된 것은 성경 말씀(시편 41,8-10 참조)이 이루어지려고 그리된 것이다. 이제 제자들 곁을 떠나시는 예수님께서는 제자들이 당신의 기쁨을 누리며 세상의 박해를 견디어내도록 아버지께서 친히 그들을 악에서 지켜주시기를 청하신다. 또한, 아버지의 말씀인 진리로 제자들을 거룩하게 하시도록 청하신다. 아버지께서 아들을 파견하셨던 것처럼 이제 예수님께서도 제자들을 이 세상에 파견하실 것이다. 예수님께서는 아버지와 일치하여 십자가에 죽기까지 순명하심으로써 자신을 거룩하게 하신다. 이제 제자들도 예수님의 뒤를 따라 진리에 투신함으로써 거룩해져야 한다.

예수님의 기도는 당신과 제자들뿐만 아니라 제자들의 복음 선포로 믿음을 갖게 된 이들에게로 확대된다. 예수님께서는 당신과 아버지가 일치하신 것과 같이 그들도 하느님 아버지 안에서 하나가 되게 해 달라고 청하신다. 이는 아버지와 아들의 일치 안에 제자들과 그 공동체들도 참여하는 것을 뜻한다. 믿는 이들이 일치를 이룸으로써 세상이 예수님을 하느님께서 보내신 분으로 믿게 하려는 것이다. 여기서 세상은 구원해야 할 대상이다. 아버지께서 당신께 주신 영광을 제자들과 그 공동체에 주는 것은 그들이 하느님의 사랑을 체험하고 알게 하려는 것이다. 그래서 세상 창조 이전부터 받은 아버지의 영원한 사랑을 믿는 이들과 함께 누릴 수 있게 되기를 바라신다. 제자들이 당신의 천상 영광에 같이 참여하여 구원을 얻게 하려는 것이다.

예수님께서는 하느님을 '의로우신 아버지' 라고 부르신다. 하느님의 의로움은 주로 심판과 관련하여 사용되지만 여기서는 믿는 이들에게 주시는 호의와 자비를 나타낸다. 예수님께서는 믿는 이들에게 아버지의 이름을 알려 주셨고 앞으로도 알려 주겠다고 하신다. 아버지의 이름이란 그분의 뜻이나 구원 계획, 그분에 관한 모든 것을 말한다. 예수님의 일은 앞으로 성령을 통해 계속 이루어질 것이다. 그리하여 아버지께서 당신을 사랑하신 그 사랑으로, 제자들 안에 함께 있겠다고 하신다.

말씀 간직하기

"아버지, 아버지께서 제 안에 계시고 제가 아버지 안에 있듯이, 그들도 우리 안에 있게 해 주십시오." (17, 21)

그렇군요

가톨릭교회의 특성은 무엇인가요?

가톨릭교회는 네 가지의 특성을 지닙니다. 첫째, 교회는 하나입니다. 교회는 오직 한 분이신 주님을 모시고 하나의 신앙을 고백하며 하나의 세례로 태어나기 때문입니다. 둘째, 교회는 거룩합니다. 그리스도께서 교회를 거룩하게 하시려고 당신을 바치셨고 거룩하신 성령께서 교회에 생명을 주시기 때문입니다. 셋째, 교회는 보편됩니다. 그리스도께서 교회에 현존하시므로 교회는 그분의 진리를 온전히 지니고 있고, 이를 모든 시대, 모든 사람에게 전하기 때문입니다. 넷째, 교회는 사도로부터 이어옵니다. 교회는 그리스도께서 선택하신 사도들 위에 세워져 사도들의 가르침과 신앙의 유산을 보존하고 이어오고 있기 때문입니다. 이에 가톨릭교회에서는 '하나이고 거룩하고 보편되며 사도로부터 이어오는 교회를 믿나이다.' 라고 고백합니다(니케아 콘스탄티노폴리스 신경).

제 37과 (18, 1–27)

잡히시다

1예수님께서는 이렇게 말씀하신 뒤에 제자들과 함께 키드론 골짜기 건너편으로
가셨다. 거기에 정원이 하나 있었는데 제자들과 함께 그곳에 들어가셨다. 2예수님
께서 제자들과 함께 여러 번 거기에 모이셨기 때문에, 그분을 팔아넘길 유다도 그
곳을 알고 있었다. 3그래서 유다는 군대와 함께, 수석 사제들과 바리사이들이 보낸
성전 경비병들을 데리고 그리로 갔다. 그들은 등불과 횃불과 무기를 들고 있었다.
4예수님께서는 당신께 닥쳐오는 모든 일을 아시고 앞으로 나서시며 그들에게, "누
구를 찾느냐?" 하고 물으셨다. 5그들이 "나자렛 사람 예수요." 하고 대답하자, 예
수님께서 그들에게 "나다." 하고 말씀하셨다. 예수님을 팔아넘길 유다도 그들과
함께 서 있었다. 6예수님께서 "나다." 하실 때, 그들은 뒷걸음치다가 땅에 넘어졌
다. 7예수님께서 다시 그들에게 "누구를 찾느냐?" 하고 물으시니, 그들이 "나자렛
사람 예수요." 하고 대답하였다. 8예수님께서 말씀하셨다. "'나다.' 하지 않았느
냐? 너희가 나를 찾는다면 이 사람들은 가게 내버려 두어라." 9이는 "아버지께서
저에게 주신 사람들 가운데 하나도 잃지 않았습니다." 하고 당신께서 전에 하신 말
씀이 이루어지게 하려는 것이었다. 10그때에 시몬 베드로가 가지고 있던 칼을 뽑
아, 대사제의 종을 내리쳐 오른쪽 귀를 잘라 버렸다. 그 종의 이름은 말코스였다.
11그러자 예수님께서 베드로에게 이르셨다. "그 칼을 칼집에 꽂아라. 아버지께서
나에게 주신 이 잔을 내가 마셔야 하지 않겠느냐?"

한나스의 신문과 베드로의 부인

12군대와 그 대장과 유다인들의 성전 경비병들은 예수님을 붙잡아 결박하고,
13먼저 한나스에게 데려갔다. 한나스는 그해의 대사제 카야파의 장인이었다. 14카
야파는 백성을 위하여 한 사람이 죽는 것이 낫다고 유다인들에게 충고한 자다.

15시몬 베드로와 또 다른 제자 하나가 예수님을 따라갔다. 그 제자는 대사제와
아는 사이여서, 예수님과 함께 대사제의 저택 안뜰에 들어갔다. 16베드로는 대문
밖에 서 있었는데, 대사제와 아는 사이인 그 다른 제자가 나와서 문지기 하녀에게
말하여 베드로를 데리고 들어갔다. 17그때에 그 문지기 하녀가 "당신도 저 사람의
제자 가운데 하나가 아닌가요?" 하자, 베드로가 "나는 아니오." 하고 말하였다.
18날이 추워 종들과 성전 경비병들이 숯불을 피워 놓고 서서 불을 쬐고 있었는데,
베드로도 그들과 함께 서서 불을 쬐었다.

19대사제는 예수님께 그분의 제자들과 가르침에 관하여 물었다. 20예수님께서
그에게 대답하셨다. "나는 세상 사람들에게 드러내 놓고 이야기하였다. 나는 언제
나 모든 유다인이 모이는 회당과 성전에서 가르쳤다. 은밀히 이야기한 것은 하나
도 없다. 21그런데 왜 나에게 묻느냐? 내가 무슨 말을 하였는지 들은 이들에게 물
어보아라. 내가 말한 것을 그들이 알고 있다." 22예수님께서 이렇게 말씀하시자,
곁에 서 있던 성전 경비병 하나가 예수님의 뺨을 치며, "대사제께 그 따위로 대답
하느냐?" 하였다. 23예수님께서 그에게 대답하셨다. "내가 잘못 이야기하였다면
그 잘못의 증거를 대 보아라. 그러나 내가 옳게 이야기하였다면 왜 나를 치느냐?"
24한나스는 예수님을 결박한 채로 카야파 대사제에게 보냈다.

25시몬 베드로는 서서 불을 쬐고 있었다. 사람들이 그에게 "당신도 저 사람의 제
자 가운데 하나가 아니오?" 하고 물었다. 베드로는 "나는 아니오." 하며 부인하였
다. 26대사제의 종 가운데 하나로서, 베드로가 귀를 잘라 버린 자의 친척이 말하였
다. "당신이 정원에서 저 사람과 함께 있는 것을 내가 보지 않았소?" 27베드로가
다시 아니라고 부인하자 곧 닭이 울었다.

본문 익히기

1. '나자렛 사람 예수'를 찾는다는 말에 예수님은 무엇이라고 말씀하시나요?
2. 예수님의 제자 중 대사제의 종 말코스의 귀를 칼로 자른 이는 누구인가요?
3. 대사제의 종을 내리쳐 귀를 잘라버리자 예수님께서는 무엇이라고 하십니까?
4. 베드로가 예수님과의 관계를 세 번 부인하는데 그 구절들을 찾아보세요.

5. 대사제 한나스의 신문에 대한 예수님의 대답을 완성하세요.

나는 세상 사람들에게 (   ) 이야기하였다. 나는 언제나 모든 유다인이 모이는 (과   )에서 가르쳤다. (   ) 이야기한 것은 하나도 없다.

생활 나누기

1. 예수님께서는 제자들은 잡지 말고 가게 해 달라고 하십니다.
   다른 이를 구하거나, 모든 일을 책임졌던 경험을 나누어 주세요.

2. 예수님께서는 베드로에게 칼을 칼집에 꽂으라고 하십니다.
   폭력에 맞서 평화로 해결한 경험을 들려주세요.

3. 베드로는 세 번이나 예수님을 모른다고 부인합니다.
   예수님을 부인했던 경험이 있다면 나누어주세요.

말씀 풀이

예수님께서 제자들과 함께 키드론 골짜기 건너편 올리브 산 중턱에 있는 겟세마니(마태 26,36; 마르 14,32)라는 정원에 들어가셨다. 예수님 일행이 거기에서 자주 모였으므로 예수님을 팔아넘길 유다도 잘 알고 있는 곳이다. 유다는 예루살렘에 주둔한 로마 군대와 함께 수석 사제들과 바리사이들이 보낸 성전 경비병들을 데리고 온다. 예수님을 체포하는데 유다인과 이방인이 모두 동원된 것이다.

그들이 등불과 횃불과 무기를 들고 다가오자, 예수님께서는 앞으로 나서시며 누구를 찾느냐고 물으신다. 그들이 나자렛 사람 예수를 찾는다고 하자 "나다." 하고 말씀하신다. '나다.' 라는 말은 당신임을 당당히 밝히는 의미를 넘어서 당신이 신적 존재임을 드러내 주는 표현이다. 하느님께서 불타는 떨기 속에서 모세에게 나타나셨을 때처럼(탈출 3,2-6) 당신의 신성을 계시하신 것이다. 이에 예수님을 잡으려던 사람들은 뒷걸음치다 넘어지는 무력한 모습을 보인다.

예수님께서는 재차 "나다."라고 밝히시며 그들에게 당신을 자유롭게 넘겨주신다. 그러나 함께 있는 제자들은 가게 내버려 두라고 하시는데, 이는 아버지께서 맡기신 사람들을 끝까지 지키려는 착한 목자(10,1-18 참조)의 모습이다. 그때에 시몬 베드로가 칼을 뽑아 대사제의 종인 말코스의 오른쪽 귀를 잘라 버린다. 예수님께서는 그의 행동을 제지하시며 하느님의 뜻대로 수난과 죽음의 길을 가실 것을 분명히 하신다.

군인들과 성전 경비병들은 예수님을 결박하여 한나스에게 데려간다. 한나스는 '백성을 위하여 한 사람이 죽는 것이 낫다' 고 예언한(11,51) 카야파의 장인으로, 대사제직에서 물러난 후에도 영향력을 행사하고 있었다. 한편 베드로는 대사제와 아는 다른 제자의 도움으로 대사제의 저택 안뜰까지 들어가게 된다. 그는 예수님의 제자가 아니냐는 문지기 하녀의 질문에 아니라고 부정한다. 첫 번째로 예수님을 부인한 것이다.

한나스는 예수님의 제자들과 가르침에 대해 질문하지만, 예수님께서는 그동안 당신의 말씀을 들은 이들에게 물어보라고 하신다. 예수님의 이러한 답변에 성전 경비병 하나가 뺨을 때리며 질책한다. 공관복음에서는 예수님께서 침묵으로 수난을 받아들이시지만, 요한복음에서는 경비병의 부당한 처사에 증거를 대라고 하며 당당히 맞서신다.

예수님께서 대사제인 카야파에게 보내진 후, 베드로는 두 차례나 더 예수님과의 관계를 부인한다. 예수님께서는 "나다."라고 재차 당신을 밝히시는 데, 베드로는 거듭 "나는 아니오." 하며 제자임을 부인하는 대조적인 모습을 보인다.

말씀 간직하기

"그 칼을 칼집에 꽂아라. 아버지께서 나에게 주신 이 잔을 내가 마셔야 하지 않겠느냐?"

(18, 11)

궁금해요

요한복음의 수난사 안에만 등장하는 인물과 장소는?

예수님의 체포 장면에서 베드로는 말코스의 귀를 자릅니다. 그리고 베드로를 알아보고 예수님의 제자인지 묻는 이가 말코스의 친척이었다고 합니다(18,26). 또한, 창에 찔린 예수님의 옆구리에서 피와 물이 나온 것을 본 목격자가 있었다고 증언합니다(19,35). 구체적인 지명으로는 예수님께서 잡히시던 곳이 키드론 골짜기 건너편(18,1)이었고, 빌라도가 앉은 재판석이 있던 곳이 리토스트로토스(19,13)라고 합니다. 이와 같이 근거가 되는 지명이나 사람의 이름을 밝힘으로써 예수님의 수난이 틀림없는 역사적 사실이었음을 확실히 해줍니다.

△ '돌로 포장된 곳'이라는 뜻의 '리토스트로토스'

제 38과 (18, 28–19, 16)

㉯그리스도왕 대축일(18,33–37)

빌라도에게 신문을 받으시다

28사람들이 예수님을 카야파의 저택에서 총독 관저로 끌고 갔다. 때는 이른 아
침이었다. 그들은 몸이 더러워져서 파스카 음식을 먹지 못할까 두려워, 총독 관저
안으로 들어가지 않았다. 29그래서 빌라도가 그들이 있는 곳으로 나와, "무슨 일로
저 사람을 고소하는 것이오?" 하고 물었다. 30그들이 빌라도에게, "저자가 범죄자
가 아니라면 우리가 총독께 넘기지 않았을 것이오." 하고 대답하였다. 31빌라도가
그들에게 "여러분이 데리고 가서 여러분의 법대로 재판하시오." 하자, 유다인들이
"우리는 누구를 죽일 권한이 없소." 하고 말하였다. 32이는 예수님께서 당신이 어
떻게 죽임을 당할 것인지 가리키며 하신 말씀이 이루어지려고 그리된 것이다.
33그리하여 빌라도가 다시 총독 관저 안으로 들어가 예수님을 불러, "당신이 유
다인들의 임금이오?" 하고 물었다. 34예수님께서는 "그것은 네 생각으로 하는 말
이냐? 아니면 다른 사람들이 나에 관하여 너에게 말해 준 것이냐?" 하고 되물으셨
다. 35"나야 유다인이 아니잖소? 당신의 동족과 수석 사제들이 당신을 나에게 넘
긴 것이오. 당신은 무슨 일을 저질렀소?" 하고 빌라도가 다시 물었다. 36예수님께
서 대답하셨다. "내 나라는 이 세상에 속하지 않는다. 내 나라가 이 세상에 속한다
면, 내 신하들이 싸워 내가 유다인들에게 넘어가지 않게 하였을 것이다. 그러나 내
나라는 여기에 속하지 않는다." 37빌라도가 "아무튼 당신이 임금이라는 말 아니
오?" 하고 묻자, 예수님께서 그에게 대답하셨다. "내가 임금이라고 네가 말하고 있
다. 나는 진리를 증언하려고 태어났으며, 진리를 증언하려고 세상에 왔다. 진리에
속한 사람은 누구나 내 목소리를 듣는다." 38빌라도가 예수님께 말하였다. "진리
가 무엇이오?"

사형 선고를 받으시다

빌라도는 이 말을 하고 다시 유다인들이 있는 곳으로 나가 그들에게 말하였다.
"나는 저 사람에게서 아무런 죄목도 찾지 못하겠소. 39그런데 여러분에게는 내가
파스카 축제 때에 죄수 하나를 풀어 주는 관습이 있소. 내가 유다인들의 임금을 풀
어 주기를 원하오?" 40그러자 그들이 다시 "그 사람이 아니라 바라빠를 풀어 주시
오." 하고 외쳤다. 바라빠는 강도였다.

19 1그리하여 빌라도는 예수님을 데려다가 군사들에게 채찍질을 하게 하였다.
2군사들은 또 가시나무로 관을 엮어 예수님 머리에 씌우고 자주색 옷을 입히고 나
서, 3그분께 다가가 "유다인들의 임금님, 만세!" 하며 그분의 뺨을 쳐 댔다.

4빌라도가 다시 나와 그들에게 말하였다. "보시오, 내가 저 사람을 여러분 앞으
로 데리고 나오겠소. 내가 저 사람에게서 아무런 죄목도 찾지 못하였다는 것을 여
러분도 알라는 것이오." 5이윽고 예수님께서 가시나무 관을 쓰시고 자주색 옷을
입으신 채 밖으로 나오셨다. 그러자 빌라도가 그들에게 "자, 이 사람이오." 하고
말하였다. 6그때에 수석 사제들과 성전 경비병들은 예수님을 보고, "십자가에 못
박으시오! 십자가에 못 박으시오!" 하고 외쳤다. 빌라도가 그들에게 "여러분이 데
려다가 십자가에 못 박으시오. 나는 이 사람에게서 죄목을 찾지 못하겠소." 하자,
7유다인들이 그에게 대답하였다. "우리에게는 율법이 있소. 이 율법에 따르면 그
자는 죽어 마땅하오. 자기가 하느님의 아들이라고 자처하였기 때문이오."

8빌라도는 이 말을 듣고 더욱 두려운 생각이 들었다. 9그리하여 다시 총독 관저
로 들어가 예수님께, "당신은 어디서 왔소?" 하고 물었다. 그러나 예수님께서는 그
에게 아무 대답도 하지 않으셨다. 10그러자 빌라도가 예수님께 말하였다. "나에게
말을 하지 않을 작정이오? 나는 당신을 풀어 줄 권한도 있고 당신을 십자가에 못
박을 권한도 있다는 것을 모르시오?" 11예수님께서 그에게 대답하셨다. "네가 위로
부터 받지 않았으면 나에 대해 아무런 권한도 없었을 것이다. 그러므로 나를 너에
게 넘긴 자의 죄가 더 크다." 12그때부터 빌라도는 예수님을 풀어 줄 방도를 찾았
다. 그러나 유다인들은 "그 사람을 풀어 주면 총독께서는 황제의 친구가 아니오.
누구든지 자기가 임금이라고 자처하는 자는 황제에게 대항하는 것이오." 하고 외
쳤다.

13빌라도는 이 말을 듣고 예수님을 밖으로 데리고 나가 리토스트로토스라고 하
는 곳에 있는 재판석에 앉았다. 리토스트로토스는 히브리 말로 가빠타라고 한다.
14그날은 파스카 축제 준비일이었고 때는 낮 열두 시쯤이었다. 빌라도가 유다인들
에게 말하였다. "보시오, 여러분의 임금이오." 15그러자 그들이 외쳤다. "없애 버
리시오. 없애 버리시오. 그를 십자가에 못 박으시오." 빌라도가 그들에게 "여러분
의 임금을 십자가에 못 박으라는 말이오?" 하고 물으니, 수석 사제들이 "우리 임금
은 황제뿐이오." 하고 대답하였다. 16그리하여 빌라도는 예수님을 십자가에 못 박
으라고 그들에게 넘겨주었다.

본문 익히기

1. 예수님을 끌고 간 사람들이 총독 관저로 들어가지 않은 이유는 무엇인가요?
2. 빌라도가 그들의 법대로 재판하라고 하자, 유다인들은 어떻게 대답합니까?
3. 누구의 말인지 예수님은 (예), 빌라도는 (빌), 유다인은 (유)로 써보세요.
   ① 내 나라는 이 세상에 속하지 않는다. (　　)
   ② 진리를 증언하려고 태어났으며, 진리를 증언하려고 세상에 왔다. (　　)
   ③ 저 사람에게서 아무런 죄목도 찾지 못하겠소. (　　)
   ④ 당신을 풀어 줄 권한도 있고 십자가에 못 박을 권한도 있소. (　　)
   ⑤ 위로부터 받지 않았으면 아무런 권한도 없었을 것이다. (　　)
   ⑥ 그 사람을 풀어 주면 총독께서는 황제의 친구가 아니오. (　　)

생활 나누기

1. 유다인들은 재판도 하기 전에 미리 예수님을 죽일 생각을 드러냅니다.
   잘 알아보지도 않고 섣불리 판단하여 난처했던 경우를 나누어보세요.

2. 빌라도가 질문하자 예수님은 그의 생각인지 들은 소문인지 물으십니다. 다른 사람의 말이나 소문을 듣는 나의 태도는 어떠한가요?

3. 빌라도는 무죄를 알면서도 유다인들이 두려워 십자가형을 선고합니다. 옳은 일을 하려 할 때 나를 주저하게 만드는 요인은 무엇입니까?

말씀 풀이

이른 아침 유다인들은 예수님을 총독의 관저로 끌고 간다. 그들은 파스카 음식을 먹기 위해서 이방인과 접촉하면 안 되는 정결례 규정을 지키려고 예수님만 총독 관저에 밀어 넣는다. 그 때문에 빌라도는 관저 안과 밖을 오가면서 신문을 하지만 마땅한 죄목이 없어 유다인의 법으로 재판하라고 말한다. 그러자 사형의 권한이 없는 유다인들은 로마의 법을 빌려 예수님을 죽이려는 속마음을 드러낸다. 이는 십자가에 들어 올려 죽임을 당하리라는 예수님의 예언이 이루어지려고 그리된 것이다(3,14; 8,28; 12,32 참조).

빌라도는 "당신이 유다인들의 임금이오?" 하고 묻는다. 예수님께서는 그 말이 총독의 생각인지 다른 이에게서 들은 이야기인지를 물으신다. 이는 예수님께서 고소당한 이유가 유다 지도자들에게 있음을 분명히 밝히고자 하신 것이다. 이어서 당신의 나라는 이 세상에 속하지 않는다고 하시며 당신은 진리를 증언하려고 세상에 왔다고 하신다. 빌라도가 진리가 무엇인지 묻지만, 예수님은 대답하지 않으신다. 진리에 속하지 않은 이는 하느님의 말씀을 이해할 수 없기 때문이다.

아무 죄목도 찾지 못한 빌라도는 파스카 축제 때에 죄수 하나를 사면해주는 관습을 들어 예수님을 풀어주고자 한다. 그러자 유다인들은 강도인 바라빠를 풀어주라고 외친다. 빌라도가 예수님을 채찍질하게 한 후 그들 앞에 세우고 다시 예수님에 대해 죄목을 찾지 못했다고 하자 수석 사제들과 성전 경비병들은 그분을 십자가에 못 박으라고 소리친다. 빌라도는 그들이 직접 십자가에 못 박으라고 하며 세 번째로 예수님에 대해 아무런 죄목도 찾지 못했다고 한다. 그러나 사형을 집행할 권한이 없는 유다인들은 율법을 들어 하느님의 아들이라고 자처한 자는 신성모독죄(레위 24,16 참조)로 죽어 마땅하다고 주장한다.

그 말을 듣고 두려운 마음이 든 빌라도는 예수님께 어디서 왔는지를 묻는다. 예수님께서는 그 말에는 대답하지 않으시며 위로부터 받은 권한 없이는 아무것도 할 수 없다고 하신다. 빌라도가 행사하려는 권한은 하느님의 뜻에 따라 이루어지는 아버지의 권한임을 알려주신 것이다. 예수님께서 당신을 빌라도에게 넘긴 유다인의 죄가 더 크다고 하시자, 빌라도는 예수님을 풀어줄 방법을 찾기 시작한다. 그러나 유다인들은 예수님을 황제에 대한 반란죄로 몰아넣는다.

파스카 축제 준비일, 낮 열두 시쯤에 빌라도는 '돌로 포장된 곳' 이라는 뜻의 '리토스트로토스' 라는 곳에 있는 재판석에 앉았다. 총독 관저 앞에 있던 이 재판석에 앉는다는 것은 공개적이고 합법적으로 재판함을 뜻한다. 낮 열두 시쯤은 유다인들이 파스카 축제를 지내기 위해 모든 일에서 손을 떼고 파스카 양을 잡기 위해 준비하는 시간이다. 빌라도가 "보시오, 여러분의 임금이오."라고 하자, 그들은 예수님을 십자가에 못 박으라고 외친다. '여러분의 임금을 십자가에 못 박으라는 말이냐' 는 빌라도의 말에 수석 사제들은 '우리 임금은 황제뿐' 이라고 한다. 대제관인 그들이 종교적 차원에서 증오의 대상이었던 황제를 자기네들의 왕으로 인정하고 그에 대한 충성까지 고백한 것이다. 빌라도는 예수님을 십자가에 못 박으라고 넘겨주었다. '넘겨주다' 라는 말은 사형선고를 전제로 한 법적인 용어이다.

말씀 간직하기

"나는 진리를 증언하려고 태어났으며, 진리를 증언하려고 세상에 왔다. 진리에 속한 사람은 누구나 내 목소리를 듣는다." (18, 37)

궁금해요

본시오 빌라도에 대해 알고 싶어요

본시오 빌라도(Pontius Pilatus)는 티베리우스 황제(14-37년 재위) 시대에 유다를 다스린(기원후 26-36년) 로마 총독입니다. 많은 식민지를 거느리고 있던 로마는 사법, 군사, 행정에 관한 전권을 가지고 있었으나 유다인들에게는 종교에 관해 어느 정도 자치권을 인정하였습니다. 총독의 가장 큰 역할은 식민지에서 반란이 일어나지 않도록 통치하는 것인데, 빌라도는 유다인들의 반란이 두려워 예수님에게 십자가형을 선고합니다. 사도신경에는 '본시오 빌라도 통치 아래서' 라는 구절이 나오는데 빌라도의 잘못된 통치로 예수님의 십자가 처형이 있었음을 진술하려는 것이 아니라, 예수님께서 실제 역사 속의 인물임을 강조하는 구절입니다.

제 39과 (19, 17–42)

ㅣ ㉯예수 성심 대축일(19,31–37)

십자가에 못 박히시다

그들은 예수님을 넘겨받았다. 17예수님께서는 몸소 십자가를 지시고 '해골 터'
라는 곳으로 나가셨다. 그곳은 히브리 말로 골고타라고 한다. 18거기에서 그들은
예수님을 십자가에 못 박았다. 그리고 다른 두 사람도 예수님을 가운데로 하여 이
쪽 저쪽에 하나씩 못박았다. 19빌라도는 명패를 써서 십자가 위에 달게 하였는데,
거기에는 '유다인들의 임금 나자렛 사람 예수'라고 쓰여 있었다. 20예수님께서 십
자가에 못 박히신 곳이 도성에서 가까웠기 때문에, 많은 유다인이 그 명패를 읽게
되었다. 그것은 히브리 말, 라틴 말, 그리스 말로 쓰여 있었다. 21그래서 유다인들
의 수석 사제들이 빌라도에게 말하였다. "'유다인들의 임금'이라고 쓸 것이 아니
라, '나는 유다인들의 임금이다.' 하고 저자가 말하였다고 쓰시오." 22그러나 빌라
도는 "내가 한번 썼으면 그만이오." 하고 대답하였다.
23군사들은 예수님을 십자가에 못 박고 나서, 그분의 옷을 가져다가 네 몫으로
나누어 저마다 한몫씩 차지하였다. 속옷도 가져갔는데 그것은 솔기가 없이 위에서
부터 통으로 짠 것이었다. 24그래서 그들은 서로, "이것은 찢지 말고 누구 차지가
될지 제비를 뽑자." 하고 말하였다.

> "그들이 제 옷을 저희끼리 나누어 가지고
> 제 속옷을 놓고서는 제비를 뽑았습니다."

하신 성경 말씀이 이루어지려고 그리된 것이다. 그래서 군사들이 그렇게 하였다.
25예수님의 십자가 곁에는 그분의 어머니와 이모, 클로파스의 아내 마리아와 마
리아 막달레나가 서 있었다. 26예수님께서는 당신의 어머니와 그 곁에 선 사랑하
시는 제자를 보시고, 어머니에게 말씀하셨다. "여인이시여, 이 사람이 어머니의 아
들입니다." 27이어서 그 제자에게 "이분이 네 어머니시다." 하고 말씀하셨다. 그때
부터 그 제자가 그분을 자기 집에 모셨다.

숨을 거두시다

28그 뒤에 이미 모든 일이 다 이루어졌음을 아신 예수님께서는 성경 말씀이 이
루어지게 하시려고 "목마르다." 하고 말씀하셨다. 29거기에는 신 포도주가 가득
담긴 그릇이 놓여 있었다. 그래서 사람들이 신 포도주를 듬뿍 적신 해면을 우슬초
가지에 꽂아 예수님의 입에 갖다 대었다. 30예수님께서는 신 포도주를 드신 다음
에 말씀하셨다. "다 이루어졌다." 이어서 고개를 숙이시며 숨을 거두셨다.

군사들이 예수님의 옆구리를 창으로 찌르다

31그날은 준비일이었고 이튿날 안식일은 큰 축일이었으므로, 유다인들은 안식
일에 시신이 십자가에 매달려 있지 않게 하려고, 십자가에 못 박힌 이들의 다리를
부러뜨리고 시신을 치우게 하라고 빌라도에게 요청하였다. 32그리하여 군사들이
가서 예수님과 함께 십자가에 못 박힌 첫째 사람과 또 다른 사람의 다리를 부러뜨
렸다. 33예수님께 가서는 이미 숨지신 것을 보고 다리를 부러뜨리는 대신, 34군사
하나가 창으로 그분의 옆구리를 찔렀다. 그러자 곧 피와 물이 흘러나왔다. 35이는
직접 본 사람이 증언하는 것이므로 그의 증언은 참되다. 그리고 그는 여러분이 믿
도록 자기가 진실을 말한다는 것을 알고 있다. 36"그의 뼈가 하나도 부러지지 않을
것이다." 하신 성경 말씀이 이루어지려고 이런 일들이 일어난 것이다. 37또 다른
성경 구절은 "그들은 자기들이 찌른 이를 바라볼 것이다." 하고 말한다.

묻히시다

38그 뒤에 아리마태아 출신 요셉이 예수님의 시신을 거두게 해 달라고 빌라도
에게 청하였다. 그는 예수님의 제자였지만 유다인들이 두려워 그 사실을 숨기고
있었다. 빌라도가 허락하자 그가 가서 그분의 시신을 거두었다. 39언젠가 밤에 예
수님을 찾아왔던 니코데모도 몰약과 침향을 섞은 것을 백 리트라쯤 가지고 왔다.
40그들은 예수님의 시신을 모셔다가 유다인들의 장례 관습에 따라, 향료와 함께
아마포로 감쌌다. 41예수님께서 십자가에 못 박히신 곳에 정원이 있었는데, 그 정
원에는 아직 아무도 묻힌 적이 없는 새 무덤이 있었다. 42그날은 유다인들의 준비

일이었고 또 무덤이 가까이 있었으므로, 그들은 예수님을 그곳에 모셨다

본문 익히기

1. 예수님께서 몸소 십자가를 지고 가신 곳은 어디입니까?
2. 십자가 위 명패에는 무엇이 쓰여 있었고, 어느 나라 말로 쓰여 있었나요?
3. 십자가에 달린 예수님께서는 어머니와 제자에게 무엇이라고 말씀하시나요?
   - 어머니 : "(　　　　　　)이시여, 이 사람이 어머니의 (　　　　　　)입니다."
   - 제　자 : "이분이 네 (　　　　　　)시다."
4. 예수님의 옆구리를 창으로 찔렀을 때 흘러나온 것은 무엇입니까?
5. 다음을 읽고 본문의 내용과 맞으면 o, 틀리면 x 로 답하세요.
   ① 군사들은 예수님의 옷을 네 몫으로 나누어 한몫씩 차지하였다. (　　)
   ② 예수님의 속옷은 통으로 짠 것이어서 찢지 않고 제비를 뽑았다. (　　)
   ③ 예수님께서는 "목마르다" 하고 말씀하신 후 신포도주를 드셨다. (　　)
   ④ 군사들은 예수님이 숨지신 것을 보고 관례대로 다리를 부러뜨렸다. (　　)
   ⑤ 예수님의 시신을 거둔 사람은 십자가 아래 있던 제자였다. (　　)
   ⑥ 몰약과 침향을 섞은 것을 가지고 온 사람은 니코데모이다. (　　)

생활 나누기

1. 예수님께서는 사랑하시는 제자에게 "네 어머니시다." 하고 말씀하십니다.
   성모님을 어머니로 여기며 의탁할 때 어떤 마음이 듭니까?

2. 십자가 위에서 예수님은 목마르다고 하십니다.
   예수님은 무엇에 갈증을 느끼실까요? 어떻게 해야 갈증을 풀어 드릴까요?

3. 니코데모는 예수님의 장례를 위하여 몰약과 침향을 넉넉히 가져옵니다. 장례 일을 도와준 경험이나 기억에 남는 장례에 대해 나누어주세요.

말씀 풀이

예수님께서는 몸소 십자가를 짊어지고 '해골 터' 라는 뜻의 골고타로 향하신다. 예수님이 못 박히신 십자가 위에는 '유다인들의 임금 나자렛 사람 예수' 라고 쓰인 명패가 달렸는데, 많은 유다인들이 그것을 읽게 되었다. 그 명패가 히브리 말, 라틴 말, 그리스 말로 쓰였다는 것은 온 세상 만민에게 이 사실이 선포되었음을 나타낸다(12,32 참조). 예수님의 출신과 죄목을 적은 명패는 역설적이게도 예수님이 참된 왕이심을 선포하는 역할을 하고 있다.

십자가에 처형된 이들의 유물은 형리들의 몫이어서 군사들은 예수님의 옷을 네 몫으로 나누어 가진다. 넷(사방)으로 나눈 겉옷은 온 세상에 내어주신 예수님의 육신을 상징한다. 그리고 속옷은 위에서부터 통으로 짠 것이어서 찢지 않고 제비를 뽑아 가졌는데, 이는 성경 말씀(시편 22,19)이 이루어지려고 그리된 것이다.

예수님께서는 카나의 혼인 잔치(2,1-12)에서처럼 어머니를 '여인' 이라고 부르시며 '사랑하시는 제자' 와 당신의 어머니를 모자 관계로 맺어주신다. 이로써 어머니 마리아는 '사랑하시는 제자' 로 대표되는 모든 믿는 이, 곧 교회의 어머니가 되신다.

모든 일이 다 이루어졌음을 아신 예수님께서는 성경 말씀(시편 22,16; 69,22)이 이루어지게 하시려고 "목마르다."라고 하신다. 목마름은 육체적 갈증을 넘어서 아버지의 뜻을 끝까지 이루시려는 갈망을 표현한다. 이때 사람들이 예수님께 신 포도주를 적신 해면을 우슬초 가지에 꽂아 드린다. 종교 의식 때 물이나 피를 찍어 뿌리는 데 사용했던 우슬초 가지는 파스카를 준비하던 날의 의식(탈출 12,22)을 떠올리게 하여 예수님이 '새로운 파스카 양' 이 되셨음을 나타낸다. 신포도주를 드신 예수님께서는 "다 이루어졌다." 하시고 숨을 거두신다. 지상에서의 당신 사명을 모두 완수하신 것이다.

그날은 파스카 축제 준비일(19,14)이자 안식일 전날이었다. 유다인들은 시신을 나무에 단 채 밤을 보내지 말라는 규정(신명 21,22-23 참조)도 있고, 안식일에 시신을 치울 수도 없어서 다리를 꺾어 죽음을 앞당기도록 빌라도에게 요청하였다. 그러나 예수님께서는 이미 숨지셨으므로 다리를 부러뜨리지 않아도 되어 성경 말씀(탈출 12,46; 민수 9,12)이 이루어지게 된다. 이는 파스카 축제 때 희생되는 어린 양의 뼈를 다치지 않게 하였던 것과 연관되어 예수님께서 세상의 죄를 없애기 위해 희생되는 참된 어린양(1,29.36)이심을 드러내 준다. 예수님의 옆구리에서 흘러나온 피와 물은 확실히 숨지셨음을 보여준다. 또한, 성전이신 예수님의 옆구리에서 흘러나오는 피는 성체성사를, 물은 생수의 강(7,38; 에제 47,1-9)과 세례성사를 상징한다.

아리마태아 출신 요셉은 예수님의 시신을 거두고 니코데모(3,2 참조)와 함께 정성껏 염하여 아무도 묻힌 적이 없는 새 무덤에 모신다. 이들은 유다인들을 두려워하지 않고 적극 나서서 예수님께 대한 존경과 믿음을 행동으로 드러낸다.

말씀 간직하기

"여인이시여, 이 사람이 어머니의 아들입니다." "이분이 네 어머니시다." (19, 26-27)

궁금해요

'가상칠언(架上七言)'에 대해 알고 싶어요

예수님께서 십자가에 못 박혀 돌아가시기 전에 하신 일곱 마디의 말씀을 가상칠언이라고 합니다. ① "아버지, 저들을 용서해 주십시오. 저들은 자기들이 무슨 일을 하는지 모릅니다."(루카 23,34) ② "내가 진실로 너에게 말한다. 너는 오늘 나와 함께 낙원에 있을 것이다."(루카 23,43) ③ "여인이시여, 이 사람이 어머니의 아들입니다.", "이분이 네 어머니시다."(요한 19,26-27) ④ "저의 하느님, 저의 하느님, 어찌하여 저를 버리셨습니까?"(마태 27,46; 마르 15,34) ⑤ "목마르다."(요한 19,28) ⑥ "다 이루어졌다."(요한 19,30) ⑦ "아버지, 제 영을 아버지 손에 맡깁니다."(루카 23,46)입니다.

제 40과 (20, 1–18)

㉮㉯㉰예수 부활 대축일(20,1–9)

부활하시다

1주간 첫날 이른 아침, 아직도 어두울 때에 마리아 막달레나가 무덤에 가서 보
니, 무덤을 막았던 돌이 치워져 있었다. 2그래서 그 여자는 시몬 베드로와 예수님
께서 사랑하신 다른 제자에게 달려가서 말하였다. “누가 주님을 무덤에서 꺼내 갔
습니다. 어디에 모셨는지 모르겠습니다.” 3베드로와 다른 제자는 밖으로 나와 무
덤으로 갔다. 4두 사람이 함께 달렸는데, 다른 제자가 베드로보다 빨리 달려 무덤
에 먼저 다다랐다. 5그는 몸을 굽혀 아마포가 놓여 있는 것을 보기는 하였지만, 안
으로 들어가지는 않았다. 6시몬 베드로가 뒤따라와서 무덤으로 들어가 아마포가
놓여 있는 것을 보았다. 7예수님의 얼굴을 쌌던 수건은 아마포와 함께 놓여 있지
않고, 따로 한곳에 개켜져 있었다. 8그제야 무덤에 먼저 다다른 다른 제자도 들어
갔다. 그리고 보고 믿었다. 9사실 그들은 예수님께서 죽은 이들 가운데에서 다시
살아나셔야 한다는 성경 말씀을 아직 깨닫지 못하고 있었던 것이다. 10그 제자들
은 다시 집으로 돌아갔다.

마리아 막달레나에게 나타나시다

11마리아는 무덤 밖에 서서 울고 있었다. 그렇게 울면서 무덤 쪽으로 몸을 굽혀
12들여다보니 하얀 옷을 입은 두 천사가 앉아 있었다. 한 천사는 예수님의 시신이
놓였던 자리 머리맡에, 다른 천사는 발치에 있었다. 13그들이 마리아에게 “여인아,
왜 우느냐?” 하고 묻자, 마리아가 그들에게 대답하였다. “누가 저의 주님을 꺼내
갔습니다. 어디에 모셨는지 모르겠습니다.” 14이렇게 말하고 나서 뒤로 돌아선 마
리아는 예수님께서 서 계신 것을 보았다. 그러나 예수님이신 줄은 몰랐다. 15예수
님께서 마리아에게 “여인아, 왜 우느냐? 누구를 찾느냐?” 하고 물으셨다. 마리아
는 그분을 정원지기로 생각하고, “선생님, 선생님께서 그분을 옮겨 가셨으면 어디

에 모셨는지 저에게 말씀해 주십시오. 제가 모셔 가겠습니다." 하고 말하였다.
16예수님께서 "마리아야!" 하고 부르셨다. 마리아는 돌아서서 히브리 말로 "라뿌
니!" 하고 불렀다. 이는 '스승님!' 이라는 뜻이다. 17예수님께서 마리아에게 말씀하
셨다. "내가 아직 아버지께 올라가지 않았으니 나를 더 이상 붙들지 마라. 내 형제
들에게 가서, '나는 내 아버지시며 너희의 아버지신 분, 내 하느님이시며 너희의
하느님이신 분께 올라간다.' 하고 전하여라." 18마리아 막달레나는 제자들에게 가
서 "제가 주님을 뵈었습니다." 하면서, 예수님께서 자기에게 하신 이 말씀을 전하
였다.

본문 익히기

1. 마리아가 예수님의 무덤을 찾아가 돌이 치워진 것을 발견한 때는 언제입니까?
2. 마리아의 말을 듣고 무덤으로 달려간 두 제자는 누구입니까?
3. 누가 먼저 무덤에 다다랐고, 누가 먼저 무덤에 들어갔습니까?
4. 천사가 왜 울고 있느냐고 묻자 마리아는 무엇이라고 대답합니까?
5. 예수님께서 서 계셔도 몰라보던 마리아는 언제 그분을 알아보나요?
6. 예수님께서 마리아를 보고 제자들에게 전하라고 하신 말씀은 무엇입니까?

생활 나누기

1. 베드로보다 먼저 도착한 다른 제자는 무덤에 들어가지 않고 기다립니다.
   공동체를 위하여 나를 낮추고 다른 사람을 들어 올린 예를 나누어주세요.

2. 마리아는 예수님께서 자신의 이름을 부르실 때 그분을 알아봅니다.
   예수님을 '주님'으로 알아본 때는 언제였습니까?

3. 예수님께서는 아직 아버지께 올라가지 않았으니 붙들지 말라고 하십니다.
하느님을 내 마음에 드는 모습으로 붙들어 두려는 때가 있습니까?
하느님을 나만의 소유인양 생각하는 일은 없습니까?

말씀 풀이

주간 첫날 이른 아침에 마리아 막달레나는 무덤으로 갔다. 초대교회는 예수님께서 부활하신 주간 첫날을 **'주님의 날'**(주일)로 삼았다. 무덤을 막았던 돌이 치워져 있는 것을 본 마리아는 시몬 베드로와 다른 제자에게 달려가 누가 주님을 꺼내 갔다고 말한다. 다른 제자가 먼저 무덤에 다다르지만, 안으로 들어가지 않고 뒤따라온 베드로에게 먼저 들어가도록 한다. 베드로가 예수님의 수제자임을 인정하고 존중하는 태도이다. 베드로가 무덤으로 들어가 보니 시신을 감쌌던 아마포가 놓여 있었고, 얼굴을 쌌던 수건은 잘 개켜져 있었다. 그제야 다른 제자도 들어가서 보고 믿었다. 당시 유다인들 사이에는 예수님의 시신이 없어진 것을 두고 그분의 제자들이 시신을 옮겼다는 소문이 있었다('궁금해요' 참조). 하지만 수의가 놓여 있고 수건이 따로 잘 개켜져 있었다는 사실은 예수님의 시신을 훔쳐갔거나 옮겼다는 설을 반박할 수 있는 증거가 된다. 그러나 두 제자는 아직 예수님께서 죽은 이들 가운데에서 다시 살아나야 한다는 성경 말씀을 온전히 깨닫지는 못하였다. 그들은 다시 집으로 돌아갔다.

마리아는 예수님의 시신이 없어져 슬픔과 걱정에 싸여 울고 있다. 마리아가 무덤 안을 들여다보니 두 천사가 앉아 있었다. 마리아는 왜 우느냐는 천사의 물음에 누가 주님을 꺼내 갔는데 어디에 모셨는지 모르겠다고 말한다. 빈 무덤이 결코 부활의 직접적인 증거가 되지 못함을 알려준다. 마리아는 돌아서서 부활하신 예수님을 보았지만 알아보지 못한다. 그러나 마치 목자가 자기 양들의 이름을 부르고 양들은 목자의 목소리를 알아듣듯이(10,3-4), 마리아도 이름을 불러주시는 그분의 음성을 듣고서야 그분을 알아본다. 예수님께서는 마리아에게 당신을 붙들지 말라고 하신다. 붙든다는 것은 실재를 확인하는 인간적인 방식이지만, 주님을 붙들어

두고자 하는 의도이기도 하다. 그러나 예수님께서는 아버지께 올라가 하실 일이 많으시다(14,3.16). 마리아 막달레나는 그분의 형제인 제자들에게 가서 예수님께서는 부활하시어 아버지께 올라가신다는 것을 알려야 할 사명을 부여받는다. 마리아는 제자들에게 부활하신 주님을 뵈었다며 예수님의 말씀을 전한다.

말씀 간직하기

"제가 주님을 뵈었습니다." (20, 18)

궁금해요

빈 무덤에 관한 소문을 알고 싶어요

예수님께서 부활하신 후, 빈 무덤을 보고 여러 가지 소문이 나돌았습니다. 그중 예수님의 시신을 제자들이 훔쳐서 숨겼다는 소문이 가장 널리 퍼져있었습니다. 마태오복음에는, 수석 사제들과 원로들이 예수님의 무덤을 지키던 경비병들을 매수하여 예수님의 제자들이 밤중에 시체를 훔쳐갔다는 소문을 내도록 하였으며 그 말이 당시 유다인들 사이에 퍼져 있다고(28,11-15) 증언합니다. 유다인들은 예수님의 부활을 사람들이 알게 되어 그분이 메시아라고 믿는 것을 원치 않았기 때문입니다.

제 41과 (20, 19-31)

| ㉮㉯㉰부활 제 2주일 | ㉮㉯㉰성령 강림 대축일(20,19-23)

제자들에게 나타나시어 사명을 부여하시다

19그날 곧 주간 첫날 저녁이 되자, 제자들은 유다인들이 두려워 문을 모두 잠가
놓고 있었다. 그런데 예수님께서 오시어 가운데에 서시며, "평화가 너희와 함께!"
하고 그들에게 말씀하셨다. 20이렇게 말씀하시고 나서 당신의 두 손과 옆구리를
그들에게 보여 주셨다. 제자들은 주님을 뵙고 기뻐하였다. 21예수님께서 다시 그들
에게 이르셨다. "평화가 너희와 함께! 아버지께서 나를 보내신 것처럼 나도 너희를
보낸다." 22이렇게 이르시고 나서 그들에게 숨을 불어넣으며 말씀하셨다. "성령을
받아라. 23너희가 누구의 죄든지 용서해 주면 그가 용서를 받을 것이고, 그대로 두
면 그대로 남아 있을 것이다."

예수님과 토마스

24열두 제자 가운데 하나로서 '쌍둥이'라고 불리는 토마스는 예수님께서 오셨
을 때에 그들과 함께 있지 않았다. 25그래서 다른 제자들이 그에게 "우리는 주님을
뵈었소." 하고 말하였다. 그러나 토마스는 그들에게, "나는 그분의 손에 있는 못
자국을 직접 보고 그 못 자국에 내 손가락을 넣어 보고 또 그분 옆구리에 내 손을
넣어 보지 않고는 결코 믿지 못하겠소." 하고 말하였다.
26여드레 뒤에 제자들이 다시 집 안에 모여 있었는데 토마스도 그들과 함께 있
었다. 문이 다 잠겨 있었는데도 예수님께서 오시어 가운데에 서시며, "평화가 너희
와 함께!" 하고 말씀하셨다. 27그러고 나서 토마스에게 이르셨다. "네 손가락을 여
기 대 보고 내 손을 보아라. 네 손을 뻗어 내 옆구리에 넣어 보아라. 그리고 의심을
버리고 믿어라." 28토마스가 예수님께 대답하였다. "저의 주님, 저의 하느님!"
29그러자 예수님께서 토마스에게 말씀하셨다. "너는 나를 보고서야 믿느냐? 보지
않고도 믿는 사람은 행복하다."

복음서를 쓴 목적

30예수님께서는 이 책에 기록되지 않은 다른 많은 표징도 제자들 앞에서 일으키셨다. 31이것들을 기록한 목적은 예수님께서 메시아시며 하느님의 아드님이심을 여러분이 믿고, 또 그렇게 믿어서 그분의 이름으로 생명을 얻게 하려는 것이다.

본문 익히기

1. 부활하신 예수님께서 나타나시어 제자들에게 하신 첫 말씀은 무엇인가요?
2. 다음은 예수님께서 제자들에게 하신 말씀입니다. ( )을 채워보세요.
   ( )을 받아라. 너희가 누구의 ( )든지 ( )해 주면 그가 ( )를 받을 것이고, 그대로 두면 그대로 남아 있을 것이다.
3. 제자들이 주님을 뵈었다고 하자 토마스는 무엇이라고 합니까?
4. 예수님께서 의심을 버리고 믿으라고 하자 토마스는 무엇이라고 답합니까?
5. 토마스의 고백에 예수님께서는 무엇이라고 하십니까?
6. 이 복음서를 기록한 목적은 무엇입니까?

생활 나누기

1. 부활하신 예수님께서 "평화가 너희와 함께" 하고 인사하십니다.
   함께 있어 평화가 느껴지는 사람이 있다면 나누어 주세요.

2. 죄를 용서해 주면 용서를 받을 것이고, 그대로 두면 남아 있다고 하십니다.
   용서하기 어려울 때가 있었나요? 성령의 도우심으로 해결된 예를 들려주세요.

3. 토마스는 주님을 의심하였으나, 이후 놀라운 신앙고백을 합니다.
   주님을 의심하였으나 결국 신앙을 고백하게 된 계기를 나누어주세요.

4. 주님의 이름으로 영원한 생명을 얻게 하려고 이 책을 기록하였습니다.
나는 무엇을 얻기 위해 신앙생활을 하나요?

말씀 풀이

주간 첫날 저녁, 제자들은 유다인들이 두려워 불안에 떨고 있었다. 그때 예수님께서 문이 잠겨 있었는데도 들어오시어 평화의 인사를 건네신다. 최후만찬 때 말씀하셨던 그 **평화**를 선사하시며 용기를 주신다(14,27 참조). 그리고는 두 손과 옆구리의 상처를 보여 주시며 당신이 곧 십자가에서 처형되신 분임을 확인시켜 주신다. 예수님께서 상처를 보여주신 것은 육적 존재임을, 잠겨진 문을 통과하신 것은 영적 존재임을 드러내는 것이다. 제자들은 예수님이 전에 말씀하신 대로(14,18-19) 다시 오셨다는 사실에 기뻐한다.

예수님께서는 다시 한 번 평화를 주시며 아버지께서 예수님을 보내신 것처럼 이제 제자들을 세상에 파견하고자 하신다. 예수님께서는 제자들에게 당신의 숨을 불어넣으심으로써 최후 만찬 때 약속하셨던 성령(14,16; 16,7)을 주신다. 하느님께서 생명의 숨을 불어넣으시어 사람이 되게 하셨듯이(창세 2,7), 제자들에게 성령을 주심으로서 세상에 파견되어 당신 일을 계속해 나갈 '사도'로 새롭게 창조하신다. 예수님께서는 **성령과 함께 죄를 용서하는 권한**도 주신다. 제자들은 이제 세상 안에서 사람들의 죄를 용서하고 그들을 살리는 일을 하여야 한다.

열두 제자 가운데 토마스는 부활하신 예수님을 목격하지 못했다. 그는 부활하신 예수님을 뵈었다는 다른 제자들의 말을 믿지 않고 자신이 직접 보고 만져봐야만 믿겠다고 한다. 일주일이 지난 주간 첫날, 제자들이 모두 모여 있을 때 예수님께서 다시 나타나신다. 그리고는 토마스에게 당신의 상처를 만져보고 의심을 버리고 믿으라고 하신다. 이에 토마스는 **"저의 주님, 저의 하느님!"**(시편 35,23 참조)이라고 하며 신앙을 고백한다. 비로소 주님의 부활을 믿고 그분 안에서 하느님을 보게 되었음을 고백한 것이다. 예수님께서는 보지 않고도 믿는 사람은 행복하다고 선언하신다. 참된 믿음은 보고 확인하는 단계를 넘어서는 것임을 알려주시며, 미래에 당신을 보지 못한 채 증언만을 듣고 믿게 될 사람들을 축복하시는 말씀이다.

예수님께서는 당신의 증인이 될 제자들 앞에서 이 책에 기록되지 않은 다른 많은 표징도 일으키셨다. 그 표징들은 믿음을 불러일으키기 위한 것이었다. 요한 복음서는 다른 복음서와 달리 저술 동기와 목적을 명시하고 있는데, 이 복음서를 기록한 목적은 '예수님께서 메시아시며 하느님의 아들' 이심을 믿고 또한 예수님과 결속됨으로써 믿음을 더욱 확고히 하여 그분이 주시는 '생명', 곧 구원을 얻게 하려는 것이다.

말씀 간직하기

"평화가 너희와 함께! 아버지께서 나를 보내신 것처럼 나도 너희를 보낸다." (20, 21)

그렇군요

사람이 사람의 죄를 용서할 수 있나요?

죄를 사하는 권한은 하느님께 있지만, '사람의 아들' 인 예수님께 위임되었습니다(마태 9,6). 예수님께서는 그 권한을 베드로에게(마태 16,19), 또 제자들에게 위임해주셨습니다(마태 18,18). 또한, 예수님께서 부활하신 후에 다시 "너희가 누구의 죄든지 용서해 주면 그가 용서를 받을 것이고 그대로 두면 그대로 남아 있을 것이다."(요한 20,23)라고 하시며 제자들에게 죄를 용서해주는 권한을 주셨습니다. 그러므로 하느님과 교회의 이름으로 죄를 사하는 권한은 사도들과 그 후계자인 주교, 그리고 주교의 협력자인 사제들에게 위임된 것입니다. 죄의 사함이 사제가 집전하는 성사 안에서 이루어진다 해도, 죄를 용서해 주시는 분은 하느님이십니다.

제 42과 (21, 1–25)

| ㉰부활 제 3주일(21,1–19)

일곱 제자에게 나타나시다

1그 뒤에 예수님께서는 티베리아스 호숫가에서 다시 제자들에게 당신 자신을 드
러내셨는데, 이렇게 드러내셨다. 2시몬 베드로와 '쌍둥이' 라고 불리는 토마스, 갈
릴래아 카나 출신 나타나엘과 제베대오의 아들들, 그리고 그분의 다른 두 제자가
함께 있었다. 3시몬 베드로가 그들에게 "나는 고기 잡으러 가네." 하고 말하자, 그
들이 "우리도 함께 가겠소." 하였다. 그들이 밖으로 나가 배를 탔지만 그날 밤에는
아무것도 잡지 못하였다.

4어느덧 아침이 될 무렵, 예수님께서 물가에 서 계셨다. 그러나 제자들은 그분
이 예수님이신 줄을 알지 못하였다. 5예수님께서 그들에게, "얘들아, 무얼 좀 잡았
느냐?" 하시자, 그들이 대답하였다. "못 잡았습니다." 6예수님께서 그들에게 이르
셨다. "그물을 배 오른쪽에 던져라. 그러면 고기가 잡힐 것이다." 그래서 제자들이
그물을 던졌더니, 고기가 너무 많이 걸려 그물을 끌어 올릴 수가 없었다. 7예수님
께서 사랑하신 그 제자가 베드로에게 "주님이십니다." 하고 말하였다. 주님이시라
는 말을 듣자, 옷을 벗고 있던 베드로는 겉옷을 두르고 호수로 뛰어들었다. 8다른
제자들은 그 작은 배로 고기가 든 그물을 끌고 왔다. 그들은 뭍에서 백 미터쯤밖에
떨어져 있지 않았던 것이다.

9그들이 뭍에 내려서 보니, 숯불이 있고 그 위에 물고기가 놓여 있고 빵도 있었
다. 10예수님께서 그들에게 말씀하셨다. "방금 잡은 고기를 몇 마리 가져오너라."
11그러자 시몬 베드로가 배에 올라 그물을 뭍으로 끌어 올렸다. 그 안에는 큰 고기
가 백쉰세 마리나 가득 들어 있었다. 고기가 그토록 많은데도 그물이 찢어지지 않
았다. 12예수님께서 그들에게 "와서 아침을 먹어라." 하고 말씀하셨다. 제자들 가
운데에는 "누구십니까?" 하고 감히 묻는 사람이 없었다. 그분이 주님이시라는 것
을 알고 있었기 때문이다. 13예수님께서는 다가가셔서 빵을 들어 그들에게 주시고

고기도 그렇게 주셨다. 14이렇게 예수님께서는 죽은 이들 가운데에서 되살아나신
뒤에 세 번째로 제자들에게 나타나셨다.

예수님과 베드로

15그들이 아침을 먹은 다음에 예수님께서 시몬 베드로에게 물으셨다. "요한의 아
들 시몬아, 너는 이들이 나를 사랑하는 것보다 더 나를 사랑하느냐?" 베드로가 "예,
주님! 제가 주님을 사랑하는 줄을 주님께서 아십니다." 하고 대답하자, 예수님께서
그에게 말씀하셨다. "내 어린 양들을 돌보아라." 16예수님께서 다시 두 번째로 베드
로에게 물으셨다. "요한의 아들 시몬아, 너는 나를 사랑하느냐?" 베드로가 "예, 주
님! 제가 주님을 사랑하는 줄을 주님께서 아십니다." 하고 대답하자, 예수님께서
그에게 말씀하셨다. "내 양들을 돌보아라." 17예수님께서 세 번째로 베드로에게 물
으셨다. "요한의 아들 시몬아, 너는 나를 사랑하느냐?" 베드로는 예수님께서 세 번
이나 "나를 사랑하느냐?" 하고 물으시므로 슬퍼하며 대답하였다. "주님, 주님께서
는 모든 것을 아십니다. 제가 주님을 사랑하는 줄을 주님께서는 알고 계십니다." 그
러자 예수님께서 베드로에게 말씀하셨다. "내 양들을 돌보아라. 18내가 진실로 진
실로 너에게 말한다. 네가 젊었을 때에는 스스로 허리띠를 매고 원하는 곳으로 다
녔다. 그러나 늙어서는 네가 두 팔을 벌리면 다른 이들이 너에게 허리띠를 매어 주
고서, 네가 원하지 않는 곳으로 데려갈 것이다." 19예수님께서는 이렇게 말씀하시
어, 베드로가 어떠한 죽음으로 하느님을 영광스럽게 할 것인지 가리키신 것이다.
이렇게 이르신 다음에 예수님께서는 베드로에게 "나를 따라라." 하고 말씀하셨다.

예수님께서 사랑하신 제자와 베드로

20베드로가 돌아서서 보니 예수님께서 사랑하시는 제자가 따라오고 있었다. 그
제자는 만찬 때에 예수님 가슴에 기대어 앉아 있다가, "주님, 주님을 팔아넘길 자
가 누구입니까?" 하고 물었던 사람이다. 21그 제자를 본 베드로가 예수님께, "주
님, 이 사람은 어떻게 되겠습니까?" 하고 물었다. 22예수님께서는 "내가 올 때까지
그가 살아 있기를 내가 바란다 할지라도, 그것이 너와 무슨 상관이 있느냐? 너는
나를 따라라." 하고 말씀하셨다. 23그래서 형제들 사이에 이 제자가 죽지 않으리라

는 말이 퍼져 나갔다. 그러나 예수님께서는 그가 죽지 않으리라고 말씀하신 것이 아니라, "내가 올 때까지 그가 살아 있기를 내가 바란다 할지라도, 그것이 너와 무슨 상관이 있느냐?" 하고 말씀하신 것이다.

엮은이의 맺음말

24이 제자가 이 일들을 증언하고 또 기록한 사람이다. 우리는 그의 증언이 참되다는 것을 알고 있다.
25예수님께서 하신 일은 이 밖에도 많이 있다. 그래서 그것들을 낱낱이 기록하면, 온 세상이라도 그렇게 기록된 책들을 다 담아 내지 못하리라고 나는 생각한다.

본문 익히기

1. 부활하신 예수님께서 호숫가에 나타나셨을 때, 함께 있었던 제자들은 누구입니까?
2. 물가에 서 계신 예수님께서 그물을 어디로 던지라고 하시나요?
3. 예수님을 먼저 알아보고 '주님' 이시라고 말한 제자는 누구인가요?
4. 주님이라는 말을 듣자, 겉옷을 입고 호수로 뛰어든 제자는 누구인가요?
5. 예수님께서는 베드로에게 몇 번 사랑을 확인하시고, 어떤 당부를 하셨나요?
6. 예수님께서는 베드로가 장차 어떻게 되리라고 예고하십니까?
7. 형제들 사이에 죽지 않으리라는 말이 퍼져있었던 제자는 누구입니까?
8. 엮은이는 예수님께서 하신 일들을 낱낱이 기록하면 어떻게 될 것이라고 합니까?

생활 나누기

1. 예수님께서는 밤새 허탕을 치고 지쳐있는 제자들에게 아침을 차려주십니다.
   예수님께서 우리에게 차려주시는 식사는 무엇입니까?
   어떤 마음으로 받아먹으며, 그것으로 무엇을 얻습니까?

2. 예수님께서 베드로에게 '시몬아, 너는 나를 사랑하느냐?' 하고 물으십니다.
시몬 대신 자신의 이름을 넣어서 천천히 세 번 물어보고 느낌을 나누어봅시다.

3. 예수님께서는 장차 베드로가 원하지 않는 곳으로 가게 될 것이라고 하십니다.
원하지 않는 곳(일)으로 갔던(맡았던) 경우, 어떻게 받아들였습니까?

말씀 풀이

21장은 요한복음의 부록에 해당한다. 먼저 장에서 이미 복음서를 맺었으며(20,31), 문체나 상황도 후대에 삽입된 것으로 보이기 때문이다. 부활하신 예수님께서는 티베리아스 호숫가에서 시몬 베드로를 비롯한 일곱 제자에게 나타나셨다. 일곱은 충만함을 나타내는 상징적인 숫자로 예수님의 지상 활동 때에 함께했던 제자들 전부와 넓게는 부활 이후의 그리스도 공동체 전체(묵시 1,11 참조)를 뜻한다.

제자들은 고기를 잡으러 갔으나 밤새 아무것도 잡지 못하였다. 아침이 될 무렵 제자들은 물가에 서 계신 예수님을 보았다. 제자들은 그분이 누구이신지 알지 못했으나 시키시는 대로 배 오른쪽에 그물을 던졌다. 오른쪽은 전통적으로 행운의 자리를 가리키지만, 그보다 예수님의 지시에 순응하여 따랐다는 데에 의미가 있다. 제자들은 끌어 올릴 수 없을 정도로 그물 안에 고기가 가득 차 있는 것을 보았다. 이로써 예수님의 말씀을 실행하면 풍요로움을 선사 받는다는 것을 알 수 있다. 예수님께서 사랑하시던 제자가 먼저 주님을 알아보고 베드로에게 이야기해준다. 그러자 베드로는 벗어놓은 겉옷을 걸치고 호수로 뛰어듦으로써 주님을 만나기 위한 예의와 열정을 보여준다.

예수님께서는 그들에게 방금 잡은 물고기 몇 마리를 가져오라 하신다. 베드로가 그물을 끌어올려 보니 물고기가 백쉰세 마리나 되었다. 그물은 교회 공동체를, 베드로가 끌어올린 것은 그가 교회의 지도자임을, 그물이 찢어지지 않은 것은 다양한 교회 공동체 안의 일치를 의미한다. 물고기는 전통적으로 예수 그리스도를 상징하며 또한 그리스도인들을 나타낸다. '153'이라는 숫자는 여러 해석이 있으나 물고기 수만큼의 다양성과 숫자풀이에 따른 충만함을 의미한다. 그 예로 1부터 17

까지 더해나가면 153이라는 숫자가 나온다. 여기에서 17은 10과 7의 합으로, 충만함과 완전함을 상징하는 수의 합이다.

예수님께서는 숯불을 피워 놓고 빵과 물고기로 손수 식사를 준비하시어 제자들에게 먹임으로써 생명을 주시는 분임을 드러낸다. 제자들은 아무도 누구시냐고 묻는 사람이 없었다. 그분이 '주님' 이시라는 것을 알고 있었기 때문이다. 이렇게 예수님께서는 죽은 이들 가운데에서 되살아나신 뒤에 세 번째로 제자들에게 나타나셨다(20,19-23.24-29; 21,1-14 참조).

아침을 먹은 후에 예수님께서는 당신을 사랑하느냐고 세 번이나 베드로에게 물으신다. 세 번의 질문은 베드로를 더욱 강하게 하고 더 깊은 사랑을 갖게 하기 위함이지만, 베드로는 오히려 슬퍼함으로써 지난날의 배반에 대한 부끄러움을 드러낸다. 예수님께서는 그에게 당신의 어린 양떼를 돌보는 사목권을 부여하신다. 목자들의 으뜸으로 선택하여 그리스도를 대리하는 임무를 맡기시는 것이다. 예수님께서는 이어서 베드로의 삶이 어떻게 될 것인지 암시하신다. 베드로는 예수님의 십자가 상 죽음에 동참하여 주님과의 관계를 완전히 회복하고 그의 삶으로 주님을 증언할 것이다. 전승에 의하면 베드로는 서기 54-68년 사이에 로마에서 십자가에 거꾸로 매달려 순교했다고 한다.

베드로가 예수님께서 사랑하시는 제자는 어떻게 될 것인지 묻는다. 자신에게는 죽음에의 추종(18-19절)이 예고되었는데, 그 제자는 어찌될 것인지 궁금했던 것이다. 사실 그들 공동체에서는 예수님께서 재림하실 때까지 그가 죽지 않고 오래 살 것이라는 소문이 있었다. 예수님께서는 베드로에게 다른 이의 삶에는 상관하지 말고 각자에게 맞게 이끄시는 대로 따르라고 하신다.

21장을 엮은 후대의 어떤 이는 주님께서 사랑하시는 그 제자가 이 모든 일에 대해 증언하고 기록한 사람이며 그의 증언이 참되다는 것을 알려준다. 이 밖에도 예수님께서 하신 일은 온 세상이라도 다 담아낼 수 없을 정도로 많아서 일일이 기록할 수 없다고 하며 끝맺는다.

말씀 간직하기

"내 양들을 돌보아라." (21, 16.17)

그렇군요

기록되지 않은 하느님 말씀도 전해졌나요?

요한복음은 예수님께서 성경에 기록되지 않은 많은 일을 하셨다고 증언합니다(21,25). 예수님이 돌아가신 후 사도들은 그분의 말씀과 행적을 주로 말로, 혹은 문서로 전하였습니다(가톨릭교회 교리서 76항). 사도들로부터 유래하는 이러한 전승을 '성전'(聖傳)이라고 부릅니다. 그리스도 교회의 제1세대는 아직 기록된 성경을 가지지 못했으며, 후에 완성된 성경 안에 성전의 일부가 수록됨으로써 신약성경 자체가 살아있는 '성전'의 과정을 증언하고 있습니다(가톨릭교회 교리서 83항 참조). 사도들은 성전과 성경에 담긴 신앙의 거룩한 유산을 교회에 위탁했습니다(1티모 6,20; 2티모 1,12-14 참조). 그러므로 가톨릭교회는 기록된 하느님의 말씀인 성경(聖經)과 기록되지 않은 하느님 말씀인 성전(聖傳)을 똑같이 계시의 원천으로 삼습니다.

부 록

- 궁금해요 & 그렇군요
- 본문 익히기 정답
- 참고 문헌

궁금해요 & 그렇군요

본문 익히기 정답

	1 번	2 번	3 번	4 번
1과	3.3.3.2.1.1.4.4.5.5	1.3	7절	가.다.라.나
2과	1 번	2 번	3 번	4 번
	20-21절	23절	28절	29절
	5 번	6 번		
	31절	33절		
3과	1 번	2 번	3 번	4 번
	①두 제자 ②베드로 ③나타나엘	①스승님 ②그리스도 ③베드로	①-라 ②-다 ③-가 ④-나	①-라 ②-나 ③-다 ④-가
4과	1 번	2 번	3 번	4 번
	1절	3절	4절	6절
	5 번	6 번		
	①-나 ②-가 ③-라 ④-다	11절		
5과	1 번	2 번	3 번	4 번
	13절	2.3.4	17절	①-라 ②-다 ③-나 ④-가
	5 번			
	22절			
6과	1 번	2 번	3 번	4 번
	1절.10절	2절	5-6절	14절
	5 번	6 번		
	2	①-나 ②-다 ③-가 ④-라		
7과	1 번	2 번	3 번	4 번
	23절	①예 ②요 ③예 ④요 ⑤요 ⑥예	①-다 ②-라 ③-가 ④-나	36절
8과	1 번	2 번	3 번	4 번
	6절	9절	14절	24절
	5 번	6 번	7 번	
	4.1.2.3	34절	42절	

9과	1 번	2 번	3 번	4 번
	45절	4	①x ②o ③o ④x	
10과	1 번	2 번	3 번	4 번
	2절	6절	9절	14절
	5 번			
	18절			
11과	1 번	2 번	3 번	4 번
	1.3.4	24절	25절	①생명 ②심판 ③생명.심판
	5 번	6 번		
	30절	2		
12과	1 번	2 번	3 번	4 번
	2절	4절	①필립보 ②안드레아 ③예수님 ④사람들	11절
	5 번	6 번		
	15절	20절		
13과	1 번	2 번	3 번	4 번
	26절	27-29절	32-33절	①다 ②가 ③라 ④나
14과	1 번	2 번	3 번	4 번
	41절	①-다 ②-라 ③-나 ④-가	52절	①빵 ②빵 ③생명.살 ④참된.참된 ⑤살.피. 머무르고. 머무른다
15과	1 번	2 번	3 번	
	68-69절	①x ②x ③o ④o ⑤x ⑥x		

과				
16과	1 번	2 번	3 번	4 번
	1절	①-다 ②-가 ③-나	16-17절	①x ②x ③o ④x
17과	1 번	2 번	3 번	4 번
	33-34절	37-38절	39절	3.4
	5 번			
	①수석 사제와 바리사이들 ②성전 경비병들 ③바리사이들 ④니코데모			
18과	1 번	2 번	3 번	4 번
	5절	①율법 학자들. 바리사이들 ②예수님 ③나이 많은 자 ④간음한 여자	①x ②o ③x ④x	11절
19과	1 번	2 번	3 번	4 번
	12절	14절. 18절	증언. 증언. 심판. 심판. 심판 증언	19절
	5 번			
	20절			
20과	1 번	2 번	3 번	4 번
	21-23절	①라 ②다 ③나 ④가	①내 말.제자 ②진리 ③죄	
21과	1 번	2 번	3 번	4 번
	49절	54절	58절	59절
22과	1 번	2 번	3 번	4 번
	3절	①다 ②나 ③가	1.3.2.4	14절
	5 번			
	1.3.2.4			

23과	1 번	2 번	3 번	4 번
	2.3.4	①착 ②삯 ③삯 ④착	4절.10절.16절	17절
	5 번			
	20-21절			
24과	1 번	2 번	3 번	4 번
	25절	30절	33절	35절
	5 번			
	37-38절			
25과	1 번	2 번	3 번	4 번
	1절	4절	16절	17절
	5 번	6 번		
	27절	5.2.1.4.3		
26과	1 번	2 번	3 번	4 번
	47-48절	50절	2-3절	5절
	5 번	6 번		
	7-8절	11절		
27과	1 번	2 번	3 번	4 번
	13절	21-22절	23-26절	1.2.4.6
	5 번			
	33절			
28과	1 번	2 번	3 번	4 번
	38절	42절	43절	①나 ②가 ③다
	5 번			
	48절			
29과	1 번	2 번	3 번	4 번
	4-5절	8절. 10절	11절	14-15절
	5 번			
	19절			
30과	1 번	2 번	3 번	4 번
	①o ②x ③x ④o ⑤x	34절	35절	36절
31과	1 번	2 번	3 번	
	1-4절	5-9절	12절	

32과	1 번	2 번	3 번	4 번
	15절.21절.23절.28절	26절	평화	29절
33과	1 번	2 번	3 번	4 번
	1절.5절	4-5절	1.2.4	10절
	5 번	6 번		
	14-15절	17절		
34과	1 번	2 번	3 번	4 번
	다.가.라.나	7절	8절	O.X.O.O
35과	1 번	2 번	3 번	4 번
	17절	3.5.2.1.4.6	27절	1.3.5
36과	1 번	2 번	3 번	4 번
	다.라.나.가	3절	6절	20절
	5 번	6 번		
	영광 하나.하나 사랑.영광 이름.사랑.사랑	의로우신 아버지		
37과	1 번	2 번	3 번	4 번
	5절	10절	11절	17절.25절.27절
	5 번			
	20절			
38과	1 번	2 번	3 번	
	28절	31절	예.예.빌.빌.예.유	
39과	1 번	2 번	3 번	4 번
	17절	19-20절	26-27절	34절
	5 번			
	O.O.O.X.X.O			
40과	1 번	2 번	3 번	4 번
	1절	3절	4-6절	13절
	5 번	6 번		
	16절	17절		
41과	1 번	2 번	3 번	4 번
	19절	22-23절	25절	28절

41과	5 번	6 번		
	29절	31절		
42과	1 번	2 번	3 번	4 번
	2절	6절	7절	7절
	5 번	6 번	7 번	8 번
	15.16.17절	18절	20절	25절

참고 문헌

1. 성경

- 성경, 주교회의 성서위원회(편), 한국천주교주교회의, 2005
- 신약성서: 한국 천주교회 창립200주년 기념, 200주년 신약성서 번역위원회, 분도출판사, 1998
- 네 복음서 대조, 정양모 · 배은주 · 김윤주 엮음, 분도출판사, 1993
- 주석 성경: 신약, 한국천주교주교회의, 2010

2. 교회 관련 문헌

- 제2차 바티칸 공의회 문헌, 한국천주교중앙협의회(편), 한국천주교중앙협의회, 2002
- 가톨릭교회교리서, 주교회의 교리교육위원회(역), 한국천주교중앙협의회, 2008

3. 사전류

- P.로싸노 · G.라바시 · A.지를란다 외, 새로운 성경 신학 사전 1,2,3, 임승필 외역, 바오로딸, 2007
- X. 레옹-뒤푸르, 성서신학대사전, 광주가톨릭대학, 1984
- 알베르 루에, 신약성서소사전, 안병철 옮김, 가톨릭출판사, 2006
- 성서비평사전, 정태현 편역, 성서와함께, 1996

4. 성경 주석서 및 해설서

- R. Schnackenburg, Das Johannesevangelium, Herders Theologischer Kommentarzum Neuen Testamemt Bd.IV, Freiburg.Basel.Wien, 1981
- C. K. Barrett, 요한복음, 국제성서주석32, 한국신학연구소, 1984
- K.H. Schelkle, 신약성서입문, 김영선 외역, 분도출판사, 1976
- Howard Clark Kee, 신약성서 이해, 서중석 역, 한국신학연구소, 1990
- G. R. Beasley-Murray, 요한복음 WBC 36, 이덕신 역, 솔로몬출판사, 2001

• W. Barclay, 요한복음(상, 하), 황장욱 역, 기독교문사, 1974
• R.E.브라운, 요한복음과 요한서간 주해서, 정승현 옮김, 가톨릭출판사, 2001
• 이영헌 역주, 요한 복음서, 분도출판사, 1996
• 정태현, 요한 복음, 바오로딸, 2011
• 정양모, 요한 복음 이야기, 성서와함께, 2002
• 최안나 엮음, 나오너라, 성서와함께, 1998
• 최안나 엮음, 예수님의 사랑, 성서와함께, 1998
• 스태븐 버니, 놀라운 변화, 박태식 옮김, 생활성서사, 2001
• 안셀름 그륀, 예수, 생명의 문, 김선태 옮김, 분도출판사, 2004
• 요한 하클 등, 요한 복음서 상 · 하, 오영숙 등역, 바오로딸, 2002
• C.M.마르티니, 요한 복음, 성염 옮김, 성바오로출판사, 1985

5. 교리 관련 서적

• 주교회의 교리교육 위원회, 한국 천주교 예비신자 교리서, 한국천주교중앙협의회, 1999
• 차동엽, 여기에 물이 있다(예비신자 교리 및 소공동체 나눔용), 에우안겔리온, 2007
• 가톨릭교리신학원, 초대받은 당신, 가톨릭출판사, 1985
• 안문기, 알기 쉽게 풀이한 '새 미사해설', 바오로딸, 2008
• 이홍기, 미사전례, 분도출판사, 1997
• 정의철, 미사 기쁨의 잔치, 생활성서사, 2006

6. 기타 단행본

• James M. Freeman, 성경속의 생활풍속 따라잡기, 남송현 옮김, 아가페, 1996
• 래리 리처즈, 735가지 성경난제 뛰어넘기, 이길상 옮김, 아가페, 1993
• 박상래, 성서와 그 주변 이야기, 바오로딸, 1997
• 원용국, 신약편 최신 성서고고학, 지혜문화사, 1989
• 정양모 · 이영헌, 이스라엘 성지: 어제와 오늘, 생활성서사, 1988